NEM TUDO QUE RELUZ É OURO

© 2017 por Amarilis de Oliveira
© iStock.com/sandr2002

Coordenadora editorial: Tânia Lins
Coordenador de comunicação: Marcio Lipari
Capa e projeto gráfico: Jaqueline Kir
Preparação: Janaina Calaça
Revisão: Equipe Vida & Consciência

1ª edição — 1ª impressão
5.000 exemplares — novembro 2017
Tiragem total: 5.000 exemplares

**CIP-BRASIL — CATALOGAÇÃO NA PUBLICAÇÃO
(SINDICATO NACIONAL DOS EDITORES DE LIVROS, RJ)**

A619n

    Anjos, Carlos Augusto dos (Espírito)
      Nem tudo que reluz é ouro / ditado por Carlos Augusto dos
Anjos [psicografado por] Amarilis de Oliveira. - 1. ed., reimpr. - São
Paulo : Redentor, 2017.
    264 p. ; 23 cm.

    ISBN 978-85-93777-03-5

    1. Romance espírita. I. Oliveira, Amarilis de. II. Título.

17-44820
                               CDD: 133.93
                               CDD: 133.9

Todos os direitos reservados. Nenhuma parte desta edição pode ser utilizada ou reproduzida, por qualquer forma ou meio, seja ele mecânico ou eletrônico, fotocópia, gravação etc., tampouco apropriada ou estocada em sistema de banco de dados, sem a expressa autorização da editora (Lei nº 5.988, de 14/12/1973).

Este livro adota as regras do novo acordo ortográfico (2009).

Vida & Consciência Editora e Distribuidora Ltda.
Rua Agostinho Gomes, 2.312 — São Paulo — SP — Brasil
CEP 04206-001
editora@vidaeconsciencia.com.br
www.vidaeconsciencia.com.br

NEM TUDO QUE RELUZ É OURO

AMARILIS DE OLIVEIRA

Romance ditado pelo espírito Carlos Augusto dos Anjos

"[...] e então, perambulando por aquele cemitério, questionei: onde encontrar a paz da alma?

Especulei: muitas joias? Carros novos? Uma casa com piscina em um bairro nobre? Uma conta gorda no banco? Dólares no cofre? Sensação de poder?

Reparando que tão pouco espaço é preciso para caber o transitório corpo esfacelando-se, inspiraram-me: encontrarás apenas no tanto quanto possas amar, doar e manter-se puro aos olhos de Deus."

Vinícius
(ORBE[1] dos Escritores)

---

1 Organização Brasileira Espiritual.

PREFÁCIO

Este livro conta a história de pessoas que falharam em sua fé e de outras que simplesmente deram a paz em troca de ouro. Ouro que essas pessoas acreditavam que camuflaria, ou até fecharia, o compartimento do arrependimento. Isso não existe, pois não há montanha de ouro que o consiga.

A cobrança vem para o aprendizado, e fazer dessa cobrança um castigo simplesmente não a torna útil, porque a utilidade do sofrimento é despertar a necessidade de aprender.

A verdade da reencarnação deixa claro: nada é esquecido e nenhuma ação fica sem reação, até que aprendamos. Principalmente o erro proposital, aquele pensado, programado para fazer mal a outrem. Aquele que nos agride e nos impele a inventarmos vantagens para fazê-lo.

Muitos desses levam até mesmo vidas para serem corrigidos.

Carlos Augusto dos Anjos
(ORBE dos Escritores)

CAPÍTULO 1

Ele estava tão cansado que dormiria até mesmo em cima de uma pedra. Seu corpo parecia não mais existir. Devido à dor generalizada anterior, tornara-se todo dormente. Até o vento que batia em seu cabelo parecia sólido.

Não se sabe há quantos dias estava viajando a cavalo. Já trocara de animal seis vezes e mal parara para descansar. Entendia que o que levava era muito importante. Dependiam da mensagem a vida e a morte de três pessoas.

Pouco conhecia a respeito de seus passados, porém, sabia bem de seus futuros, da morte precoce por um engano fatal. Viu as primeiras construções da cidade e que o cavalo parecia exausto. Fechou os olhos e rezou a Deus pedindo para chegar a tempo.

Sentia que, se não chegasse, se não fizesse o possível e o impossível para chegar, seria também um pouco culpado. Sua mente repetia, a cada bocado andado, que deveria manter-se acordado: mais 500 metros, mais 400 metros, mais 300, mais 200, mais cem e finalmente a porta de entrada do tribunal.

— Soldado! Ajude-me! — no último fôlego, à porta do tribunal ele gritou ao segurança.

Já não sentia as pernas de tão dormentes que estavam. O soldado veio correndo, ajudou-o a descer e praticamente o carregou até a porta. Finalmente a porta.

— O que lhe acontece, senhor? Parece exausto — perguntou o soldado preocupado em ajudar.

— E estou, mas isso não é importante. Conde Carlos descobriu que esses três, que estão sendo julgados, não são culpados. Tenho aqui a ordem direta dele.

— O senhor fala daqueles que foram julgados por bruxaria?

— Sim. Foi tudo uma armadilha. O conde mandou-me voar, se eu pudesse. Não quer ter esse erro em sua consciência.

— Tarde demais. Eles foram executados ontem à tarde.

— Mas como? Hoje não é quinta-feira? As execuções só acontecem às sextas-feiras.

— Sim, mas o presidente do tribunal precisava viajar e não estaria presente, por isso mudou para a quarta-feira, ontem.

Ele sentiu vontade de chorar. Tanto sacrifício seu, três noites sem dormir, mal alimentado, judiando dos animais, e era tarde demais. Ele nem sequer conhecia os condenados, e creio que, de exaustão, começou a chorar.

— Senhor, eram seus parentes? Sinto muito.

— É contra a ordem do rei! Todas as execuções só podem acontecer às sextas-feiras.

— Não aqui neste judiciário. Isso não é levado muito em conta. O juiz costuma viajar com a família aos fins de semana, e a quarta-feira tornou-se extra-oficialmente o dia das execuções. Mas venha! Não adianta procurar ninguém, pois o tribunal está vazio.

O mensageiro sentara-se na escada do prédio oponente de mármore branca. Sentia vontade de ficar deitado ali mesmo. Qual seria a melhor forma de o rei fazer justiça? Matar o juiz que ia contra as determinações? Se soubesse que seria na quarta-feira, nem teria viajado, pois somente um pássaro faria aquele caminho em dois dias.

Vendo que o mensageiro não se mexia, o soldado ajudou-o a levantar-se:

— Venha, senhor. Eu não posso sair do meu posto, mas vou levá-lo até a esquina. Há uma casa que aluga quartos e tem estrebaria. Vejo que está muito abatido. Desculpe, reparei que derramou lágrimas. Eram seus parentes? — insistiu ele.

— Não. Eu nem sequer os conhecia, mas soube que eram inocentes. Que defenderam o conde e, por uma trama, foram julgados culpados.

— Venha! Não pense mais nisso. É briga de peixe grande! Você é um mensageiro, e eu um raso soldado.

— Mas não é justo! Tenho certeza de que não é justo.

— Venha! Uma alimentação reforçada reporá suas energias.

Gentilmente, o soldado arriscou-se. Saiu do seu posto e andou com o mensageiro por pouco mais de uma quadra, puxando o cavalo. O viajante nem sentia seus pés no chão.

Um garoto correu para pegar o animal e cuidar dele. Entrando no ambiente, o mensageiro desabou sobre uma cadeira. Logo, vieram servir-lhe. O soldado gritou:

— É o mensageiro pessoal do conde. Tratem-no bem.

Ele ia corrigir que era somente um mensageiro, dos muitos que haviam, que o conde nem sequer sabia seu nome, mas deixou para lá, pois pouco importava.

Percebeu que sentia tanta fome que mal conseguia mastigar algumas bocadas. Seu estômago parecia ter grudado, recusando o alimento.

Pediu um quarto, lavou-se um pouco e, depois de tirar a roupa, desabou na cama. Dormiu até o outro dia e acordou às duas horas da tarde, sentindo-se parcialmente refeito.

Somente nesse momento pensou no que aconteceria quando o rei soubesse que a lei de execuções não estava sendo obedecida. Tomaria alguma providência ou ficaria daquele mesmo modo?

Procurou em sua mente saber quem eram realmente os executados e a trama toda, contudo, não descobriu.

No sábado, resolveu que precisava voltar sem a urgência de antes. Não encontrara nenhum responsável pelo tribunal, apenas aquele gentil soldado raso tomando conta da entrada fechada.

Pagou a pensão, pois temeu que, se colocassem na conta do conde, jamais receberiam. Ele, no entanto, receberia o reembolso. Pegou o animal já arreado, pronto para a viagem.

Durante todo o caminho, tentou não pensar no assunto, mas, a cada parada, como se tivessem feito uma aposta, perguntavam-lhe se tinha chegado a tempo, e ele era obrigado a dizer que não, que haviam adiantado a execução.

Viajando com mais tranquilidade, chegou somente do quinto para o sexto dia, tempo regular para aquela viagem. Nem passou em casa; foi direto ao casarão do conde. Lá, soube que o conde ordenara que o avisassem sobre a chegada do mensageiro, assim que ele colocasse os pés na propriedade.

Sentia-se nervoso, pois nunca vira o conde pessoalmente. Quando fora viajar, recebera ordens de um assessor.

Tentou ajeitar-se melhor, avaliando que deveria ter passado em casa para, pelos menos, trocar de roupa. Depois sorriu. Bobagens. Quem era o conde? Um homem que também viajava. Não como os mensageiros, mas viajava.

Esperou-o por quase 40 minutos e, enquanto esperava, pensava: "Se o conde estivesse tão preocupado, não me faria esperar por tanto tempo, enquanto eu, exausto, só quero ir para casa descansar".

Depois desse tempo, outro homem disse:

— O conde vai atendê-lo agora. Siga-me.

Foi curioso para ele, um simples mensageiro, atravessar pela primeira vez aquela tímida saleta de espera. Mal colocou os pés fora dali, pensou que ela fora decorada austeramente para intimidar quem ali fosse.

Ele não sabia como se comportar perto do conde. Se deveria ajoelhar-se ou beijar-lhe a mão. Por fim, decidiu que faria o que visse fazerem. Decepcionou-se um pouco ao vê-lo sem joias e simplesmente vestido, sem o rico manto, que, ouvira dizer, desfilava nas ruas.

O conde mal olhou quem entrava e disse:

— Deixe-nos a sós, Eduard.

— Senhor, é somente um mensageiro.

— Ora! Saia! Estou mandando — gritou impacientemente.

O mensageiro sentiu suas pernas tremerem e tentou pensar que o conde era somente um homem com o comando de um condado. Nada mais que um homem.

O conde foi direto ao assunto.

— Chegou a tempo?

— Senhor, cheguei na quinta-feira no fim da tarde, mas...

— Graças a Deus! Chegou a tempo! — observou o conde sem esperar ouvir o restante.

— Senhor, lastimo, porém, as execuções foram feitas na quarta-feira. Disseram-me que o juiz vai para a casa de campo nos fins de semanas e viaja...

O conde mudou de cor e levantou-se tão branco que até a cor dos seus lábios sumiu, passando a impressão de que ele iria desmaiar. O mensageiro correu para acudi-lo e segurou-o, guiando-o até uma cadeira de espaldar alto.

— Senhor, lastimo, mas foi isso que aconteceu. Executaram todos na quarta-feira... Se eu soubesse, nem teria ido.

O conde nada falava, continuava mudo. Depois de algum tempo, colocou as mãos sobre o rosto e começou a soluçar. O mensageiro não sabia o que fazer, por isso afastou-se. Certamente ali não era o coração de um conde, mas de um homem que lastimava um erro, um grande erro. O mensageiro chegou mesmo a temer, pois estava vendo, por acaso, a autoridade máxima daquele condado em sua total intimidade, revelando explicitamente a dor de sua alma.

Calculou que o conde chorara por uns dez minutos. Não sabia o que fazer; apenas queria estar longe dali, desaparecer no ar.

Finalmente, o conde acalmou-se um pouco, foi até uma bacia com água e lavou o rosto. Depois, olhou para o homem, que, com certo espanto, o observava, e comentou, sem sentir vergonha nenhuma de seu ato:

— Admirado por me ver chorar? Sou somente um homem. Deus deveria ter feito os comandantes sem alma, sem coração. Veja! Estão mortas pessoas que lutaram por mim. Mortos, porque um juiz queria viajar com a família. Desgraçado! O que devo fazer agora? Devo mandar executá-lo? Adiantará? Não! Sei que não. Se quiser, pode espalhar que me viu chorar. Quem acreditará? Ninguém. Pensam que sou de pedra! Pois se admirem, não sou! Infelizmente, não sou.

— Posso retirar-me, senhor?

— Tem alguma testemunha de que chegou lá na quinta-feira?

— Sim. O soldado que fica à porta do tribunal e as pessoas da pensão em que descansei.

— Devolva-me as ordens.

— Aqui estão.

— Obrigado por ter tentado com tanto afinco.

— Sempre às suas ordens, senhor.

O conde olhava para o papel enrolado que fora devolvido, e o mensageiro sentiu que a emoção novamente tomava conta da alma daquele homem. O conde, por fim, dispensou-o com um movimento de mão, sem olhá-lo.

O mensageiro percebia que não deveria, mas se sentia admirado. Parecia-lhe inconsistente a fragilidade de um homem daquele gabarito e cargo.

Assim que o mensageiro saiu, o assessor do conde, Eduard, fez menção de que iria entrar. O mensageiro, no entanto, disse:

— Creio que o conde quer ficar a sós neste momento.

— Ora! Cale-se, seu mensageiro idiota!

O homem parecia estar ofendido pelo fato de o conde ter recebido a sós o mensageiro.

O mensageiro desceu as escadarias da frente e foi para casa pensando: "Se os reis e condes têm coração, graças a Deus, mas mesmo assim cometem barbaridades".

O conde chorara, mostrara arrependimento, todavia, quanto cooperara com o fato? Quantos inocentes tinham sido executados sem a mesma atenção? E o motivo apenas se repetia: a gana por poder. Sempre isso a fazer pessoas traírem a si mesmas e aos outros.

Chegando a casa, o mensageiro dispusera-se a esquecer-se do assunto, mas não conseguiu. Em compensação, não se sentia culpado como pensara que aconteceria se chegasse tarde demais.

CAPÍTULO 2

O conde, que dominava aquelas terras quase como rei, dividiu-as em condados menores para evitar lutas pelo poder.

Entre os que foram agraciados com terras estava Carlos, seu filho mais novo, fruto de uma leva de três homens e seis mulheres — essas, contudo, não contavam. Havia barões e condes suficientes para bem casá-las todas.

Carlos recebera uma área e tomara posse dela com tanta pompa, que não cabia nas ruas. Se fossem classificar o lugar, diriam que mal passava de uma cidadela muito pobre, contudo, fora decretada condado, e ele empossado como governador único.

Quando chegou à terra, foi rejeitado. Um estrangeiro de língua estrangeira. O povo preferia um comandante distante, que mal soubesse que aquele pedaço de terra existia, pois pelo menos assim os deixaria em paz.

Observando o casarão recém-construído, via-se que não haviam poupado nenhum tostão suado do povo. Quem passasse pela frente da edificação teria a sensação de que todos os habitantes da cidadela caberiam ali dentro ou que uma dúzia de integrantes do séquito poderia viver ali sem se olhar por dias.

Assim que entrou no casarão, Carlos soube que aquele denominado condado pouco tinha a oferecer-lhe. Aliás, que aquela cidadela era só isso: uma cidadela.

Carlos pensou que poderia ter uma boa vida, sem as intrigas tão comuns no condado principal de seu pai. Chegou mesmo a sorrir, avaliando que o velho fora esperto, afinal, se todo filho de rei sonha em ser rei, o pai dera um "reinado" a cada um. E se não o fosse, o pai decretara que era.

Carlos não quis comparar o que herdara com o que os irmãos herdaram, pois tinha mais do que o suficiente para viver. Nunca fora dado à vaidade e à fome de poder, porque acreditava que o poder cansava muito e trazia muita responsabilidade. Além disso, estava acostumado à ideia de que seria o terceiro na herança e que o irmão mais velho ficaria com o território principal. Mas o pai, um grande manipulador das vaidades humanas, dera aquela cartada de gênio.

Depois de tirar o manto e as joias do desfile de chegada — sentia que aqueles objetos lhe causavam fadiga, lhe pesavam e lhe atrapalhavam os movimentos —, Carlos caminhou até a sala, uma sala enorme, onde havia uma mesa grande para reuniões e a famosa cadeira de espaldar alto, digna de um rei.

Carlos olhou e sorriu. Por que esses artefatos não lhe atingiam como deveriam? Fechou os olhos e rogou apenas que, quando o pai morresse, os irmãos ou outros não quisessem lutar para tomar-lhe aquele pedaço de terra.

Caminhou até a janela que dava para uma praça e notou que o povo ainda espiava para dentro. Acenou, mas ninguém respondeu. Ele concluiu, então, que, sem as joias e o manto, as pessoas não o reconheciam.

Carlos sentou-se na sala deserta, pensando que, mesmo com todas aquelas pessoas estranhas que foram assessorá-lo e morar com ele, provavelmente se sentiria sozinho ali.

Teve vontade de juntar-se ao povo, pois era dia de festa. Aconteceria uma confraternização espontânea, sem os ensaios da corte, que ele dispensaria completamente, ainda mais por não se sentir familiarizado com ninguém.

Alguém bateu na porta apenas para anunciar-se, pois ela estava aberta. Era Eduard, eleito seu principal assessor. Carlos sabia que tudo o que fizesse seria relatado ao pai.

— O que é, Eduard?

— Senhor, espero que tenha gostado. Seu pai contratou um grande arquiteto para construí-lo e decorá-lo.

— É bom, mas, neste condado diminuto, creio que seja grande demais.

— Poderá conquistar outros. Aliás, esse deve ser o objetivo de seu pai. Lembro-me de que ele lhe disse: "Carlos, vá e faça daquelas terras um grande país".

Carlos sorriu e corrigiu:

— É uma figura de linguagem. Um grande país não quer dizer que seja um país grande.

— Desculpe, senhor, mas não vejo diferença.

— Eu vejo. Só de desfilar pelas ruas, senti que o povo é pobre demais. Vi muitas crianças, mulheres, homens e velhos esmolambados, que, no entanto, pagaram por isto aqui.

— O que queria? Um casebre? É o conde e mandante agora. É o rei destas terras.

Carlos olhou Eduard, que fora para aquelas terras, porque seu pai o indicara e fizera questão de sua presença. A pior desgraça para o pai de Carlos era saber que seus filhos se digladiariam. Para ele, quebrar laços de família, qualquer parentesco que fosse, principalmente entre irmãos e pais, era um grande erro, um enorme pecado.

Eduard certamente faria relatos do comportamento e dos planos de Carlos, caso ele quisesse tomar as terras de seus irmãos ou do próprio pai. Inocente Eduard! Acreditava que Carlos não sabia de seus objetivos.

Desde seus dez anos de idade, calculava, podia quase ler os pensamentos do pai, que tinha um comportamento estranho em relação à família e aos filhos e às filhas. Um relacionamento que não era comum à época. Tinha certeza de que, quando morressem, seus relacionamentos continuariam do outro lado de alguma forma e conviveriam com as mesmas pessoas, por isso procurava ser justo para manter esses laços saudáveis, já que existiriam pela eternidade.

Uma forma excêntrica de pensar, julgavam todos. Ele, inclusive, era motivo de piada na corte. Às suas costas, claro!

Carlos também participava dessas piadas até um dia que algo pareceu afirmar-lhe que o pai estava certo, que os relacionamentos continuavam e que todas as ações tinham consequências.

Mas Carlos, a seu modo, tinha dúvidas. Era como um acreditar no coração, mas o conceito cultural jogava dúvidas sobre essa certeza.

— Senhor, há uma comissão local que veio cumprimentá-lo. Deixo-os esperando ou vai atendê-los?

— Dê-me um minuto, pois, sem as joias e o manto, pensarão que sou um servo.

Carlos tinha certeza disso, mas Eduard, bajulador, comentou:

— De forma alguma. Quem é bem-nascido tem um brilho diferente nos olhos. Eu o ajudo, senhor.

O conde quis divertir-se novamente, ridicularizando essa observação, mas não o fez. Eduard comportava-se como um professor e vigilante do pai de Carlos.

Enquanto Eduard o ajudava a prender o manto, Carlos, rapidamente, enfiou o cordão de ouro com o brasão da família cabeça abaixo e olhou tristemente para a porção de anéis que colocara em cima da mesa. "Para quê tudo isso?", perguntava-se.

— Pronto, senhor. Mas se estiver cansado, posso mandá-los voltar outra hora.

— Deixe-os entrar agora, pois assim me livro logo dessas formalidades.

— Senhor, alguns têm aparência um pouco duvidosa.

— Deixe. Eu mesmo verifico isso.

Carlos ficou olhando pela porta. "O que será que Eduard quis dizer com aparência um pouco duvidosa?", questionou-se.

Talvez uma roupa pouco luxuosa, porém, o que esperar dos líderes daquele povo e de terras tão pobres?

Carlos não quis sentar-se na cadeira, pois algo parecia vir dela, como a inspirar-lhe desconforto. Decidiu esperar de pé que entrassem.

— Senhor, a comissão local quer parabenizá-lo — anunciou Eduard.

Entraram um homem com um bigode farto, que parecia ter se vestido às pressas, pois estava um tanto amassado, uma senhora com um sorriso totalmente artificial, e outro homem, que olhou diretamente nos olhos de Carlos de uma forma tão estranha que o conde involuntariamente baixou os seus. Ao sentir o que fizera, corrigiu-se e encarou-o. Eduard apresentou-os:

— Senhor conde, esses são o senhor Maláia e sua senhora e esse aqui é o senhor Handar.

— Seja bem-vindo, conde — a mulher tomou a frente.

Carlos olhou-a e teve certeza de que a mulher observava o quanto ele era jovem. Sentiu que a mulher tinha filhas para casar, pois o olhar de satisfação que ela lhe lançava deixava claro o que pensava.

Maláia fora apenas polido, e Carlos deduziu que ele tivesse algum cargo de mando paralelo e que, estando ali um dos filhos do dono, o homem o perderia. Deduziu isso, pois sentia o homem insatisfeito.

O outro lhe fez uma mesura leve, polida, mas Carlos sentiu que o olhava além. O homem parecia pensativo, intrigado ou deduzindo algo, o que fez o anfitrião sentir desconforto.

— Eduard, peça para trazerem um bom vinho às minhas primeiras visitas — pediu o conde querendo ser gentil.

Eduard saiu. Handar tirou os olhos de Carlos e, mantendo-se calado, acompanhou os movimentos de Eduard. Educadamente, o conde os convidou a sentarem-se, enquanto a mulher parecia querer disparar em falatório e por pouco se segurava. Tudo muito formal, e Carlos queria assim. Seria uma taça de vinho para cada, e depois ele alegaria estar cansado e esperaria que todos se retirassem.

Logo veio o servo com a bandeja e as taças. Carlos pegou a garrafa de vinho e, como gostava de fazer, derramou ele mesmo a bebida na taça, experimentando-a. Depois de aprová-la, ordenou que o servo o servisse mais e servisse aos visitantes.

Carlos reparou que Eduard não se servira, estranhou o fato, mas não fez observações. A mulher, por sua vez, já não se continha e, logo depois do segundo gole de vinho, disparou a elogiar o casarão, dando a entender que apenas lhe faltava uma mão de mulher. E em seguida, indiscretamente, tascou:

— Sua esposa não veio?

— Não sou casado — respondeu Carlos, arrependendo-se imediatamente, pois tinha certeza de que a mulher puxaria da manga uma lista de pretendentes. Ela, no entanto, apenas abriu um sorriso largo, deu um longo gole de vinho e disse:

— Pois lhe digo que nós aqui estamos com sorte. Há muitas jovens de família que os pais adorarão apresentar-lhe.

— Caso não esteja noivo... — corrigiu rapidamente o marido.

A essa pergunta Carlos preferiu não responder. Não estava noivo, mas queria que ficasse implícito que sim, e para não responder à pergunta pediu que lhe servissem mais vinho.

A mulher pediu licença para perambular pela sala e, com ares embevecidos, passou a mão pelos detalhes da mesa. Carlos perguntou a Handar o que ele fazia ou representava.

Maláia ficou um pouco ruborizado e embaraçado, como se quisesse que o outro não se identificasse. Handar, o homem inquirido, sorriu polidamente, e Carlos reparou que ele mal tocara no vinho. A taça dele parecia inteira ainda, enquanto o conde, assim como Maláia, já quase terminava a segunda.

— Sou irmão dele.

Carlos pensou um pouco: "Só isso? Será que esse homem não tem nenhum título, nenhum cargo?". Teve vontade de dizer que isso não era apresentação, mas sentiu o alívio de Maláia.

Carlos acabou de beber o vinho rapidamente e esperou que os outros bebessem. Percebeu que Maláia sorvera o seu rapidamente também, enquanto Handar devolvia sua taça do jeito que estava, mal tocada, à bandeja que o servo segurava.

— Vamos — disse Maláia à esposa, que olhou a todos decepcionada, vendo que estavam de pé para irem embora.

A mulher olhou para Carlos e disse:

— Se me permite a liberdade, vou convidá-lo para um almoço em minha casa. Assim, o senhor conhecerá toda a nossa sociedade e verificará que nada temos a desejar do local de onde veio.

— Querida! Você está sendo ofensiva! — corrigiu o marido.

— Desculpe, foi meu modo de dizer que ele não sentirá saudades da educação das mulheres de lá.

— Ele não deixou só mulheres lá. Deixou pais, irmãos, sobrinhos, amigos, e nada substituirá esse amor e a saudade que advirão dele — observou Handar, sendo eloquente pela primeira vez.

— Agradeço a observação, senhor, mas tenho certeza de que a senhora quis apenas ser gentil — defendeu-a Carlos.

— E ela tem motivos para agradá-lo. Não de agora, tenho certeza — Handar tornou.

Carlos olhou-o. O que Handar quis dizer com aquilo? Quis indagar, mas o homem já lhe fazia outra mesura e lhe dava as costas.

A mulher foi mais eufórica, como se sentisse uma alegria muito grande. Carlos olhou-a e estimou novamente que ela devia ter muitas filhas ou sobrinhas para casar, por isso sorriu para si mesmo agradecendo.

Mal os viu sair, Carlos tirou o manto, pois o calor quase o cozinhava. Com o tempo, passaria a não usá-lo, nem diante de visitas formais como aquela. Eduard logo veio ajudá-lo, e Carlos cobrou:

— Por que não bebeu uma taça de vinho também?

— Senhor, fiquei impressionado com aquele tal de Handar. Sabe o que ele disse depois de me olhar diretamente por algum tempo?

— Não. Mas creio que é o modo dele. Também me olhou assim.

— Ao senhor não disse nada, porém, a mim disse que sofro de uma doença no sangue e que, se beber um pouco de vinho que seja neste calor, minhas veias vazarão. Confesso que o temi.

— É um homem deveras esquisito. Quando perguntei o que ele fazia, afirmou-me somente que era irmão do outro e ainda de forma vaga. E isso é lá profissão ou cargo? Apesar de não ter pressentido nenhuma irregularidade no comportamento, quero que amanhã descubra algo sobre ele.

— Farei, senhor. Quer descansar? Parece que serão as únicas visitas que terá hoje.

— Meu quarto já está pronto?

— Claro, senhor. Cuidei de tudo.

Carlos retirou-se, deixando para trás o manto e, descuidadamente, as joias. Foi para o quarto, contudo, não tinha sono. Ele, então, ficou olhando pela janela que dava para um pátio interno e deu uma perambulada no quarto para familiarizar-se.

"Que horas são?", especulou. Depois, abriu o baú e olhou suas roupas. Resolveu andar pelas ruas, pois tinha certeza de que, se perguntasse a qualquer passante a cor dos olhos do conde recém-chegado, ninguém saberia dizer.

Pensou em Eduard censurando-o por sair sem seguranças, então, chamou o homem que ficava no corredor e pediu-lhe que desse um recado na cozinha. Solicitou que o jantar fosse servido às oito da noite, como se eles já não soubessem.

Assim como Eduard fora enviado por seu pai para vigiá-lo de perto, todos os cinco servos tinham vindo do palácio de seu pai. Sua mãe fizera questão disso, como se outros servos não pudessem cuidar bem dele, ou como se ele não pudesse cuidar de si mesmo.

Carlos sentiu-se um pouco como um moleque travesso, saindo corredor afora rapidamente para não ser visto. Tinha certeza de que, com a porta do quarto fechada, deduziriam que ele dormia.

Saindo daquele casarão enorme em que moraria e que mal conhecia, Carlos rapidamente se viu na rua, misturado aos passantes. Alguns deles paravam e olhavam, procurando quem morava ali.

Carlos parou em um desses grupos e, para divertir-se, perguntou:

— Disseram-me que o filho do conde já chegou. Como é ele?

— Dizem que é moreno, alto, forte como um Hércules e que nos reinará com mãos de ferro. Dizem que amanhã mesmo aumentará os impostos e que veio com um séquito de mais de cem homens.

Carlos teve vontade de rir. Doze soldados, três auxiliares, dois assessores e cinco servos. Quase dava para contá-los nos dedos. Faltavam muitos para cem.

Sem olhar para os que lhe responderam, virou as costas e sorriu novamente. Não lhe tinham identificado o sotaque estrangeiro.

Pensou nos três últimos anos e na obrigação de aprender aquele idioma. Aquele idioma, que no primeiro momento lhe pareceu tão estranho, mas que já não era mais. Perdera até o sotaque! Lembrou-se, então, do professor que tanto insistira para que falasse com perfeição.

Carlos viu uma taberna e decidiu entrar. Algumas pessoas o olharam, e ele pensou que fora reconhecido, mas logo desviaram a atenção e voltaram ao que faziam antes.

Ele foi até o balcão e perguntou ao homem, que cheirava forte a suor:

— Tem algum vinho bom que possa servir-me?

— Tenho um especial para viajantes cansados. É viajante, não é? Nunca o vi por aqui.

— Sou sim.

— Logo vi. Conheço todas as pessoas desta cidade. É a terceira vez que nasço aqui.

Carlos já se servia do vinho, que tinha um buquê duvidoso, e quase deixou cair a caneca ao engasgar-se. Ele começou a rir e observou:

— Terceira vez que nasce? Uma só para mim chega.

O homem aprumou-se e começou a limpar o balcão com um pano tão encardido que fazia o trabalho tornar-se inútil. Tinha ares de ofendido.

— Desculpe, não quis ofendê-lo. Mas, que eu saiba, só se nasce uma vez.

— Tem razão, eu falo demais. Foi só uma piada. Não é bom esse vinho?

Carlos queria dizer que já tinha tomado vinhos melhores, mas balançou a cabeça afirmativamente. Nesse momento, percebeu que não havia algazarra na taberna. Ninguém parecia bêbado, como era de se esperar àquelas horas, e Carlos sentiu que havia alguma coisa no ar, como um segredo. O dono do lugar afastara-se, e ele tentou encontrar naquele homem alguma coisa estranha. Não encontrou nada.

Após acabar de beber o vinho, Carlos pagou a conta e saiu a andar sem destino pelas ruas, tendo apenas o cuidado de marcar bem o caminho, pois detestaria perder-se e precisar perguntar onde era a própria casa. Julgou isso vergonhoso.

Seguiu por um lado rodeado de árvores, algumas delas muito floridas, e no meio do que poderia classificar de praça viu um lago. Algumas pessoas sentadas ao redor pareciam dormir. Carlos ficou parado por um momento, questionando-se: "O que será que estão fazendo?". De repente, foi tomado por uma sensação de que já vira aquela cena. Aliás, Carlos experimentou mais que uma sensação; teve vontade de juntar-se àquelas pessoas, com a certeza também de já tê-lo feito.

Tentou lembrar-se, mas depois, com a forte impressão, seu lado racional, influenciado por sua cultura, questionou: "Quando e por quê? Você nunca esteve aqui".

Uma senhora aproximou-se. Tinha os cabelos branquinhos como a neve, sorriu-lhe bondosamente e disse:

— Vejo que está cansado, sente-se. Se quiser, posso harmonizá-lo.

— Senhora, faz isso com todos os viajantes? Até mesmo com os desconhecidos?

— Se está aqui, nunca foi desconhecido. Talvez um dia tenha sido, mas acredito que não seja mais.

— O que quer dizer com "harmonizar"? E como fará isso? É uma seita?

— Diria que sim aos não iniciados.

A mulher olhava diretamente para Carlos, que sentiu certo arrependimento por ter saído às ruas. Que povo era aquele? O que faziam à beira do lago?

Como se o ouvisse perguntar, a mulher respondeu:

— Meditam. Já sabem se harmonizar sozinhos. Venha, não tenha medo.

— Não é medo. Apenas desconheço.

Ela tornou a sorrir, olhou-o e comentou:

— Tenho certeza de que não desconhece, apenas não se lembra. Sente-se aqui mesmo, se não quiser aproximar-se.

Carlos teve uma vontade impetuosa de sentar-se e entender o que sentia, mas seu outro lado avaliou que podia ser algum tipo de bruxaria. Desculpou-se novamente e alegou ter pressa, mas a mentira e o medo pareciam estampados em seus olhos.

— Senhor conde, seja bem-vindo ao lar — comentou ela, surpreendendo-o.

— Como pode saber quem sou?

— Nós já o esperávamos. É um comprometimento antigo.

— Senhora, não quero ser ofensivo, mas mal tenho 25 anos e nunca, jamais vim aqui, nem quando criança.

Ela sorriu, acariciou o rosto de Carlos, como a mãe do conde fazia, e comentou:

— Um comprometimento bem mais velho do que isso. Bem-vindo, querido filho.

23

Ele não soube se foi o modo de ela falar ou o carinho inesperado na voz e no gesto, mas teve vontade de abraçá-la, como se sentisse muita saudade dela. Sentiu como se tivesse colocado em prática o pensamento e, intimidado, observou:

— Senhora, não quero lhe faltar com respeito, mas é estranho o que me diz.

— A você? Jamais! Logo, logo você despertará.

Mesmo a mulher tratando Carlos por você, ele nem sequer se sentiu ofendido. Sentiu-se apenas muito, muito embaraçado, como alguém pego em uma falta grave.

Carlos, por fim, deu-lhe um boa-tarde e saiu. Foi direto ao casarão e, ao passar pela sala, Eduard olhou-o surpreso e observou reprovando:

— Senhor, o segurança me disse que dormia.

— Estou dormindo, Eduard. Você não está me vendo.

A inquietude que Carlos sentia nada podia explicar. Certamente ele dormia em seu quarto e sonhava com o que vira. Ao passar pelo corredor, o segurança olhou-o como quem vê um fantasma, e Carlos repetiu:

— Você não está me vendo.

O homem apenas balançou a cabeça com um sim duvidoso, esperou que ele passasse e voltou a sentar-se no banco encostado à parede.

Carlos abriu a porta do quarto e fechou-a com o pé, fazendo-a bater. Ele sentou-se na cama e tirou as botas, tentando entender o que sentia. Não conseguiu, no entanto.

Como poderia haver um local limpo, gramado e com um lago que parecia intocado em um lugarejo pobre e miserável? Ele só tinha passado por ruas miseráveis, mas notou que havia um lado rico. Como explicar que apenas dois representantes da cidade foram saudá-lo? Estaria essa casta escondendo seu poder financeiro? Por que estariam fazendo isso, se ele saberia mais cedo ou mais tarde?

O fim de tarde estava abafado. Carlos abriu a porta e pediu que mandassem a tina para o banho. Talvez a água refrescante o fizesse pensar melhor.

Logo a tina foi entregue, e um séquito, segurando baldes e baldes de água, a encheu. Um servo ficou para auxiliá-lo, mas Carlos pediu que o deixasse só e o esperasse do lado de fora do quarto. Quando terminasse, avisaria.

O homem deu de ombros e saiu. Carlos tirou a roupa, mergulhou na tina com água quase fria e sentiu-se refrescar. O cansaço bateu-lhe forte. Ele fechou os olhos por um momento e voltou a recordar-se do lugar.

Lembrou-se de que conhecia detalhes do lugar, que na primavera brotariam os lilases azuis e de que, nos invernos amenos, algumas poucas árvores perdiam as folhas e outras se enchiam de flores.

Carlos abriu os olhos suavemente e movimentou-se. Era como se o local estivesse sendo mostrado novamente e como se sua mente quisesse lembrá-lo de como aquele lugar ficava na primavera e no inverno.

Carlos afirmou em voz alta para si mesmo:

— Não será assim. Eu o vi hoje e estou apenas impressionado. Não há lilases azuis e, se houver, será apenas coincidência. E é óbvio que enquanto algumas árvores perdem as folhas, outras florescem. Não vou impressionar-me, cheguei hoje. Descobrirei que são apenas alguns místicos, magos talvez, ou fraudes, nada mais que isso.

Carlos esfregou-se com força para sentir seu sangue circular e ter a certeza de que estava acordado. Depois de algum tempo, sentindo-se revigorado, saiu da tina. Ainda pensou em chamar o valete, que o esperava do outro lado da porta, mas não quis. Enxugou-se e vestiu-se com uma roupa bem leve.

Ele passou uma colônia e, embora precisasse, não fez a barba. Lembrou que o valete ainda o esperava, então, abriu um pouco a porta e disse que ele podia ir. O homem observou-o com olhos clínicos, como se Carlos não fosse capaz de vestir-se sozinho, e perguntou:

— Tem certeza, senhor?

— Claro! Como posso governar um condado, se não tenho sequer capacidade de vestir-me sozinho?

O homem não retrucou, apenas o olhou novamente dos pés à cabeça com expressão reprovadora, pediu licença e retirou-se. Carlos queria manter a porta aberta, pois o quarto ventilava melhor, mas lá estava o segurança. Por fim, encostou-a novamente.

Totalmente vestido, Carlos debruçou-se no parapeito da janela, olhou o pátio novamente, viu o jardim e tentou montar uma imagem de como aquele lugar ficaria na primavera, no outono e no inverno. Não conseguiu, como se estivesse desprovido de imaginação. Intrigou-se. Como, se na praça do lago tinha conseguido tão facilmente soltar a imaginação?

Ficou pensando e pensando. O que era aquilo? Temeu que estivesse ao alcance de algum mago e depois sorriu. Tinham-no prevenido de que muitos ali cultuavam uma religião mística. Pensou mais um pouco e recordou-se de que seu pai, quando adoentado, fora para aquele lugar.

Ficara não mais que dois meses e voltara muito bem de saúde e diferente. Carlos não conseguia definir bem esse "diferente", pois era uma criança ainda. Tentou, então, recordar-se de quanto tempo fazia que aquilo acontecera. Não conseguiu. Avaliou que o pai voltara mais do que nunca apegado à família, tentando fazer com que todos se compreendessem e deixassem os interesses pessoais e financeiros em segundo ou em até terceiro plano.

Carlos lembrou-se de que assistira muitas vezes a discussões entre o pai e a mãe. Não sabia o motivo daquelas brigas, mas se recordava de ficar assustado. Depois da estada do pai naquele lugar, Carlos, no entanto, percebeu que, quando a mãe reclamava, o pai pacientemente tentava dissuadi-la da irritação e da raiva.

Ele andou um pouco pelo ambiente, perguntando-se por que aqueles fatos pareciam fazer diferença naquele momento. Devia estar imaginando coisas. Tentou recordar-se se a doença do pai fora grave, contudo, não conseguiu. Voltou a avaliar que naquele tempo sua principal preocupação era correr e brincar com os irmãos.

Uma serva bateu na porta e recebeu licença para entrar. Ela sorriu para Carlos e perguntou se ele queria comer algo. O conde reparou que tinha um pouco de fome, todavia, pensou que talvez fosse melhor suportá-la, pois a hora do jantar aproximava-se. Por fim, pediu somente um suco.

— Posso trazer-lhe um suco natural da terra, senhor?

— Da terra?! Como assim?

— Senhor, fomos à praça do comércio, e lá há uma infinidade de frutas e verduras que nunca vimos. Compramos algumas para que possa testar se gosta.

Carlos deu de ombros e respondeu:

— Sim! Na terra de César seja César.

A serva ficou olhando-o sem entender do que ele falava. Carlos continuou a pensar e avaliar que seu pai não se tornara místico. Ele ficara apenas mais respeitoso com a família. Quem sabe o fato de ter visto a morte de perto o fizera reavaliar o valor da vida?

Eduard entrou no aposento e deu-lhe boa-tarde. Carlos quis fazer-lhe algumas perguntas e pediu que se sentasse, porém, Eduard afirmou estar bem de pé. Por fim, Carlos, fingindo despreocupação, questionou:

— Acabei de saber que temos fartura de frutas e verduras. Onde plantam?

— Em muitos lugares.

— Pergunto-lhe isso, porque, quando passou a comitiva, o povo me pareceu pobre e miserável.

Eduard fez uma cara de quem queria rir, enquanto Carlos esperava que ele respondesse à pergunta.

— Senhor, quando a notícia de que vinha se espalhou, surgiu um boato de que iria aumentar os impostos... Daí, pode deduzir que todos que vieram recepcioná-lo na rua usavam as piores vestimentas.

Carlos pensou em um palavrão, pois ficara realmente preocupado com aquela aparência de miséria. Muitos usavam vestimentas com remendos grosseiros ou roupas rasgadas e estavam descalços.

— Eduard, que tipo de gente você crê que tenho para governar?

— Eu diria, senhor, que é do tipo dissimulado.

— É bom saber disso. Será por isso que meu pai insistiu que eu trouxesse todos que iriam servir-me pessoalmente?

— Com certeza, senhor. Seu pai me disse que estranharia se tivesse de conviver diretamente com as pessoas deste lugar.

— Outra coisa intriga-me... Só dois ricos vieram visitar-me. Por acaso, há mais ricos aqui?

— Julgo que sim. Esses vieram por se sentirem na obrigação de fazê-lo ou porque são os mais, como direi, esnobes.

Sem traduzir em palavras, Carlos pensou: "Ou têm filhas e sobrinhas para casar".

— Obrigado, mas não fique pensando que sou idiota.

— Senhor, se permite perguntar-lhe... O que seu pai disse quando lhe deu esta parte do condado?

— Nada. Apenas que não queria ver os filhos digladiando-se e que por isso decidira fazer a partilha antes. Julgo-o um homem muito prevenido e que sem dúvida nos ama.

— Claro que ele os ama.

— Pode ir, Eduard.

A jovem serva ofereceu o suco a Carlos, que o experimentou. Ele julgou exótico o sabor da bebida, sem, no entanto, ser desagradável. A mulher olhava-o em expectativa. Ele sorriu e exclamou, embora não sentisse assim ainda:

— Muito gostoso e refrescante. Obrigado.

— Quer mais?

— Não.

A serva retirou-se, e Carlos sentiu uma vontade irresistível de voltar àquele lago, porém, anoitecia e já começavam a colocar a mesa para o jantar.

Não seria a primeira vez que faria uma refeição sozinho. Quando viajava, isso sempre acontecia. Nem Eduard dividia a mesa em sua casa, apesar da camaradagem com que o tratavam. Tentou recordar-se de como seu pai lhe comunicara

28

de que aquela parte da herança ficaria com ele. Não conseguiu. Recordou-se apenas de que o pai expusera seu ponto de vista aos três filhos, deixando claro que não admitia reclamações.

O mais velho dos filhos ficaria com as terras onde morava a família, mas somente assumiria o lugar quando o pai morresse. Carlos ficara com aquela cidadela, e o outro irmão com outra mais ao sul. Como naquela cidadela e na do sul não existia um local adequado para morarem, o pai mandara construir casarões.

Carlos acabou de beber o suco e desceu as escadas. Colocou o copo em cima da mesa, foi até a janela da sala e debruçou-se. Alguém já acendera as velas, e nesse momento ele percebeu o grande lustre do cômodo, que provavelmente acomodava entre 150, 200 velas. O conde, então, pensou em sua casa. Quando raramente havia festa, um baile, tudo ficava aceso.

Ele lembrou-se de que sua chegada merecia uma comemoração, mas ali somente havia os sons da noite. Um grilo ali, um sapo acolá. Enquanto via pessoas passando como vultos pela escuridão que se formava, alguém lhe avisou que o jantar fora servido e lhe perguntou se ele iria querer vinho ou suco.

O suco da fruta que ele não conhecia realmente era refrescante. Ele, então, preferiu-o. Carlos saiu da janela e sentou-se à mesa. Havia cereais, uma perna de carneiro assada e algumas verduras. Ele experimentou as folhas e percebeu que tinha um condimento diferente. Bem! Tinha de se acostumar.

Depois de jantar, percebeu o quanto estava cansado. Voltou à janela, notando mais uma vez que não havia nenhum som, nenhuma música. Ninguém parecia comemorar sua chegada. Se estavam com medo do aumento de impostos, por que o fariam?

CAPÍTULO 3

Carlos teve a impressão de que a noite passara devagar. Ele ficara acordado na cama por muito tempo, pois tudo parecia escuro ainda, contudo, enganara-se. A janela, de uma madeira escura, estava fechada, sem permitir que a luz entrasse no cômodo.

Ele teve sua atenção chamada por isso. Nem reparara direito. Carlos levantou-se, deu alguns passos incertos e, tateando as paredes, encontrou a porta. A luz no corredor fez seus olhos fecharem, e o segurança colocou-se a postos:

— Bom dia, senhor. Quer que eu chame o valete?

— Não! Obrigado.

Podendo ver melhor onde ficava a janela, Carlos abriu-a, e uma brisa fresca parecia estar esperando para entrar. Ele olhou pela janela e decidiu que, logo depois do desjejum, caminharia por aquelas ruas. Iria à feira da praça para conhecer as frutas e experimentar seu sabor, se alimentar e conhecer as pessoas.

Carlos lavou-se e sentiu que o valete estava de pé esperando por ele. Vestiu-se sozinho, pois não gostava de ser auxiliado. Isso o fazia sentir-se incapaz. Não muito bem-humorado, voltou a pensar: "O homem que não consegue vestir a própria roupa ou é muito incompetente ou tem uma doença grave".

Saiu dizendo ao valete que arranjasse outra coisa para fazer e que não precisava ir correndo à porta de seu quarto todos os dias pela manhã. O homem apenas baixou a cabeça, sentindo-se certamente ofendido. Carlos arrependeu-se do seu tom, que saíra ríspido, e virou-se para o homem:

— Sei que meu pai o contratou para isso, mas, desde meus dez anos de idade, me visto sozinho. Nessa idade, eu não permitia nem que minha mãe me vestisse, a não ser nas festas, ocasiões em que ela gostava de dar o toque final. Procure outra função. Deve haver muito o que fazer aqui. Tenho certeza disso.

O homem disse um "sim, senhor" humilhado. Carlos queria desculpar-se por deixá-lo sem função, então, decidiu que pediria a Eduard que encarregasse o valete de fazer qualquer outra coisa.

Carlos desceu as escadas e, para seu encantamento, viu que a mesa estava ornada com vasos de flores e que tudo já estava pronto para ele. O humor do conde mudou, e logo vieram servi-lo. Carlos aspirou, sem disfarçar, o perfume que flutuava no ar.

As flores tinham cores variadas, tons alegres, e eram de espécies distintas, mas mesmo assim seus perfumes pareciam combinar. Carlos alimentou-se e ainda ficou um pouco à mesa, pois as flores lhe davam a impressão de uma companhia alegre.

O conde avaliou que aquele era um dia de trabalho e que já estava descansado da viagem. Tentou lembrar onde era o gabinete e seguiu pelo corredor que saía bem em frente à sala de refeições. Contou quatro portas e abriu uma por uma. O primeiro cômodo estava vazio, e as janelas estavam abertas e sem cortinas, por onde se via o brilho do sol refletido no chão, formando o desenho da janela.

Carlos fechou o primeiro cômodo e abriu o segundo, notando que também estava vazio. No terceiro, encontrou o gabinete. Lá, havia uma mesa, um armário, um sofá, três cadeiras e um tapete vermelho.

O conde notou que a madeira dos móveis parecia com a da janela. Era uma madeira quase negra e devia ser local. Carlos passou a mão pela mesa e, examinando o móvel, sentiu sua textura lisa. Pensou que quem o construíra fizera o trabalho com muito capricho e era sem dúvida um excelente marceneiro.

Carlos sentou-se em uma das cadeiras e experimentou seu encosto confortável. Fechou os olhos um pouco e avaliou que precisava conhecer quem as fizera, pois precisava decorar o restante da casa. Mas como? O que poria e o que iria usar? Talvez quando se casasse, a mulher decorasse melhor o casarão. Por enquanto, seu quarto estava confortável. Carlos sorriu ao pensar em seu aposento e na cama, que era de casal. Certamente seu pai deduzira que ele logo se casaria.

No andar superior havia ainda meia dúzia de cômodos que ele nem abrira. De repente, alguém bateu à porta, e Carlos gritou que entrasse. Se ele não gritasse, tinha certeza de que não o ouviriam, pois as portas pareciam muito densas.

Eduard entrou e fez a mesura costumeira:

— Eduard, eu ia mesmo chamá-lo. Quem fez esses móveis?

— Senhor, só sei que foram trabalhadores daqui mesmo. Por quê? Desagradam-no?

— Não! Ao contrário! A madeira é a única coisa de que não gosto muito. Por ser quase negra, ela dá um tom sombrio a tudo. Os móveis, no entanto, são muito bem-feitos. O que quer?

— Há um homem aí. Ele disse que precisa falar-lhe. Quer que eu marque uma audiência para outro dia ou para mais tarde?

— Não! Deixe-o entrar.

Carlos levantou-se, deu a volta à mesa e sentou-se na cadeira que devia ocupar do outro lado da mesa.

Logo depois, um homem louro, com musculatura forte e gestos delicados, entrou. À porta, Eduard disse:

— Senhor, esse é o senhor Dulcor. Ele pede para falar-lhe.

O homem com gestos decididos estendeu a mão a Carlos para cumprimentá-lo, um modo novo e estranho para ele. Mesmo assim, pensando rápido, o conde estendeu a mão e pediu a Eduard que os deixassem a sós.

Antes de ir, Eduard pegou algo que parecia estar no corredor e colocou junto à porta. Carlos olhou intrigado e disse sem olhar para o visitante.

— Sente-se, fique à vontade.

— Eu trouxe isso para o senhor. É um presente meu.

O conde ficou preocupado. Será que o homem queria algum tipo de favor? Precisava estar alerta às negociatas. O visitante foi até onde o objeto estava encostado e colocou-o em cima da mesa. Carlos pensou que certamente se tratava de um quadro, pois estava embrulhado em um tecido pintado a mão.

— Se me permite, sou muito curioso — comentou o conde.

Carlos levantou-se, e o homem sentou-se. Ele observava o conde, como se anotasse na cabeça suas reações. Carlos abriu o embrulho bem devagar, e parecia que sua curiosidade tinha sido freada pelo suspense. Quando finalmente abriu o embrulho, ficou estarrecido.

O quadro de um fundo azul acinzentado trazia uma linda paisagem, igual à que ele imaginara: o lago, as árvores ao fundo e os lilases azuis brotando do gramado.

O susto de Carlos fora tão grande que ele desabou na cadeira. O homem olhou-o decepcionado e observou:

— Senhor, pensei que fosse gostar, pois é a paisagem mais linda que vi. Talvez eu não tenha conseguido reproduzi--la muito bem.

— Não! O quadro é lindo, muito bem expresso em detalhes. Foi somente a surpresa. Onde fica esse lugar?

— Sei que o senhor não foi até lá ainda, mas temos um lago, que fica assim na primavera. Senhor, é lá que nós...

Dulcor calou-se, como se tivesse falado demais. Carlos levantou os olhos, que pareciam grudados na tela, olhou o homem e inquiriu:

— O que vocês fazem lá?

— Senhor, sei que é estrangeiro, mas nós meditamos lá. Dizem que é um lugar sagrado. A paz que nos envolve neste local é imensa. Não sei que tipo de religião o senhor segue, mas, se puder, experimente a nossa.

Carlos encarou Dulcor para poder sentir bem o homem e perguntou:

— Por que está me presenteando com uma obra dessas? Esse quadro deve valer uma fortuna, se for vendido em qualquer capital da Europa.

— Senhor, só vendo minhas obras para garantir o mínimo para minha sobrevivência. Não quero ser comerciante.

— Tem outros?

— Sim.

— Por que escolheu este?

O homem pareceu encabulado, e Carlos ficou encarando-o a cobrar-lhe uma resposta. Dulcor, então, levantou-se, pegou o tecido e voltou a cobrir o quadro.

— Senhor, queria apenas presenteá-lo e que se sentisse bem-vindo, mas, se não gostou, não precisa inquirir-me. Peço-lhe desculpas por perder seu tempo comigo.

Carlos segurou Dulcor pelo braço.

— Espere, não quis ser grosseiro. Adorei a pintura, é que... não sei bem como lhe dizer isso. Ontem, eu sonhei com essa paisagem. Nunca estive nesse lugar e sonhei com ele. Pode me entender?

O pintor sentou-se relaxando, sorriu e olhou para outro lado. De repente, voltou-se novamente a Carlos.

— Senhor, tenho certeza de que será muito feliz aqui.

— Por que diz isso?

— Porque é meu desejo. Se gostou do quadro, peço que o aceite. Dou-lhe com carinho, como se estivesse presenteando um irmão.

Dulcor levantou-se para sair, e Carlos também se levantou, desejando expressar como amara aquele quadro e a paisagem. Todavia, faltaram-lhe palavras. Ele tornou a repetir um obrigado, que não expressava nem um pouco seu agradecimento.

O pintor retirou-se do cômodo, e Carlos voltou a sentar--se para observar o quadro sobre a mesa. Tinha certeza de que se tratava da mesma paisagem que imaginara no dia anterior. O conde passou a mão pela tela e teve a nítida impressão de que podia sentir a maciez de cada pétala.

Carlos percebeu que estava muito emocionado por estar diante do quadro e constatou que nem sequer se lembrava do nome do pintor. Deu-se conta também que nem lhe oferecera um suco, pois vinho não ia bem àquela hora. Parecia que aquele homem entrara e saíra rápido demais do gabinete.

Onde colocaria o quadro? Seu lugar, sem dúvida, deveria ser na sala, mas, egoisticamente, Carlos quis colocá-lo em seu quarto, pois ali poderia ficar diante da pintura até enjoar.

Pensou um pouco mais. Talvez o pintor ficasse ofendido, acreditando que Carlos colocara a pintura em algum canto esquecido. Mas não. O conde apenas queria dividir sua intimidade com aquela paisagem.

Carlos pensou ainda em procurar o pintor e comprar dele outros quadros, talvez um igual para colocar em seu quarto. Contudo, desistiu da ideia. Colocaria aquele em seu aposento, pois algo parecia vir daquele quadro. Havia nele vida, uma energia sutil em cada pincelada.

O conde fechou os olhos. Queria ver ao vivo o que o quadro retratava e o que sua imaginação projetara no dia anterior, mas faltava muito ainda para a primavera.

Carlos levou o quadro até a sala e pediu a Eduard que providenciasse a fixação da tela em seu quarto, na parede aos pés da cama, para que ele pudesse dormir com a sensação de poder entrar naquela paisagem e usufruir do bem--estar que ela lhe proporcionava.

— Senhor, se me permite, acredito que o pintor possa ficar ofendido. É um lindo quadro. Merece destaque na sala para ser admirado por todos.

— Eu sei, Eduard. Descubra onde mora o pintor, para que eu possa comprar mais algumas obras. Esta casa está nua demais — Carlos virou as costas e voltou ao gabinete. Precisava inteirar-se de tudo.

A um canto, somente naquele momento, viu uma maleta e recordou-se de que nela estavam guardados os relatórios sobre as rendas das terras. Carlos, no entanto, não queria ler nada. Ele queria sair às ruas, conhecer o local, conhecer toda a gente, sem o título de conde.

Ele recostou-se novamente na cadeira e perguntou-se: "Será que no casarão há alguma saída secreta?". Sorriu, sentindo-se como uma criança que deseja fazer o que não deve.

Olhou para si, sem entender por que vestira aquela roupa tão sóbria. Subiu as escadas e trocou-se. Vestiu algo mais leve e menos formal.

Carlos lembrou-se de que não precisava dar satisfações a ninguém, nem mesmo a Eduard, vigilante de seu pai.

Assim que passou pela sala, Eduard, vendo que o conde ia sair, disse:

— Senhor, os seguranças estão prontos para acompanhá-lo.

— Não vou levar ninguém.

— Senhor, é sua segurança. Além disso, sou o responsável.

— Eduard, se meu pai lhe deu essas ordens, esqueça! Sou dono do meu nariz e quero sair livre. Entendeu bem?

Eduard esboçou uma expressão de que iria chorar, mas Carlos queria tomar os arreios de sua vida e para isso pensou que teria de agir assim.

O conde saiu do casarão, e ninguém o reconheceu. Certamente pensaram que ele era apenas um dos assessores.

Carlos saiu a pé, sem destino certo. Queria sentir o cheiro daquela terra e de sua gente.

Depois de andar cerca de meia dúzia de quadras, saiu bem em frente à praça do comércio e surpreendeu-se com o movimento na rua àquela hora. Enquanto muitas mulheres faziam compras — certamente para o almoço —, comerciantes faziam balbúrdia oferecendo suas mercadorias.

Uma criança correndo distraída deu um encontrão em Carlos, sorriu e disse apressadamente:

— Desculpe, senhor.

Carlos pensou em como todos ali pareciam educados.

Uma mulher discutia com um comerciante, que jurava que o produto que ele vendia tinha sido colhido na tarde anterior.

Alguns cavalos do outro lado da praça descansavam à sombra, esperando por seus donos. Carlos afastou-se do centro da praça e foi até onde estavam os animais. Fixou um deles, um cavalo negro, que reluzia quando alguns raios de sol se infiltravam pelas folhas, e acariciou-o. O animal relinchou de leve, e Carlos perguntou:

— Quem é seu dono, belo animal? Parece que nesta terra a melhor madeira é a negra e o mais lindo dos animais também o é. Será que você está à venda? Juro que o tratarei muito bem.

Carlos sentiu que o observavam. Ele vasculhou com os olhos a praça, contudo, não percebeu ninguém. Ainda assim, sentia que o observavam. Deduziu que se tratasse do dono do animal, com medo de que ele o roubasse.

O conde, então, caminhou até outro cavalo, um castanho, acariciou-o e reparou que estavam muito bem cuidados. Foi nesse momento que algo chamou sua atenção. Entre as árvores, a uns quinze passos dele, uma menina loirinha estava sentada, observando a todos de longe.

Sem pensar, Carlos foi em direção à garotinha, que se levantou e saiu correndo, embrenhando-se ainda mais entre as árvores. O conde, por sua vez, ficou parado, perguntando-se por que ela se preocupara. O local não era tão grande e certamente ela sabia como voltar para casa.

Carlos virou-se e viu um dos seus seguranças acompanhando-o disfarçadamente. Contrariado, ele imaginou que Eduard mandara segui-lo, mas que ele não tinha esse direito.

O conde voltou a caminhar em meio às pessoas que escolhiam coisas, todavia ele não sabia escolher nada. Uma fruta pareceu-lhe apetitosa, e ele perguntou quanto custava. Carlos lembrou-se de que saíra sem dinheiro, sorriu sem jeito e disse ao comerciante:

— Não vou levar, pois estou sem dinheiro.

O homem olhou-o e comentou:

— Não me parece pedinte.

— Não sou. Apenas saí sem dinheiro. Vim apenas dar um passeio.

— Eu pago a fruta para ele — Carlos ouviu alguém atrás de si responder ao comerciante e virou-se para ver quem falava.

O comerciante sorriu e começou a limpar a fruta para dar-lhe mais brilho. Carlos não conhecia o homem que tirara a moeda do bolso para pagar e retrucou:

— Não precisa, senhor. Depois, se eu quiser, mando alguém buscar.

— Não! Custa apenas algumas moedas. Eu pago.

Carlos não sabia o que dizer. Sentia-se desconfortável, pois não queria identificar-se. O conde olhou novamente e notou o segurança fingindo estar ali por acaso. Podia mandar buscar dinheiro, mas o homem já tinha pagado e lhe estendia a fruta.

— Tome. Não fique embaraçado, pois sei que realmente esqueceu o dinheiro. Sei quem é o senhor.

Carlos pegou a fruta e deu uma mordida. Depois, sorriu, comentando:

— É azeda. Nunca a tinha visto. Estou agradecido. Já que sabe quem eu sou, gostaria de saber quem você é.

— Apenas um local. Eu o vi chegando ontem na comitiva. Sou bom observador.

— Parece o único. Ninguém me reconheceu até agora.

O homem sorriu e apresentou-se

— Sou Angust. Também não nasci aqui, mas, depois que conheci este lugar, lhe digo que não existe melhor.

38

— Não consigo ser tão otimista ainda. Classifico-o como diferente apenas.

Angust sorriu, e Carlos perguntou:

— Sabe de quem é aquele animal preto?

— Aquele preto? Esqueça. O dono não dá, não vende, não troca.

— Por quê?

— Coisas do coração. Conheço o dono. Ele contou-me que o animal lhe salvara a vida.

Carlos sorriu, pois nunca ouvira falar coisas daquele tipo. O homem fingiu não ver, e o conde perguntou:

— Sabe onde mora o pintor... — tentou lembrar-se o nome do pintor que o presenteara, mas não conseguiu. Sentiu-se envergonhado.

— Temos apenas um pintor aqui. Seu nome é Dulcor. Eu não sabia que tinha ficado famoso. O senhor chegou ontem e já sabe da existência dele.

— Ele foi visitar-me e presenteou-me com um lindo quadro. Quero outros e não tive tempo de encomendar.

— Já lhe aviso. Ele faz o tipo excêntrico e não vende as obras mais bonitas. Quando muito, presenteia alguém.

— Será que ele não precisa de dinheiro como todo mundo?

— Ele vive perto do lago e passa o dia em frente a ele. Se seguir naquela direção, o encontrará. Dulcor fica dias sem fazer nada, mas, quando pinta uma tela, faz algo lindo. Já tentei comprar quadros dele. Há dois anos, ele pintou minha filha, com uma aura em volta de si. Não preciso dizer que ela ficou apaixonada pelo quadro e insistiu que eu o comprasse. Tentei... O senhor não sabe o quanto tentei. Ofereci uma fortuna, contudo, ele não me vendeu.

O homem fez uma breve pausa e continuou:

— Minha filha foi até ele, insistiu, chorou, sabe como são as mulheres, mas Dulcor insistia que o quadro não estava pronto. Para mim e todos que viam a tela, o quadro estava perfeito. Quase um ano depois, ele foi até minha casa e presenteou minha filha com a pintura. Para dar-lhe algum dinheiro, precisei insistir.

— Que figura estranha. Ele mal me conhece e presenteou-me.

— É estranho, mas há muitas figuras estranhas aqui. Perceberá isso, contudo, garanto-lhe que são boa gente. Têm alguns princípios que não entendo, são místicos. Dulcor é um deles. Com licença, tenho um compromisso agora.

— Obrigado pela fruta. Ficarei mais atento para não sair sem dinheiro.

O homem sorriu e retirou-se. Carlos deu mais uma olhada no cavalo negro, e o animal parecia observá-lo. Depois, baixou a cabeça e voltou a pastar no gramado.

Ainda mastigando a fruta, foi em direção ao lago. No meio do caminho, arrependeu-se, pois o sol estava muito forte. À tarde iria a cavalo. Carlos decidiu, então, voltar para casa.

Chegando ao casarão, a primeira coisa que Carlos fez foi chamar Eduard e lhe dizer que nunca mais mandasse alguém o seguir. E gritou:

— Não sou seu filho, sou um homem! Sei que meu pai lhe deu ordens. O que ele teme? Diga-me!

— Não sei, senhor. Ele apenas me fez dar a palavra de que eu tomaria conta do senhor. Mas como? O senhor sai sem levar ao menos um segurança.

— Meu pai preocupa-se à toa. A cidade é pacífica. As pessoas daqui nem percebem que estou no meio da multidão. Venho agora da praça do comércio, e ninguém nem sequer me olhou.

— Senhor, eles fingiram ser miseráveis para não pagarem mais impostos.

— Preciso descobrir quem espalha esses boatos. Por causa disso, é lógico que terão medo de mim. São minhas ordens, Eduard. Meu pai está longe, e quem manda aqui sou eu. Herdei essas terras. Não se esqueça disso. Não quero ter outra desavença com você.

— Senhor, fico dividido entre dois donos.

— Não fique! Primeiro: não somos seus donos! Você não é escravo. Segundo: quem manda aqui sou eu.

— Mas, eu me pergunto... e se algo lhe acontecer? Como olharei para seu pai depois de tantos anos dedicados a ele?

Sentindo que Eduard era realmente fiel, Carlos quase voltou atrás, mas manteve a pose firme. Não queria ser tratado como criança e não seria. Se existia algum perigo, pensava que seu pai deveria ter sido claro. Por fim, sorriu para suavizar a ordem.

— Nada acontecerá, eu lhe garanto.

Eduard balançou a cabeça concordando, mas Carlos podia sentir as dúvidas dele. O conde perguntou para mudar de assunto.

— O quadro já está pendurado?

— Claro, senhor! Pode verificar se ficou do seu gosto.

Carlos seguiu para o quarto e voltou a pensar na conversa que tivera na praça. O homem com quem conversara dissera que Dulcor pintara a jovem com uma aura à sua volta. Para ele, esse termo se referia ao brilho que somente os santos tinham. Por que será que o pintor tinha feito aquilo na imagem da moça? Sorriu e pensou que certamente a jovem devia ser muito bela e que Dulcor, sendo pintor, a exaltara a seu modo.

Ele entrou no quarto e olhou o quadro. A luz refletia-se na diagonal, impedindo-o de ver a tela inteira. Carlos, então, foi até a janela e fechou-a um pouco, tirando a luminosidade direta do quadro. Com isso, a pintura pareceu-lhe ainda mais linda. Pareceu-lhe ter três dimensões.

Carlos olhou o quadro mais de perto, com acuidade, e percebeu que em volta de todas as figuras, inclusive nas flores, havia, em um tom mais claro, uma espécie de aura. "Como Dulcor conseguiu pintar isso em figuras tão diminutas?", perguntou-se.

Bateram à porta, e Carlos adivinhou que era Eduard.

— Entre, Eduard.

— Senhor, há outra visita. O mesmo casal que veio ontem.

— Está bem. Eduard, diga-me o que vê nesse quadro.

Eduard entrou no quarto, tomou posição e, olhando o quadro, comentou:

— Um lago, com gramado e flores à sua volta, e árvores ao fundo, tudo muito bem detalhado. Apesar de eu não ser especialista no assunto, esse pintor é um dos maiores artistas que já conheci.

— É... estou intrigado. Ele poderia ser milionário com esse talento, no entanto, dizem que ele não costuma vender suas obras. Apenas presenteia pessoas com seus quadros.

— E ele vive do quê, senhor? É boato.

Carlos afirmou com a cabeça, mas sabia que não era boato. Os artistas sempre pareciam excêntricos e aquele ali não era exceção.

O conde, por fim, desceu as escadas acompanhando Eduard. Assim que chegou à sala, viu os dois visitantes. A mulher levantou-se. Era a segunda vez que ele a via, e ela novamente parecia pronta a disparar na conversa.

Logo depois dos cumprimentos, o marido, mais discreto, foi logo dizendo:

— Desculpe, senhor, mas minha esposa insistiu em virmos convidá-lo para um jantar.

— Quando será?

— Quando puder ir. Apenas nos dê alguns dias de antecedência.

— Queremos fazer uma festa — disparou ela, não se aguentando mais. — Assim, terá a oportunidade de conhecer a todos. Vivendo tão afastado e sozinho, certamente, tem saudades de sua família.

— Não deu tempo ainda de ter saudade, pois tenho muito o que fazer, mas agradeço o convite. Marquem quando lhes for conveniente e avisem-me.

— Será nosso convidado principal. É quase uma homenagem por vir morar aqui — ela bajulou.

— Querem um refresco?

— Agradeceria — respondeu o marido comedido.

— Senhor, gostaria de perguntar-lhe... É verdade que vai aumentar os impostos? O boato é forte e já há uma oposição a isso. Desculpe ir direto ao assunto, contudo, é de interesse geral. Eu mantinha correspondência com seu pai. Sou uma espécie de prefeito local, se permite classificar-me assim.

— Para falar a verdade, nem sequer pensei em qualquer coisa ainda. Cheguei ontem e nem estou instalado completamente. Mas peço-lhe que me diga: quem espalha esses boatos?

— Não tenho ideia nem como descobrir quem espalha, mas todo mundo comenta, o que tem causado desconforto e desconfianças. Diga-me... posso desmentir?

— Não, ainda não. E peço-lhe que não diga que falamos sobre esse assunto, pois preciso inteirar-me das finanças antes. Isso, no entanto, não quer dizer que o farei.

O suco foi servido. A mulher mal bebericava a bebida, passando a impressão de que, se pudesse, sairia para examinar cada canto do casarão. Fez-se um silêncio, e Carlos percebeu que o homem parecia decepcionado. Ele fora sincero. Não sabia realmente se precisaria aumentar impostos, todavia, esperava que não.

— Senhor, teremos muitas jovens na festa e uma delas é nossa filha. Terei prazer em apresentá-la ao senhor — voltou a falar a mulher.

Era isso. Carlos sabia. A mulher tinha uma filha em idade casadoura, mas, se ela puxasse à bisbilhotice da mãe, o conde tinha certeza de que não a suportaria. Ele avaliou que aceitara muito depressa o convite, contudo, pensava que tinha de se enturmar no local. Não pretendia viver à parte de todos, como um bicho do mato ou como um nobre inalcançável. Restava-lhe preparar um saco de paciência bem grande para ser educado com todos e depois selecionar o joio do trigo.

CAPÍTULO 4

Dez dias depois, veio oficialmente o convite. Nesse meio tempo, Carlos analisara a contabilidade e avaliou que não precisaria aumentar os impostos, contudo, verificara também que muitos moradores deviam os tributos havia meses.

Carlos decidiu que primeiramente iria conhecê-los, verificar se estavam sendo espertos ou se estavam realmente em situação difícil. Olhando o papel do convite, ele notou que a mensagem fora escrita em uma letra bem trabalhada, clara e caprichada e especulou se apenas seu convite fora produzido daquela forma. Depois, condenou-se pelo julgamento apressado e indevido. "É claro que todos os convites devem estar assim", pensou. Deduziu também que, durante a festa, muitos iriam inquiri-lo se ele realmente aumentaria os impostos, e já tinha a resposta na ponta da língua: não iria, mas cobraria os devedores.

O conde pediu que colocassem sua melhor roupa ao sol e a escovassem. O traje estava limpo e devia apenas estar cheirando a baú. Quando o dia da festa chegou, ele se vestiu com esmero.

No momento de sair do casarão, Carlos teve um pressentimento e olhou-se no espelho. Pensou, pensou, levantou-se da cadeira e caminhou de olhos fechados. Não ficou com medo de tropeçar, pois já se acostumara com o ambiente do seu novo quarto. Um nome veio à sua mente. Ele sorriu, com a imaginação à solta. Soláia. De onde teria surgido aquele nome?

Carlos abriu os olhos, foi até a janela aberta e observou a noite, que já brilhava com suas estrelas. Voltou a pensar em como teria surgido aquele nome em sua mente. Não conseguiu. Olhando as estrelas, deixou seu pensamento solto e riu novamente de si mesmo. E, para ocupar a mente, começou a pensar no que existia nas estrelas. O que será que realmente eram?

Bateram na porta e avisaram-no de que estava na hora de ir. Carlos olhou-se mais uma vez no espelho e julgou-se um tanto informal. Talvez tivesse sido melhor colocar uma roupa com mais brilho, como se usava na corte. Não. Reprovou a ideia. Aquelas roupas brilhantes deixavam os homens muito afeminados, e ele não queria parecer-se assim.

Carlos abriu a porta, e o valete esperava-o. O homem olhou-o dos pés à cabeça, como se medisse se o conde fora mesmo capaz de vestir-se sozinho.

Carlos sorriu dizendo:

— Não me olhe com ares de reprovação. É exatamente assim que quero estar vestido.

— Não o olhei com reprovação, meu senhor.

— Então, estou ótimo, pois você me aprovou — gargalhou ao verificar que o homem enrubescera. Era lógico que o valete não aprovara sua vestimenta.

Indo para a carruagem, Carlos pensou: "Por que meu pai mandou um valete sabendo que eu jamais usaria um? Provavelmente, é só mais um espião a enviar-lhe satisfações".

Carlos tomou seu lugar na carruagem e ficou pensando que, desde que o pai fora àquelas terras, voltara estranho, extremamente estranho. Será que era isso que o pai temia?

O caminho não era longo. Daria para Carlos ir tranquilamente a pé, mas seria vulgar chegar a pé à festa. O lacaio abriu-lhe a porta, e o conde olhou a casa do anfitrião, que estava toda iluminada. De dentro dela uma música suave ecoava. Carlos pensou que isso seria considerado uma ofensa na Europa, pois música tocando significava festa iniciada. E haviam começado a festa sem ele, o convidado principal.

Mas quem dissera que ele era o convidado principal? Carlos percebeu que em seu bom humor estava muito tolerante. Por quê brigar? Detestava mexericos e seria ali que viveria o resto de seus dias.

Mal chegou à porta aberta, deu uma longa olhada ao redor. O piano estava vazio, e a música cessara. Curiosamente, o piano parecia não ter sido aberto.

Logo os donos da casa foram cumprimentá-lo, e uma fila de convidados que seriam apresentados ao conde formou-se. Carlos percebeu que as mulheres usavam joias discretas e julgou que provavelmente elas não tivessem outras. Será que ainda estavam com medo do aumento dos impostos?

Iniciou-se uma conversa tediosa que sempre acontecia naqueles locais. Homens para um lado, mulheres para outro. Carlos reparou que ali não havia jovens. Viam-se apenas matronas, esposas.

Carlos olhou para a anfitriã, que dissera ter uma filha e duas sobrinhas para casar. Onde estariam elas? Ou será que a mulher perderia aquela oportunidade única?

O conde não precisou esperar muito. Como se estivessem bem ensaiadas, uma a uma, as jovens começaram a descer as escadas da casa, que não seria classificada por ele de mansão. Tratava-se de uma casa um pouco maior que as das classes de comerciantes que prosperavam na Europa.

Dezenas de jovens começaram a desfilar diante de Carlos, que começou a entediar-se. Ele não estava prestando atenção aos nomes das moças até que um foi pronunciado: Soláia. Seus olhares se encontraram rapidamente, pois o desfile continuava.

Quando o desfile finalmente acabou, Carlos estava convencido de que todas as jovens da cidadela estavam ali, independente da classe social a que pertenciam. Contudo, seria fácil saber quem era bem-educada e quem não era.

Querendo puxar assunto, Carlos perguntou ao dono da casa quem estava tocando antes de ele chegar, pois ouvira uma música. O homem olhou-o preocupado e desculpou-se:

— Lastimo que tenha ouvido, senhor. Havia dito à minha filha que não o fizesse mesmo estando no quarto. Ela jurou que tocaria tão baixo que ninguém ouviria. Eu não ouvi a música daqui, creio que devido às conversas.

— Não tem importância, foi somente curiosidade. Acredito que não começariam a festa sem o convidado principal. Não me sinto ofendido.

O homem relaxou com um sorriso polido e perguntou:

— Senhor, com qual das jovens vai querer dançar a primeira música? Se fosse casado, seria com sua esposa, mas, como é solteiro, escolha. Todas lhe foram apresentadas.

Carlos não teve dúvida e pediu:

— Soláia. Esse nome me pareceu muito diferente.

O homem baixou o tom de voz e pediu confirmação, deixando claro discretamente que não aprovava a escolha.

— Tem certeza, senhor? Perdão, mas ela não é das mais bonitas e nem sequer pertence às melhores famílias.

No mesmo tom, Carlos confirmou. O homem gritou o nome da jovem, enquanto as outras moças ficaram olhando indignadas, como se cada uma tivesse a certeza de que seria a escolhida.

A jovem aproximou-se. Carlos sorriu, e a música começou. Uma música tocada no piano, sem outros recursos, embora seus ouvidos treinados percebessem que havia outra afinação.

Curiosamente, Carlos sentiu-se embaraçado, quando continuou dançando sozinho com ela. O conde perguntou-lhe ao ouvido:

— Tenho que fazer alguma coisa, não tenho? O que é?

— Dar sua autorização para que os outros também dancem.

— Como faço isso?

— Devia ter feito antes, avisando ao anfitrião. Agora, precisamos terminar esta música. Posso lhe perguntar por que me escolheu?

— Se eu lhe dissesse que seu nome veio ao meu pensamento antes de eu vir para cá, você acreditaria?

— Sim. E até desconfio do motivo. Peço-lhe que não me escolha mais. Sairei daqui agora mesmo, se não se ofende.

— Ofenderei-me, sim. Não quero que vá.

— Senhor, cuidado com as aparências. Muitos podem manipulá-lo.

— Crê, por acaso, que sou influenciável? Pois se pensa que a escolhi por ser influenciável, não repetirei a dança com a senhorita.

— É somente o que lhe peço.

Carlos parou de falar e especulou: "Do que estávamos falando?".

A conversa parecia sem sentido. A música acabou. Carlos deixou a moça e foi até o outro canto da sala. Pela expressão dos convidados, estava clara sua gafe. Ele observou ao anfitrião:

— Sou de fora, tenho outros costumes. De onde venho, não preciso dar autorização aos outros para que dancem. Devia ter me avisado.

— Aqui se fará sua vontade, senhor.

Carlos sentiu que naquela afirmação havia um tom de ironia. Questionou:

— Como eu autorizo?

— Dizendo em voz alta que a festa já começou.

Carlos, sem jeito e sentindo-se envergonhado, disse em voz alta:

— A festa já começou. Dancem todos, por favor. Desculpem, sou de fora e não sabia que precisava dar autorização para que dançassem. De hoje em diante, em todas as festas em que eu estiver, todos poderão dançar assim que eu fizer a abertura.

As pessoas sorriram. Ele tentou parecer informal, mas não conseguiu. Teve vontade de não dançar mais, porém,

48

sabia que estaria cometendo outra gafe. Carlos, então, caminhou até uma das jovens e lhe deu a mão para que dançassem.

Carlos sentiu o olhar feliz de Maláia e da esposa. Provavelmente, eram os pais da jovem. Ele esforçou-se para lembrar o nome da moça, contudo, não conseguiu. Enquanto dançavam, tentou pensar em um assunto qualquer, porém, pensava apenas que aquela gente era esquisita.

O conde percebeu que só tinha vontade de ir para casa. O baile parou por um momento, pois a mesa fora servida. Novamente, Carlos percebeu que as jovens não estavam presentes no salão. Somente os casais estavam. Rezou para que a festa terminasse depois do jantar. Não terminaria.

Carlos tinha certeza de que as jovens jantavam em outro lugar e deduziu que, quando a música recomeçasse, elas desceriam, uma a uma, pelas escadas. Ele sorriu, considerando aquele costume muito estranho. Será que havia uma sala onde as escondiam? E para quê, já que os pais não eram discretos em relação às suas intenções?

A conversa à mesa era escassa e tediosa. Carlos sorria e passou-lhe pela cabeça que aquela cena lhe era familiar. Vieram-lhe à mente as imagens do lago e ele lembrou-se do pintor. Olhou ao redor, mas notou que Dulcor não estava lá. Percebeu também que outros jovens do sexo masculino não estavam presentes, por isso perguntou curioso:

— Onde estão os jovens do sexo masculino? Deve haver jovens, não?

— Sim, lógico! E são muitos. A festa é para o senhor, e as jovens estão à sua disposição para serem escolhidas. No nosso costume, é melhor não trazer a concorrência.

Carlos sentiu certa indignação. Pensavam, certamente, que nenhuma delas gostaria de ficar com ele caso houvesse uma escolha. Tornou a perguntar:

— De onde vem esse costume?

— Senhor, sei que vem de fora, então, vou lhe explicar. Nós, os pais, determinamos o casamento, e o senhor é, sem dúvida, o melhor partido.

— Por isso afastaram os outros? Querem dizer que tenho de escolher uma moça hoje? Mas não quero casar-me. Não agora! E não vou escolher ninguém hoje. Poderiam ter trazido todos os outros jovens.

— Não gostou de nenhuma das moças?

— Eu mal as conheço! Dancei com algumas e mal sei seus nomes ou a cor de seus cabelos! Como podem pensar que eu escolheria minha futura esposa em apenas uma noite?

O tom na voz de Carlos deixava clara sua indignação. Ele não pensou duas vezes e levantou-se para sair. Uma irritação enorme tomava conta de si. O que aquele povo pensava? Que, por ser o melhor partido local, ele era mercadoria? O conde sentiu o silêncio na casa, enquanto se retirava. Ele entrou na carruagem sem dar tempo ao lacaio de abrir-lhe a porta. Mesmo correndo, o pobre servo não tivera tempo de atendê-lo.

— Vamos para casa! — gritou de dentro da carruagem.

Carlos imediatamente sentiu o movimento da carruagem afastando-se. Pensou em um palavrão, depois em outros e outros. Quando chegou a casa, estava uma fera. Queria gritar com todo mundo, mas já era tarde, e os servos dormiam.

O valete esperava-o perto da porta, certamente pensando que iria ajudá-lo a tirar a roupa. Carlos gritou:

— O que faz aí acordado? Já disse que, desde meus dez anos, sei pôr e tirar minhas roupas. Vá ocupar-se de outra coisa, homem! Não quero vê-lo rondando outra vez a porta do meu quarto, sem que eu mande chamá-lo.

O homem fez uma mesura, e Carlos entrou no quarto e bateu a porta. Sentou-se na cama e tirou as botas, jogando-as contra a parede. Pensou em outro palavrão. O que pensavam que ele faria? Que se casaria naquela mesma noite? Era pior que a sociedade que ele frequentara.

50

Tentou pensar nas jovens, inclusive em Soláia, e convenceu-se de que fora coincidência o nome dela ter passado por sua mente. Talvez o tivesse ouvido ao acaso.

Tirou as roupas, jogou-as no chão e sentiu um pouco de frio. Acalmando-se logo depois, percebeu que rompera com todos, sendo brusco como fora.

Deduziu o que já sabia: não era bom em política. Por que o pai lhe dera aquele local, onde tudo parecia esquisito?

Rolou de um lado para outro na cama. Não conseguia dormir e detestava quando tinha insônia. Vestiu-se rapidamente, calçou um par de botas e saiu. O segurança, à porta, fez menção de acompanhá-lo. O homem falou baixo, mas firme.

— Não estou saindo. Tome conta de mim enquanto durmo.

O homem ficou olhando para o conde com expressão de que não estava entendendo o que ele dizia e continuou de pé, enquanto Carlos se afastava. Na rua, o conde respirou profundamente o ar da noite, voltou a sentir frio e avaliou que deveria ter colocado uma roupa mais pesada.

Carlos começou a caminhar rápido, como se tentasse dissipar a raiva. As ruas estavam desertas e ele decidiu ir até o lago. Chegando lá, sentou-se em um banco. A luz da lua refletia-se nas águas, e o conde fixou seu olhar nessa imagem. A calma começou a tomar conta dele. Carlos pensou: "Como vou consertar essa situação? Por que fiquei tão ofendido? Talvez essa seja a maneira desse povo demonstrar que me respeitam e me dão importância...". Carlos pensou um pouco mais e descobriu o porquê de sua raiva. Sua mãe já tentara casá-lo com várias jovens, e somente o pai evitara brigas e confrontos.

O conde viu uma figura andando do outro lado da margem, que, ao vê-lo sentado, parou por um minuto e lhe fez um cumprimento com as mãos. Carlos não identificou quem era a pessoa, contudo, correspondeu ao cumprimento. Ele queria continuar sozinho, mas a figura foi aproximando-se. O conde, por fim, reconheceu o pintor.

— Posso sentar-me, senhor?

— O que faz andando aqui a estas horas?

— Sofro de insônia, então, sempre caminho um pouco. Quando me canso um pouco mais, caio na cama. Nem sempre consigo dormir e às vezes pinto até amanhecer. As mentes caladas parecem me perturbar menos. Não estava em uma festa em sua homenagem?

— Sim e fiz uma coisa terrível. Não conheço os costumes de vocês.

Para desabafar, Carlos contou tudo o que acontecera, enquanto o pintor ouvia a narrativa calado. Finalmente, o conde perguntou:

— O que faço para resolver a questão?

O pintor sorriu de leve.

— Nada. Não faça nada. Espalhe somente que ama muito uma mulher em sua terra de origem.

— Você está brincando comigo?

— Não. Desde que o boato de sua chegada se espalhou, houve um murmúrio de que viera solteiro. Creio até que alguém mandou investigá-lo. As pobres jovens ficaram afastadas do público e culminou nisso: todos querendo que escolhesse rápido demais.

— Como podem ter pensado que eu me casaria assim, se nem minha mãe conseguiu com sua persistência?

— Foi a pressa de alguns. Tenho certeza de que todos estão envergonhados do que fizeram. Alguns querem ter uma parte do poder que o senhor tem. Se julga não ter inimigos ferozes, erra. Se pensa que não tem amigos fortes, erra também.

— Não dei motivo para ter amigos ou inimigos.

— Talvez hoje não, mas ontem.

— Não fiz mudanças desde que cheguei, nem sequer cobrei os impostos a quem me deve.

O pintor olhou o rosto de Carlos como se procurasse algo. Depois, sorriu de leve e mudou de assunto.

— Tenho uma incapacidade.

— Qual? — perguntou Carlos confuso com seus próprios pensamentos.

— Pintar esse lago, quando a lua brilha sobre ele.

— Duvido! Por falar nisso, por que pinta como se as pessoas tivessem um brilho à sua volta?

— Porque elas têm. Vejo a sua...

— Ora! Não venha com mistificações. O ser humano não brilha; é mesquinho e interesseiro demais para isso.

O pintor levantou-se, sorriu, olhou para além de Carlos e comentou:

— Qualquer dia em que esteja mais bonito, eu o pintarei — virou-se e saiu.

Carlos levou algum tempo digerindo aquelas palavras, mas, como ainda estava irritado, concluiu apressadamente que o outro não tinha o juízo muito bom. Ficou sentado ali durante muito tempo e só voltou para casa, quando a tímida chegada da luz do sol tornou a manhã muito gelada e ele começou a bater os dentes.

O segurança estava cochilando e nem o viu chegar. Carlos sorriu, pensando:

— Se eu não saí, eu não entrei. Durma em paz, homem!

Depois de tirar a roupa, Carlos deitou-se, aconchegou-se entre os cobertores e logo pegou no sono. Um sono profundo do qual se lembrou quando acordou. Parecia que voltara ao lago e que ficara observando-o.

— Carlos estava mais calmo e julgou que o pai teria lhe dado algumas instruções sobre os costumes do lugar. Não deveria ter ido à festa assim, inocentemente, e não sabia ainda como consertar a situação.

O conde chamou Eduard e pediu-lhe que fizesse um levantamento de quem e quanto estavam devendo de impostos atrasados. Iria pôr seu comando em prática e talvez romper de vez com todo mundo, pois assim parariam de aborrecê-lo e ele não precisaria bancar o bonzinho.

Carlos sentou-se à mesa para alimentar-se. Eduard perguntou-lhe como tinha sido a festa, e ele limitou-se a comentar que fora péssima. A expressão de muitos questionamentos de Eduard ficou no ar, pois Carlos não lhe dera mais satisfações.

O conde acabou de alimentar-se e percebeu que a raiva que sentia ainda estava muito presente. Pediu um cavalo e avaliou se, depois daquela noite, ainda seria seguro sair sozinho. "Não! Melhor não!", definiu por fim. Levaria dois seguranças consigo. Somente nesse momento, Carlos lembrou-se de que o pintor lhe dissera que ele tinha muitos inimigos e amigos. Decidiu, então, que era melhor esclarecer aquele assunto. Quem seriam seus amigos e quais seriam seus inimigos?

Esperando sua montaria, o conde avaliou melhor. Aquela era opinião do pintor. E se ele fosse um dos inimigos? Ele, Carlos, estaria perdido.

Apesar do vento frio, o dia estava ensolarado naquele momento. Carlos checou se estava bem agasalhado.

A montaria chegou, e ele alisou o dorso do animal. O conde esperou somente alguns minutos, enquanto os seguranças montavam. Os homens perguntaram:

— Para onde vamos, senhor?

— Somente cavalgar um pouco ao sol.

Carlos cavalgava na frente, enquanto os seguranças o seguiam a poucos passos atrás. O conde queria parar de pensar, contudo, não conseguia. Será que lhe ofereceram a festa para que ele não cobrasse os impostos de ninguém? Como poderia casar-se com uma jovem, cujo pai lhe devia uma fortuna?

Armadilha. Tinham, sem dúvida, preparado-lhe uma armadilha, e ele fora desarmado. Por que julgara que aquela gente era inofensiva? Nunca! Em todos os lugares, existiam cobras e comumente elas sempre estavam nas castas mais altas.

Carlos cavalgava pelas ruas, algumas cheias de gente como a praça do comércio, outras completamente vazias. De repente, viu um templo, que já notara outras vezes, e perguntou aos soldados:

— Que tipo de religião tem essa gente?

— Não sabemos, senhor, mas não louvam aos mesmos deuses ou da mesma forma.

— Ouvi dizer que acreditam que as almas retornam, que não só os deuses são imortais.

Carlos ficou calado. Por que lhe parecia que aquela afirmação era verdade? Ele pensou no pai e na mudança que ele sofrera depois de passar um tempo ali. A esposa chegara a comentar que o marido voltara místico e estranho daquele lugar.

— Vou entrar no templo. Quero conhecê-lo por dentro — avisou.

— Senhor, e se encontrar bruxas e feitiçarias aí? Pode não ser recomendável.

Ao ouvir a observação de um dos seguranças, Carlos sentiu um arrepio na espinha, todavia, disfarçou. Por fim, sorriu dizendo que não acreditava:

— Bobagem! Isso é bobagem dos ignorantes.

Eles pararam em frente ao templo. Carlos ordenou aos homens que esperassem do lado de fora. Ao chegar à porta, viu alguns calçados e deduziu que precisava tirar os seus. Depois de deixar os calçados para trás, entrou.

O silêncio reinava no templo. Lá havia alguns bancos pintados de branco, um piso de pedra que gelou seus pés, e tudo era simples e estava impecavelmente limpo.

Carlos percebeu que, assim como as pessoas que ele vira ao redor do lago, as poucas pessoas que se encontravam sentadas ali pareciam meditar. Uma calma fluiu-lhe, um silêncio interno, e ele andou mais um pouco. De repente, o conde teve a sensação de que ouvira alguém lhe sussurrar um "bem-vindo" de modo que somente ele pudesse ouvir.

Carlos sentou-se devagar, fechou os olhos, e alguns pensamentos fluíram em sua mente:

"Está aqui para completar uma tarefa. Não falhe. Seu primeiro teste é calar a ganância. Respeite esse povo e essa sociedade, para não se arrepender tarde demais."

Carlos olhou ao redor. Quem lhe falava? Ele tinha certeza de que lhe falavam, mas notou que não havia ninguém no raio de dois metros. O homem mais próximo estava muito quieto, como se também ouvisse vozes.

Carlos resolveu responder mentalmente para ver o que acontecia:

"Vou apenas cobrar os impostos. É meu direito."

"Faça, mas tenha cuidado. Use o dinheiro para o que se destina.

"E para o quê se destina esse dinheiro?"

"Para dar vida digna aos mais pobres. É sua obrigação, Carlos. Você está aqui para isso."

"Não tenho certeza disso. Ontem, tive um encontro com a sociedade e foi desastroso."

"Não foi assim. Tentaram intervir em suas escolhas, negociando as filhas em troca dos impostos. Era como um prêmio, mas jamais traia seu coração."

"Diga-me... O que eu estou ouvindo?"

"Apenas os amigos que o amam. Você voltou. Seja muito bem-vindo."

"É a primeira vez que venho aqui. Meu pai me deu essa terra como herança."

"Não foi ao acaso, seu pai sabia o que fazia. Não o decepcione."

"Eduard é espião dele, não é?"

O silêncio reinou, e Carlos percebeu que estava de olhos fechados, totalmente entregue ao que chamou de imaginação. Ele abriu novamente os olhos, observou o que se dava ao redor e notou que havia pouquíssimas pessoas ali.

Tentou fazer novamente a conexão e perguntou:

"É aqui que viverei o resto de minha vida?"

"Tudo depende de sua escolha. Tudo é sempre livre-arbítrio."

Se Carlos acreditava que estava pensando sozinho, nesse momento sentiu até uma ligeira dor de estômago. Nunca sua imaginação usaria aquele termo, pois este não fazia parte de seu vocabulário.

Carlos ficou em dúvida se deveria ou não ir embora, afinal, o lugar parecia-lhe calmo e energizado. Ele, então, teve a certeza de que, sempre que suas apreensões o envolvessem, correria até ali. Não importava que religião seguissem ali, correria até aquele lugar.

Nada havia escrito na frente do templo. Tratava-se apenas de um grande salão aberto com bancos, sem decoração ou qualquer outro utensílio, a não ser algumas folhagens e flores em vasos.

Carlos levantou-se com medo de quebrar o silêncio. Na porta, calçou os sapatos e montou o cavalo. Um dos seguranças perguntou:

— Senhor, posso lhe perguntar como é lá dentro?

— Não há nada de especial. Trata-se apenas de um grande salão com bancos. Não há cerimônia no momento.

Os três voltaram em silêncio.

Já em casa, Carlos continuava a pensar no que imaginara e lembrou-se de Handar. Ele, então, procurou Eduard e deu-lhe ordens para pedir ao homem que viesse vê-lo.

— Tem ideia do endereço, senhor?

— Deve ser conhecido. Ele é uma espécie de sacerdote. Ouvi falar.

— Senhor, é melhor não se envolver com a religião dessa gente. Tenho ouvido coisas esquisitas a respeito.

— Não sou religioso. Quero apenas conversar com o homem.

Carlos mudou de assunto, entrou no gabinete e reparou que Eduard já fizera uma lista enorme e detalhada dos devedores. Muitas dívidas pareciam vir de anos.

Ele sentou-se e recomeçou o trabalho. Eduard voltou em seguida e, vendo-o sentado à mesa do escritório, perguntou:

— Não quer ir descansar, senhor?

— Não! Quero saber o que me devem e o porquê disso.

Em silêncio, os dois homens ficaram fazendo contas. Eduard de vez em quando levantava o olhar e o direcionava a Carlos, certamente estranhando que o conde estivesse ali trabalhando.

Handar só apareceu no fim da tarde. Ele foi anunciado, e Carlos percebeu que sentira certa ansiedade pela demora daquele homem.

O conde pediu a Eduard que os deixassem a sós. A cada vez que ele fazia isso, Eduard sentia-se ofendido, deixando isso claro, voluntariamente ou não, no rosto e no olhar.

Carlos convidou o visitante a sentar-se, e os dois homens acomodaram-se.

— Senhor, chamou-me? Em que posso ajudá-lo?

— Não o vi na festa que me ofereceram.

— Não estive lá.

— Não foi convidado?

— Sim, fui, mas detesto assistir àquele tipo de coisa.

— Pois, meu caro, fiquei irritado. E digo-lhe que, quando percebi, saí sem me despedir de ninguém. Senti como ofensa pessoal.

— Não devia, pois eles ainda creem que o senhor é como antigamente.

Carlos sorriu:

— Eu?! Como antigamente? Mal tenho 25 anos.

— Sim, mas já houve um tempo em que o senhor negociava dívidas em troca de favores como aquele. Há diferença hoje? Alguns não perceberam, mas lembre-se de que foi o senhor quem plantou essa semente.

Carlos olhou para o homem, cerrou o cenho e reclamou:

— Senhor, está me ofendendo terrivelmente. Com quem pensa que está falando?

— Com um líder que, arrependido, tenta passar por um teste para conhecer-se melhor.

— Senhor, por favor, nem sei por que pedi para irem procurá-lo. Vi o senhor uma vez e tive vontade de vê-lo novamente, mas já estou arrependido.

Handar levantou-se da cadeira, chegou mais perto de Carlos e disse:

— Hoje, o senhor foi ao templo. Pensei que tivesse percebido claramente o que veio fazer aqui.

— Fui e só reparei que minha imaginação correu solta — Carlos falou com firmeza, embora já não acreditasse que tivesse sido sua imaginação quem lhe respondera aquelas perguntas.

Handar sorriu, olhando-o bem nos olhos:

— Sabe que não foi sua imaginação. O senhor fez contato com espíritos amigos, conde. Por que teima, então? Eles poderão ajudá-lo muito, evitando que cometa erros. O senhor pediu, implorou que o ajudassem.

— Senhor, não sou homem de implorar. Tenho todo o poder que quiser ter. Sou a autoridade maior dessas terras — Carlos retrucou.

— Sabemos, senhor. E por lhe termos tanto amor, tememos. Eu temo que não esteja preparado. Vejo que está fazendo o levantamento de impostos atrasados. O senhor verificará que a soma é muito grande. Alguns podem pagar, outros não. É aí que será testada sua ganância, que outrora o fez perder-se completamente.

Carlos olhava o homem. Ele pensou e repensou. Por que tinha a maldita ideia de que Handar falava a verdade, como um pai sábio que previne o filho?

— O que há naquele templo que influencia as pessoas? Bruxaria?

— Não. Apenas nós amanhã.

— Senhor Handar, vamos começar tudo de novo, por favor. Sinceramente, estou confuso.

— Vamos. Já que pertence aos poucos que podem fazer contato direto com os espíritos.

— Como sabe?

— Sabemos, não é, senhor? Fique atento à ganância, pois ela pode fechar essa porta e levá-lo ao arrependimento tardio. Outra coisa... Não deixe seu coração odiar, pois isso também será testado. O senhor já odiou com muita força.

Carlos olhava Handar. Ele parecia tão sereno que, se fosse tocado, sumiria de sua frente. Sim, era verdade. Ele sabia. Um saber que vinha de dentro de sua alma. Não tinha perguntas. Todas as respostas estavam dentro dele.

— Com quem vou casar-me? Também saberei disso?

— Não, claramente. Deve haver muitas, e isso criará confusão em sua mente.

Carlos levantou-se e agradeceu a Handar por ter ido vê-lo. O homem saiu, e logo depois Eduard entrou e ficou esperando alguma satisfação. Carlos, no entanto, não lhe deu nenhuma satisfação e apenas pensou: "Não terá nada a relatar, caro Eduard. Tudo se passa dentro de minha alma, e ela não está exposta a você".

Carlos sentou-se novamente diante das contas. Eduard estava inquieto de curiosidade, e o conde, fingindo não perceber, teve vontade de rir.

Quando a noite chegou, ele já tinha o total devido por pessoa. Restava-lhe apenas cobrar. Um dos maiores devedores era justamente Maláia, o anfitrião da noite anterior.

— Eduard, quero que faça as cartas de cobrança e dê a todos trinta dias de prazo para virem negociar. Assim que ficarem prontas, mande entregá-las nas casas.

— Sim, senhor. Não sei como seu pai deixou tal monta acontecer.

— Não é mais problema dele, é meu agora — afirmou o conde, saindo do escritório e dirigindo-se à sala de jantar.

Carlos sentou-se à mesa para alimentar-se e sentiu-se sozinho. O inverno aproximava-se. Ele estava com frio e pediu para acenderem a lareira. Nesse momento, percebeu que não havia nenhuma na sala, que ainda estava praticamente nua.

O conde lembrou-se de que em seu quarto havia uma lareira. Tinha certeza disso. Ele pediu a um servo para acendê-la enquanto jantava, pois assim teria um quarto quente quando fosse para lá.

Carlos jantou rapidamente e sentiu a comida pesar-lhe um pouco. Dirigiu-se ao quarto, abriu a porta e recebeu a baforada quente. Sorriu, pois isso lhe trouxera conforto. Lembrou que ali não nevava como na Europa e que a temperatura mais baixa devia ficar em torno daquela. Por fim, tirou a roupa e deitou-se. Tinha um livro à cabeceira, avivou a lamparina e começou a lê-lo até tombar de sono.

CAPÍTULO 5

Nem dois dias se passaram após o início da cobrança, e a lista de pessoas que queriam audiência com o conde aumentara assustadoramente. Os devedores apresentavam-se com todo tipo de histórias, algumas tão mentirosas que Carlos tinha vontade de socar a boca de quem as contava.

A política que Carlos estabelecera tinha sido a de parcelar as dívidas. Alguns homens insinuavam que tinham filhas interessantes para casamento, e, nesses momentos, o conde pensava nas palavras do senhor Handar, de que ele também era culpado por aquilo. Curiosamente, Carlos sabia que sim e por isso respondia discretamente que não. Por fim, sorria polidamente.

Ao final de dez dias, Carlos leu a lista dos que já haviam negociado as dívidas, e o maior dos devedores, Maláia, nem sequer aparecera ou dera satisfações. O conde concluiu que talvez ele não tivesse recebido a carta de cobrança, que algum servo descuidado a perdera. Carlos chamou Eduard e pediu que a enviassem novamente.

Pobre Carlos. Ele não sabia que, desde sua chegada, o tal Maláia se sentia usurpado e que dera ao conde apenas uma opção: casar-se com sua filha ou uma de suas sobrinhas ou dividir o poder com ele.

Depois da festa, ficara claro que Carlos não era influenciável ou manipulável, e instalara-se, dessa forma, o segundo plano: matá-lo. Poucos eram os adeptos de Maláia até o momento da cobrança dos impostos, mas, se não fosse poupado, o homem estava pronto a trair.

Carlos fora obrigado a dar pelo menos mais uma semana a Maláia, pois não sabia se ele estava viajando ou não e nem quisera mandar investigar. Para sua surpresa, no entanto, uma jovem pediu-lhe audiência no dia seguinte. Usava um vestido com um decote muito baixo, o que não deixou de chamar a atenção do conde.

A jovem pediu desculpas a Carlos por estar ali no lugar do pai. Fora pessoalmente avisar que os pais estavam viajando e que por isso não poderiam atender ao chamado. Tratava-se da filha de Maláia.

Carlos sentiu a armadilha e uma ligeira irritação quase o fez descontar a raiva na jovem, mas intimamente sabia que ela não tivera opção. O conde duvidava também que Maláia e a esposa estivessem realmente viajando.

— Agradeço, senhorita, mas poderia ter me enviado apenas um bilhete. Não precisava ter perdido seu tempo vindo até aqui.

A jovem, sendo dispensada friamente, avermelhou-se. Carlos sentiu certo constrangimento e, como forma de desculpar-se, convidou-a para tomarem um suco. Pelo menos seria educado, já que ela tivera todo aquele trabalho para vestir-se com esmero.

Carlos percebeu que estava ansioso e que a jovem parecia ter em volta de si algo sujo, embora tivesse a pele muito branca, perfumada, e os cabelos brilhantes.

— Senhorita, seu pai é quem mais me deve. Trinta por cento a mais que o segundo devedor.

— Meu pai era representante do seu. Tenho certeza de que deve haver um acordo entre os dois, por isso sua cobrança deixou-me surpresa.

63

— Seu pai devia ter vindo até aqui me falar, quando enviei a primeira cobrança.

— Certamente, ele já estava viajando. Não tenho irmãos homens. Sou a única filha e vim antes que um mal-entendido se formasse.

— Agradeço, mas são assuntos de homens.

— Senhor, muitas pessoas têm inveja de meu pai e muitas querem vê-lo em desgraça. Sei que ele não aprovará o fato de ter vindo até aqui sozinha, mas é assunto sigiloso, de família, e somos muito unidos.

— Tenho certeza disso, senhorita. Perdoe-me, mas, se terminou seu refresco, preciso trabalhar. Assuntos esperam-me.

Carlos deu por terminada a entrevista e viu os olhos da moça brilharem, como se tentasse segurar o choro. Ele tinha certeza de que a moça ensaiara aquela cena, por isso, sem remorsos e mal-educadamente, saiu da sala.

Naquele momento, Carlos estava irado, com ódio extremo. Como um pai usava daquele modo uma filha de não mais de 17 anos? O conde chamou Eduard e pediu que ele mandasse investigar se Maláia realmente fora viajar antes da primeira carta.

Menos de um dia depois, o homem apresentou-se ao conde, dizendo-se muito irritado. A primeira coisa que ele fez foi afirmar que mandara castigar a filha, por ela ter se atrevido a meter-se em um assunto como aquele. Dito isso, ficou esperando a intervenção de Carlos, pedindo-lhe que não a castigasse. O conde fingiu não escutá-lo, pressentindo que aquilo era somente encenação. Maláia queria avaliar até que ponto Carlos se importava com sua filha Dulnéia e insistiu falando-lhe da filha desobediente. O conde, por fim, perdeu a paciência e disse:

— Se pudesse, eu também castigaria o pai por deixá-la tomar esse tipo de iniciativa.

Maláia baixou o olhar, e Carlos pôde até sentir o fluxo de ódio que o atingira. O conde falou da dívida sem preâmbulos, e o homem voltou a dizer-lhe que havia um acordo tácito entre ele e o pai de Carlos, já que administrava todas aquelas terras antes.

— Senhor, escreverei ao meu pai para saber exatamente que tipo de acordo é esse, já que ele não me falou nada sobre isso. Sei que ele mandava um escrivão até aqui duas vezes por ano. Escrivão pouco eficiente, diga-se de passagem, pois permitiu que dívidas se acumulassem. Enquanto isso, lhe darei somente o benefício da dúvida.

Maláia percebeu que era questão de dias para ser descoberto. Não havia acordo algum com o pai de Carlos. Ele metia-se em várias questões, porque queria, pois não estava imbuído de nenhuma autoridade. O escrivão era comprado por ninharia, e Maláia nunca pensara que o Conde mandaria um filho àquele fim de mundo, a um lugar tão afastado das capitais.

Havia um culpado naquela situação, e Maláia sabia quem era: Handar. Quando o pai de Carlos fora pessoalmente àquelas terras, Handar andara colocando ideias de laços de convivência e ele as aceitara fácil demais.

Maláia esperava que, quando o pai de Carlos morresse, os filhos se digladiassem pelo melhor quinhão da herança, ficando aquele pedaço esquecido na disputa. Pedaço que ele simplesmente tomaria.

Sorriu. Maláia pensava que era melhor colocar o plano pensado e repensado em prática. O homem baixou o tom de voz e comentou como quem faz segredo:

— Senhor, já que este lado está resolvido... e se não está, ficará brevemente, preciso preveni-lo sobre uma pessoa. Quando o senhor chegou, eu lhe apresentei um homem chamado Handar. Eu não o trouxe como meu convidado... Foi ele quem insistiu muito em vir.

— O que tem ele?

— É bruxo. Eu até o temo, não covardemente, mas como alguém que teme alguma coisa perigosa. Dizem que ele sabe incutir ideias na cabeça dos outros. Estou lhe dizendo isso para que se previna. Já queria ter lhe dito isso antes,

65

mas sou discreto. Handar chama a todos de irmãos, contudo, não acredite nele.

— Agradeço — respondeu Carlos ironicamente.

Maláia, contudo, não se deu por vencido e continuou:

— Soube que aquele pintor lhe deu um quadro. Ele também é metido em magias, por isso, o senhor deveria queimar a peça, pois ela pode influenciá-lo.

Carlos levantou-se da cadeira. Queria livrar-se daquele homem, mas o visitante parecia não querer perceber sua intenção e continuou sentado e falando.

— Nunca permiti que minha família fosse até o lago. Dizem até que fazem cura, mas, para mim, são apenas bruxarias. Deixam as pessoas doentes e depois fingem curá-las. E os idiotas ficam agradecidos! Viu o templo que eles têm rua acima?

— Não. Não vi. Tenho minha própria religião, e o povo deve ter liberdade para acreditar no que quiser.

— Eles pregam a não aceitação de líderes. Pedem que o povo pense antes de agir e pregam também que cada um pagará pelas próprias ações, mesmo sendo ordens superiores.

— Senhor, não me interessa a religião local, desde que não me afetem. Por favor, não quero ser mal-educado, mas tenho muito a fazer.

Carlos foi incisivo, e o homem ficou rubro de raiva, sem conseguir disfarçar. O conde teve de cumprimentá-lo gentilmente, quando na verdade queria esbofeteá-lo. Mal Maláia virou as costas, Carlos repetiu mil vezes um palavrão de baixo calão, classificando-o.

Depois de se acalmar, pressentiu que enfrentaria uma traição. Carlos sentiu sua liberdade sendo podada. Precisaria dormir, andar e cavalgar sempre com seguranças a seu lado. Sentia-se como um bebê que ainda precisa de babás.

Carlos chamou Eduard e preveniu-o do que podia estar acontecendo. Ele ouviu o conde preocupado e sugeriu que trouxesse mais seguranças e cercasse a casa toda. Carlos não acreditou que toda aquela estrutura fosse necessária.

66

Como faria para andar livremente pelas ruas como gostava? Lembrou-se do primeiro dia, quando ninguém sabia quem ele era, e do sabor de ser apenas mais um na multidão do mercado.

Eduard saiu para providenciar um segurança para ficar na porta dos fundos. Enquanto isso, Carlos só queria gritar, como se sentisse uma dor profunda. Naquele momento, teria de ficar atento a fofocas e confiar nos que o cercavam.

Carlos lembrou-se de que, assim como Eduard, seu pai fizera questão de que ele trouxesse toda a criadagem e os seguranças. Ante aquela situação, teve certeza de que seu pai não exagerara, mas tivera uma visão mais ampla do que poderia acontecer-lhe.

O conde pediu a Eduard para convidar o senhor Handar e a família para um jantar no dia seguinte. Queria conhecer melhor aquele homem, saber até que ponto poderia confiar nele.

Uma transformação aconteceu em Carlos, que passou a sentir como se lá fora todos fossem seus inimigos. Depois da visita de Maláia, não se atrevera a sair do casarão. Sentia-se acovardado por isso, mas pensava que seria covardia maior sair rodeado de seguranças. Era como se reconhecesse diante do público que temia ser traído.

***

No dia seguinte, Handar chegou por volta das seis da tarde. Um vento frio soprava forte, fazendo a porta bater em seus batentes, irritando Carlos. O conde não sabia mais o que fazer para resolver aquele bate-bate insistente.

Handar foi ao jantar acompanhado de sua esposa, duas crianças, dois rapazes — um por volta dos 15 anos e outro por volta dos 12 —, e a jovem Soláia. Carlos sentiu um prazer enorme em vê-los. Depois, lembrou-se de que, antes de ir à festa, o nome da jovem lhe aparecera sussurrado em seus ouvidos.

67

Intimamente, Carlos avaliava até que ponto Maláia tinha exagerado e até que ponto estava certo. Por que, ao vê-la, sentira outro tipo de prazer? Preferiu fingir que se esquecera do nome dela e de suas feições. A jovem, então, foi reapresentada ao conde, que sorriu e, como ao acaso, comentou:

— Estava na festa que o senhor Maláia me ofereceu, não estava? Recordo-me vagamente.

— Estava sim, senhor. Fizeram questão de que eu fosse.

— Na verdade, fui contra aquele leilão de jovens — comentou Handar.

— Não foi bem assim, senhor. Meu marido exagera. Eu o chamo de radical, pois muitas vezes é demais — retrucou a esposa.

— Não sou radical. Apenas faço aquilo que acredito ser o certo.

Carlos não queria ouvir discussão de família e, já arrependido de tê-lo convidado, mudou de assunto, observando:

— Por que levaram tanto tempo para ter outros filhos? Vejo que há uma diferença grande entre sua filha mais velha e os outros.

— Soláia é filha de minha primeira esposa, que morreu no parto. Casei-me muito tempo depois e somente aí, então, tive os outros.

— Desculpem-me. Não devia ter perguntado.

— De forma alguma. Não é assunto que eu esconda. Minha primeira esposa terminou o que veio fazer aqui, deixou-me essa linda filha e se foi. Agradeço a Deus o fato de tê-la ao meu lado por alguns anos. Éramos felizes.

Carlos percebeu que a segunda esposa parecia descontente com a observação de Handar. O conde tomou a frente e começou a contar a respeito de como eram as coisas em sua terra natal, pois isso sempre trazia curiosidade aos presentes.

O jantar transcorreu tranquilamente. Carlos olhou ao redor e teve a sensação de já ter jantado com aquelas pessoas. Por que aquilo parecia estar sempre lhe acontecendo naquele condado? Na Europa, nunca tivera aquele tipo de sensação, ou será que ele não prestara atenção?

Carlos flagrou-se várias vezes observando os detalhes do rosto de Handar, da esposa, dos filhos e da filha, e acentuava-se a sensação de que aquelas pessoas lhe eram familiares.

Não comentou. Não queria que pensassem que passariam a ser íntimos. Não sabia em quem podia confiar ou ainda se era seguro confiar em alguém naquela terra.

Lembrou também que Eduard não lhe parecera contente com aquele encontro, talvez por ter sido mantido de fora.

Carlos avaliou que talvez tivesse sido melhor tê-lo convidado, assim teria com quem trocar impressões e não ficaria entregue somente às suas próprias conclusões. Anotou isso mentalmente. Eduard era de confiança e, dali em diante, dividiria com ele as refeições, principalmente quando tivesse convidados.

Handar começou a expor algumas coisas sobre o local e cobrou Carlos discretamente sobre haver algumas coisas que cabiam a ele fazer.

Carlos ouviu a tudo quieto. O homem, de repente, deixou a discrição de lado e cobrou diretamente:

— Senhor, é o responsável direto pelo bem-estar dessa gente, por isso tomo a liberdade de cobrá-lo a respeito do que não lembra ter prometido.

Acreditando tratar-se de uma piada, Carlos riu, percebendo logo em seguida que ninguém o acompanhava nessa atitude. Envergonhado, ele inquiriu:

— Perdoe-me, mas não me lembro de ter prometido nada a ninguém.

— Pois pense. Foi antes, bem antes de o senhor nascer. Jurou que resolveria seus problemas com essas pessoas. O senhor deve isso a elas e a si mesmo, por isso, imploro-lhe que o faça.

— Senhor Handar, não sei do que está falando. E se for uma piada, não tem graça.

— Vidas, homem! Em suas outras vidas. O senhor tem as certezas dentro de si, sempre as teve. E pediu também que uma parte ficasse latente em sua memória. Tenho certeza de que o senhor reconheceu o lugar, que reconheceu algumas pessoas e outros detalhes que não consigo imaginar, pois são particulares. Muito particulares.

Carlos queria levantar-se da mesa e ficar sozinho para pensar melhor. Será que, a seu modo, Handar estava definindo o que ele pensava?

— Ficou preocupado, caro senhor conde? Lastimo-o, mas somos amigos, e não quero que erre novamente, pois sofrerei com o senhor.

Com o preconceito social ainda presente, Carlos sentiu-se levemente ofendido por aquele homem, que não era propriamente do seu nível social e que, devido a um simples jantar, o chamara de amigo. Já ia retrucar que o outro não era, quando sentiu que o convidado falava a verdade. Essa verificação veio por meio de uma intensa emoção, que Carlos não compreendeu. Ele manteve-se calado e serviu-se de mais carne para controlar-se.

Sim, ele lembrava-se de um Handar, de outro nome, outro físico, mas sentia que se tratava do mesmo espírito. Handar estava atento a Carlos e há muito já não comia. O conde observou:

— Não gosta do alimento servido, senhor?

— Gosto. Agradeço, mas já estou satisfeito. Mais do que para alimentar-me, vim aqui para alertá-lo. E lhe imploro que siga sempre sua mente e seu coração. Não permita que nada o influencie.

— Mas o que está fazendo agora? Está tentando influenciar-me!

— Não! Quero apenas que se recorde, que tenha certeza de que veio com uma tarefa definida e a realize corretamente.

— Creio que exagera, senhor. Não me lembro de nada. Nada me parece familiar — mentiu Carlos para verificar até onde chegava a certeza daquele homem à sua frente.

70

— Perdoe-me, senhor, mas por que mente para mim? Vejo em seus olhos, vejo em sua alma, que se recorda. Por favor, ouça o que vem do seu íntimo. Não se traia e tenha cuidado, pois inimigos seus reencarnaram com o intuito de se tornarem seus amigos. Alguns conseguirão, outros não. Imploro-lhe novamente que ouça sua alma.

Carlos já sabia o que era a crença na reencarnação. Sabia antes mesmo de lhe falarem a respeito e sentiu um incômodo enorme. Queria relutar e dizer que não era verdade, contudo, tinha certeza de que nenhum engano, proposital ou não, passaria despercebido, pois o espírito cobra a si mesmo.

— Senhor, farei um governo honrado por mim mesmo. Tenha certeza disso. Tentarei verificar o que está errado nessas terras e consertarei, mas, para isso, precisarei de dinheiro e cobrarei os impostos atrasados.

— Pois o faça, pois muitos enriquecem com o trabalho alheio. Torno, no entanto, a pedir-lhe: use esses impostos para alcançar o objetivo para o qual foram criados.

— Farei da forma que julgar correto.

Para surpresa de Carlos, o homem sorriu. As duas mulheres alimentavam-se caladas, olhando de um para o outro, como se temessem que de repente fossem partir para uma briga de insultos.

— Se ouvir o que lhe dizem na alma, tenho certeza de que sairá vitorioso e voltará para o seio espiritual em grande alegria.

Carlos sentiu que Handar parecia realmente preocupado com seus passos. Teve um ímpeto de abraçá-lo e de agradecer-lhe, mas, condicionado socialmente, mudou bruscamente de assunto.

A esposa e a filha de Handar pareceram relaxar. A mulher, então, começou a tomar a frente, falando de coisas sem a mínima importância, às quais Carlos, com tédio, tentava ouvir com educação.

Não voltaram mais ao assunto. Depois do jantar, os visitantes retiraram-se rapidamente, deixando Carlos entregue aos seus pensamentos.

O conde chamou Eduard e contou-lhe o que julgou que deveria contar, omitindo as cobranças diretas do homem e a afirmação de que viera para distribuir justiça aos moradores, melhorando suas condições.

Depois disso, Carlos subiu ao seu quarto, abriu a janela e respirou o ar frio da noite. Por que lhe vinha a certeza de que Handar estava certo?

Carlos fechou os olhos e, sentindo a brisa, lembrou-se da praça. Quis ir até lá. Era perigoso, mas, mesmo assim, mudou de roupa. Já era noite, e ele pensou que certamente não o reconheceriam.

O conde passou pelo segurança que ficava no corredor e prontamente o homem começou a segui-lo. Carlos virou-se e disse que se dirigia apenas à cozinha.

O homem voltou à sua posição, e Carlos desceu as escadas que levavam até a cozinha. O conde pôs um chapéu socado na cabeça e notou que o segurança da porta dos fundos estava distraído.

Carlos deu-lhe um boa-noite imitando o modo de falar dos empregados, e o homem, sem olhá-lo direito, mal respondeu ao cumprimento. O conde ficou pensando: "O que dá direito a esse segurança desprezar os demais empregados? Não é ele um deles?".

O conde deu a volta pelo casarão e saiu, foi direto ao lugar onde ficava o lago. Uma luz prata brilhava, e algumas nuvens a escondiam de vez em quando. Carlos teve uma vontade imensa de sentar-se à moda daquelas pessoas e acabou por fazê-lo, sentindo a grama molhada pelo orvalho. O conde fechou os olhos e sentiu-se misturado ao vento frio. Viu-se acima do corpo, indo em direção às águas do lago e tocando-as.

O prazer que o invadia era imenso, e Carlos viu quando o pintor se aproximou e, nem a cinco metros dele, também se sentou. O conde sorriu e cumprimentou-o. O homem de olhos abertos correspondeu ao sorriso e disse:

— Sabíamos que relembraria.

— Estou sonhando? — perguntou Carlos, mesmo sabendo que não estava. Aquela situação parecia-lhe, no entanto, incrível demais.

— Não, caro amigo. Está apenas de volta ao seio do que já conhece. Mas regresse. Sinto que deve regressar ao corpo agora.

— Não quero. A sensação de leveza e liberdade são imensas. Venha comigo. Quero ir mais longe, pois sei que posso ir.

— Procuram-no em sua casa, pois já sabem que saiu.

— Vou até lá.

Mal afirmou isso, Carlos, desdobrado, viu-se entrando na casa e notou que Eduard gritava com o segurança:

— Já lhe disse que não o deixasse sair. Ele parece um menino bobo, que foge para fazer jogos com crianças de rua. E nesta terra, tudo parece estranho! Hoje mesmo, ele jantou com um bruxo. Sinto que aquele homem é bruxo. Escreverei ao pai dele e contarei. Carlos não é o filho adequado para vir aqui. É o mais novo, não tem malícia. O pai fez a partilha errada. Meu Deus! Meu Deus! Se lhe acontecer algo, serei decapitado.

— Mas ele disse que iria apenas à cozinha.

— Não importa! Você tem que grudar nele! Disseram que ele não saiu pela porta. Ah! Já sei! Deve haver entradas e saídas secretas. Preciso encontrá-las.

Carlos quis divertir-se. Por que em vez de pensar em coisas mirabolantes, não pensavam que ele apenas saíra pela porta dos servos? O que era o orgulho da casta?

O conde chegou-se mais a Eduard e disse bem perto de seu ouvido:

— Estou bem, muito bem, e vejo você.

Não sei o que esperava, mas Eduard deu um grito. Os seguranças foram correndo a seu socorro, e o assistente, sem fala, apenas balbuciava:

— Bruxos! Malditos bruxos!

— Senhor, do que está falando? — perguntou um dos seguranças, confuso.

Sentindo que estava parecendo insano e que tinha sempre de aparentar equilíbrio, Eduard sussurrou completando:

— Ratos, uma ratazana enorme. Uma bruxa maldita acabou de passar por aqui. Procurem-na!

Carlos via a cena e o conforto que ele sentia era enorme. Naquela expansão de consciência, lembrou-se de que, quando criança, penetrava assim no quarto de seus irmãos. Perambulava pela casa dos pais sem ser visto e não lembrava por que tinha parado de fazer aquilo.

O conde voltou ao lago vindo de cima e passando pelas árvores como se elas não existissem. Carlos viu seu corpo sentado, respirando tranquilamente, e retornou a ele.

Quando abriu os olhos, Dulcor estava ao seu lado, estendendo-lhe a mão para ajudá-lo a levantar-se. Ele observou:

— Quando fizer isso, peça sempre ajuda aos seus mentores, pois o senhor poderá ser arrastado a lugares bem desagradáveis.

— O que eu experimento?

— O que já sabia antes. Que o espírito é livre e vai aonde quiser. Que ele pode estar em corpo na sua casa e vir, livre, até aqui.

— Assustei Eduard.

— Ele não compreende. Não o deixe descobrir, não brinque mais com ele.

— Minha intenção não foi brincar.

— Talvez, mas foi o que fez. Volte, boa noite!

— Boa noite, Dulcor. Ah! Você tem pintado muito?

— Sim, tenho quadros novos.

— Devia vendê-los na Europa.

— Lá não entendem a arte de Deus.

74

— Como Deus? É você quem pinta.

— Eu apenas faço uma grotesca imitação do que Ele criou.

— Boa noite — repetiu Carlos.

O conde seguiu para casa e entrou pela porta dos fundos. Quando o viu, Eduard foi correndo em sua direção e ralhou:

— Senhor, não devia ter saído sem levar pelo menos dois seguranças.

— Não saí, Eduard. Estava por aqui mesmo.

Carlos usou um tom de malícia, e o outro, deduzindo que ele estava com uma mulher, relaxou. Mesmo assim, Carlos observou:

— Parece que levou um susto...

— E levei! Vi uma ratazana enorme.

Carlos queria gargalhar, mas se conteve e seguiu direto para o quarto. Lá, despiu-se e vestiu em seguida a roupa de dormir para deitar-se. Que terra da magia era aquela? Por que essa magia fazia parte dele naturalmente?

Tentando recordar-se de algumas dessas experiências que vivenciava intuitivamente na infância, acabou dormindo.

CAPÍTULO 6

Mal Carlos acordara no dia seguinte, uma comissão apareceu desejando ser atendida. Ele podia sentir que as cartas de cobranças já juntavam aliados e que o mais inconformado era Maláia.

Carlos recordou-se de que antes as coisas pareciam ter sido acertadas com todos, mas, naquele momento, tinha uma revolta à sua frente. O primeiro a falar foi Maláia, que contou sobre os problemas que todos pareciam enfrentar. Ele falava como se todos estivessem à beira da falência e da fome de forma repetitiva. Carlos deixou que o homem falasse até se cansar, desprendeu-se da conversa tediosa e passou a olhar Maláia com outros olhos.

Via um homem escurecido à sua volta, que falava e gesticulava muito. Um homem que parecia sujo, muito sujo. Olhou para os outros daquela mesma forma e sentiu um desagrado enorme. Sentiu em si mesmo raiva e gritou:

— Calem-se! Paguem o que devem. Vocês têm enganado o condado de meu pai. Estou aqui, e não vão enganar-me. Se não me pagarem nos prazos que lhes dei, tomarei as terras.

Maláia sorriu. Esboçava um sorriso nervoso e implorativo.

— Senhor Carlos, não devemos tudo isso. Não ouviu o que eu disse? Há um engano. Há uma maledicência aqui.

Vou descobrir e passar tudo a limpo. O que lhe pedimos é mais tempo, antes que tome uma atitude da qual poderá arrepender-se.

Apesar do tom implorativo, Carlos sentiu a ameaça clara e pensou em ameaçar Maláia de volta, mas, estrategicamente, sentiu que não era bom. Já o tinha feito poucos minutos antes. Ele, então, levantou-se da cadeira e polidamente disse:

— Senhores, tenho um compromisso. Não esperava que viessem aqui hoje. Lastimo.

Maláia estava vermelho de ira e parecia espumar. E aquela aura negra em torno de si pareceu escurecer ainda mais.

Quando a comitiva saiu, Carlos entregou-se à raiva, deixando-se levar pelo poder, pela autoridade que possuía para tomar as terras. Escorregou no erro.

Com o passar dos dias, Carlos percebeu que perdera a paz de espírito e que não conseguia desdobrar-se mais. Seu espírito parecia pesado dentro do corpo. Deduziu, apressadamente, que fora ilusão e que talvez Eduard tivesse razão. Eram bruxarias.

Naquela confusão de emoções ante o conflito, Carlos passou a relacionar-se indevidamente com uma das servas e a beber um pouco mais durante as refeições. Prontamente, Handar foi falar-lhe.

Ao recebê-lo, Carlos sentiu uma vergonha enorme, como se seu próprio pai soubesse o que ele andava fazendo. Aliás, seu pai não sentiria tanto, pois o que ele andava fazendo era comportamento comum na corte.

— O que quer de mim? — Carlos foi logo dizendo a Handar, julgando-o sisudo demais e um grande chato.

— Apenas lhe pedir que tome muito cuidado, pois algumas almas trabalham no escuro para fazê-lo perder-se de seu objetivo.

— Senhor Handar, não sou adivinho e passei da idade de brincar. Se tem algo a dizer-me, diga-me logo.

77

— Creio que ainda não passou da hora de brincar, pois está brincando. Brincando com seu futuro e com seus objetivos.

— Quem pensa que é? Minha consciência?

— Não! Longe disso! Sou apenas um amigo.

O modo calmo de Handar fazia Carlos sentir um enorme desconforto, e essa sensação traduziu-se em irritação.

— Se eu lhe disser que não preciso de amigos?

— Todos precisam. Mais cedo ou mais tarde precisam, e sempre há alguns por perto. Sempre à mão. É determinação de Deus.

— Quando precisar de um, eu invoco.

O tom jocoso que o conde usou foi ofensivo a Handar. O homem baixou os olhos, fixou-o no piso e murmurou:

— Estarei lá. Com licença.

Handar rodou nos calcanhares e saiu. O arrependimento de Carlos veio de imediato. Quando pediu para trazerem-no de volta, Handar já tinha ido.

Eduard entrou rapidamente e afobadamente:

— Senhor, ele sumiu. Tomou o caminho da rua, e não pude trazê-lo de volta. Não sei... Não gosto desse homem, pois ele me dá arrepios. Outro dia mesmo, ouvi dizerem que ele é bruxo e perigoso.

Carlos não queria ouvir os mexericos de Eduard. Sentia-se tão arrependido que se questionava por que tinha tratado Handar daquele modo, por que fora tão sarcástico. O conde pensou em um palavrão e perguntou a Eduard:

— Os devedores já pagaram alguma coisa?

— Uma pequena parte e somente alguns deles. Curiosamente, os que menos devem.

— Comece o processo para tomar algumas terras. Um exemplo fará com que minha autoridade fique clara.

— Senhor, então, escolha por quem quer começar. Pelo mais rico seria bobagem. Vejamos o mais humilde deles.

Eduard começou a procurar no meio dos papéis, e Carlos voltou a pensar em trocar a herança com alguns de seus irmãos. Queria sair dali, onde um mínimo desvio seu lhe dava tanto desconforto. Será que Eduard e os outros, que mexericavam, estavam certos? Que Handar, Dulcor e muitos outros eram bruxos e estavam brincando com ele?

— Eduard, vou para casa. Ficarei lá alguns dias.

— Senhor, não pode ir. Pensarão que foge.

— Que se danem! Não quero ficar aqui, não gosto daqui. Tem gente que parece ver minha alma nua, que adivinha o que eu faço e penso. Detesto! Detesto! — gritou Carlos inconformado.

— Senhor, espalharei que seu pai mandou chamá-lo urgentemente.

— Fale o que quiser. Mande preparar tudo, pois quero ir hoje mesmo.

— Não sei se será possível.

— Faça! Quero apenas que faça!

Carlos parecia sufocar de incômodo e deduziu que detestava Handar por ele parecer um guardião de suas atitudes, embora o visse raramente. Queria voltar para a vida que tinha ou administrar um local menos místico, onde não experimentaria sensações estranhas.

Mal almoçou e no meio da tarde iniciou a viagem. Sentindo o balançar da carruagem que ia apressada, fechou todas as cortinas. Não queria ver ninguém, muito menos as crianças que tinham o maldito costume de ficar dando adeus a quem passava.

Sentiu quando saíram da vila e entraram na estrada poeirenta, pois, mesmo com tudo fechado, o pó parecia penetrar na penumbra. Abriu um pouco as cortinas e olhou para fora. Havia mato por todos os lados. Queria dormir um bocado e só acordar em frente à casa dos pais.

Naquele balançar incômodo, Carlos tentou não pensar no que se passava. Queria tirar as preocupações, que o confundiam, da cabeça e desejava veementemente o sono.

Tentando cochilar, o conde viu-se posicionado na frente da carruagem. Ele viu os três seguranças na frente e os dois

79

que vinham atrás. Viu algumas pessoas a pé voltando para a vila, descalças, exaustas, famintas. Passou por um casebre à beira da estrada, viu quem estava lá dentro e viu galinhas atravessarem a estrada.

Viu também um homem caído sangrando. Chegou mais perto e viu seu próprio corpo agonizando. Carlos deu um grito, e seu espírito reacoplou-se ao seu corpo rapidamente. Voltou a si, quando a carruagem estancou jogando-o para frente.

Carlos sentiu que abriam a porta rapidamente e que um segurança lhe perguntava com ares deveras preocupado:

— Senhor, está sentindo algo?

— Não. Por quê?

— Ouvimos o senhor gritar.

— Devo ter sonhado. Sonhei... Deixe para lá. Cochilei, foi só isso.

— Claro, senhor! Desculpe-me.

O segurança fechou a porta e gritou aos outros.

— Ele crê que teve um pesadelo. Foi somente isso.

Carlos sentiu novamente a carruagem movimentar-se. Ele sabia que aquilo não fora um sonho. Provavelmente, como dissera Eduard, fora bruxaria. Ele precisava acreditar que fora bruxaria.

O conde pensou em sua vida na corte. Não era das mais regradas, mas também não era das menos. Não se classificaria como santo nem como diabo. Carlos abriu as cortinas um pouco e viu as mesmas pessoas que vira anteriormente passarem por eles.

O conde manteve as cortinas abertas e viu o casebre. Lembrou-se, então, que, depois das galinhas, vira seu próprio corpo. Um suor frio começou a tomar conta de Carlos, que colocou a cabeça para fora e gritou para ser ouvido:

— Parem! Vamos voltar.

Os homens estacaram os animais e ficaram imóveis. Pareciam não acreditar na ordem. Um deles se aproximou e tentou esclarecer:

— Senhor, não ouvimos direito. O que o deseja?

— Voltar. Quero que façamos a volta agora mesmo.

— Senhor, é difícil manobrar a carruagem neste ponto, pois a estrada é estreita aqui. É possível que fiquemos presos no mato. Logo adiante, ela se torna mais larga.

— Agora! Deem um jeito! Não vamos seguir mais um metro sequer.

Carlos tinha certeza de que, se chegassem ao ponto adiante, seria assassinado. Ele, então, começou a questionar-se como teriam descoberto que ele viajaria, se decidira de rompante ir para a casa do pai.

O conde entregou-se ao que denominava instinto e sentiu quando começaram a manobrar a carruagem. Escurecia. Já haviam viajado umas quatro ou cinco horas.

O matagal estava em desnível, e a carruagem ficara presa. Carlos desceu e foi verificar o que o cocheiro e os seguranças faziam. Notou que naquele trecho da estrada mal dava para passar a carruagem e que ter feito os cocheiros darem a volta fora uma loucura.

Carlos olhou ao longo da estrada e percebeu que estava certo. Podia sentir a emboscada como uma poeira densa vindo. Os homens tentavam tirar a carruagem do desnível, e ele começou a ficar mais impaciente. De repente, gritou:

— Quero um cavalo! Vou voltar! Fiquem aí e a tirem.

— Senhor, não levaremos nem um quarto de hora.

Carlos sabia que o segurança tinha razão, mas parecia que mil vozes lhe gritavam que ele deveria sair dali urgentemente. Seguindo a sensação[2], o conde pegou um dos cavalos dos seguranças, montou-o e saiu. Ainda voltou alguns metros e disse:

— Quero que fiquem alerta e tomem cuidado! A noite já vem vindo.

---

2 A forma mais comum de comunicação entre as dimensões espirituais é via sensação.

Os homens pareciam incrédulos com a atitude incoerente do conde. Dois deles voltaram com Carlos, seguindo ao seu lado. Ele sentia como uma febre para chegar à cidadela.

Sem a carruagem, chegaram antes das 22 horas. Carlos desceu rapidamente do animal. Eduard e todos os outros servos estavam recolhidos.

O sentinela da porta da frente assustou-se ao vê-los e perguntou preocupado:

— Senhor, o que ocorreu?

— Nada! Mas quero que acordem todos os outros. Quero que vão encontrar os homens que estão na estrada.

— Claro!

— Você não. Fique aí e bem alerta — e disse ao segurança que estava mais afastado dele: — Acorde os outros!

Um dos seguranças que o acompanhara na estrada observou:

— Senhor, tenho certeza de que eles já estão a caminho e que daqui a pouco chegarão aqui.

— Obedeça-me!

— Sim, senhor. Desculpe.

Carlos entrou na casa, passou pela sala e percebeu que tinha muita fome e sede. Ele pegou uma garrafa de vinho e tomou-lhe um grande gole. Uma serva com cara de sono foi atendê-lo e serviu-lhe um pedaço do carneiro assado, sobras do almoço.

O conde queria voltar, armar-se e voltar. Eduard também desceu as escadas, vestido nitidamente às pressas. O movimento diferente acordara-o, e ele disse espantado:

— Senhor, está de volta! O que aconteceu?

— Nada. Eu quis voltar.

Mais calmo, Carlos sentiu uma vergonha enorme. Deixara-se levar pelo medo provocado por um sonho. E pensou que certamente era isso: um sonho no cochilo do tédio. Mesmo assim, não voltou atrás. Ouviu quando o tropel dos seguranças afastou-se.

Era lógico que eles estavam certos. Em uma hora ou uma hora e meia, os homens que ficaram na estrada com a carruagem estariam de volta, e ele, então, perderia um pouco do respeito dos homens que comandava.

Carlos jantou, e o alimento desceu-lhe seco. Um mal-estar parecia tomar conta dele. Não era dor, não era cansaço. Era outro tipo de mal-estar. Ele decidiu recolher-se, mas não conseguiu dormir, rolando de um canto a outro na cama.

A ansiedade ainda tomava conta de Carlos, quando, de repente, ele teve certeza de que os homens, que ficaram na estrada, estavam mortos. Ele fechou os olhos e viu nitidamente a cena. "Não! Não estou vendo nada! Estou apenas impressionado!", tentou acreditar.

Carlos levantou-se e ficou perambulando pelo quarto, iluminado apenas com a luz da lamparina em seu fluxo mínimo. Teve certeza de que os seguranças demoravam e sabia também que já passava da hora de estarem de volta.

O conde vestiu-se. Não aguentava mais aquela espera. Quando começou a colocar as botas, sentiu passos no corredor. Carlos pegou uma arma e esperou atrás da porta.

— Senhor, sou eu, um dos seguranças da casa. Preciso falar-lhe.

— Diga-me seu nome.

— Chamisse, senhor.

Carlos abriu a porta com muito cuidado. Reconhecera o sobrenome do homem. A família Chamisse trabalhava para seu pai havia anos. Ele perguntou:

— Chegaram em paz?

— Lastimo, senhor. Fomos até lá, mas todos já estavam mortos.

Carlos sentiu como se uma pedra caísse sobre si. Ele estava vivo e deixara os homens para trás para morrer. Quis chorar e, sem pensar, bateu a porta. Por fim, jogou-se na cama, sentindo-se irado e culpado.

83

Carlos ouviu baterem novamente à porta. Vestindo trajes de dormir, Eduard entrou no aposento, foi até a lamparina e aumentou o foco de luz.

— Senhor, acabei de saber. Foi Deus quem o salvou.

— Tome as providências, Eduard, e deixe-me sozinho.

Por que Carlos vira somente a si sangrando? Por quê? Se o avisaram sobre o que aconteceria, por que não o avisaram também sobre os homens? O conde os teria salvado? Poderia ter mandado todos de volta, e a carruagem que se danasse. Quem iria roubá-la? Não poderiam usá-la, pois ela tinha seus símbolos de família e somente a carruagem de Carlos tinha todos aqueles ornamentos.

Carlos foi até a janela e viu o movimento da carruagem voltando, dos seguranças trazendo os corpos dos homens atravessados em cima dos animais, a cena mais macabra que ele vira até aquele momento.

O conde só queria adivinhar quem fizera aquilo. Pensando nisso, sentou-se na cama, fechou os olhos e tentou entrar naquele estado, contudo, não conseguiu. Tinha vergonha de estar vivo e pensou em morrer para sentir alívio, mas a vontade de vingança foi tomando conta de si, e a raiva foi transformando-se em ódio mortal. E, mesmo sem perceber, fez de objetivo de vida a vingança e a morte de quem o forçava a sentir-se culpado.

Finalmente, Carlos tomou coragem e desceu. Eduard estava pálido e gaguejava ao falar. Os três seguranças que ficaram para trás na estrada não tiveram chance. Era nítido que foram atacados por muitos homens. Estavam com as mãos amarradas para trás e as gargantas cortadas.

Carlos não conseguiu mais dormir, pois a cena dos corpos naquele estado parecia gritar-lhe: "Você se salvou e nos deixou para morrer!". Quem tinha sido? Se o alvo era ele, Carlos, por que tinham assassinado os homens?

CAPÍTULO 7

Mal amanheceu, Handar apareceu acompanhado de Dulcor. Eduard cochilava a um canto do sofá da sala, pois não resistira ao sono. Dispusera-se a fazer companhia ao agitado Carlos, que andava irado de um lado para outro.

A segurança da porta fora reforçada, pois Carlos pensava que certamente iriam atrás dele. Um soldado, armado, aproximou-se e disse como se temesse:

— Senhor, apesar da pouca hora, há dois homens que querem vê-lo. Um senhor que se identificou como Handar e outro como Dulcor.

— Reviste-os, e muito bem.

— Claro, senhor.

Ao ouvir as vozes, Eduard acordou e falou:

— Esses dois tão cedo?! A notícia ainda não se espalhou. Cuidado! Não gosto deles. De forma alguma, gosto deles.

Carlos não respondeu. Logo depois, entraram os dois homens, pedindo para falar em particular com o conde. Eduard fez um movimento discreto de cabeça indicando que ele não deveria, mas Carlos seguiu para o gabinete.

O conde estava cansado, irado e olhava para todos com desconfiança. Perdera a segurança em relação ao que sentia por Handar e Dulcor, pois não era algo palpável, apenas sutil.

— O que querem, senhores?

— Soube do que aconteceu ontem. Graças a Deus, o senhor está bem. Quando senti que corria perigo, mentalizei para preveni-lo — disse Handar.

— Se sabia, por que não veio avisar-me?

— Vim, senhor. Falei com Eduard, implorei-lhe que mandasse mais homens encontrá-lo, antes que fosse tarde demais.

— E como soube disso? Diga-me quem foi!

— Não sei quem foi. Apenas na hora de minha meditação, senti que o senhor seria traído. Interrompi no mesmo instante e vim avisá-lo.

— Acreditarei se me disser quem foi. Não acredito em visões pela metade.

— Não me foi dado saber.

—Por que não mentalizou que meus seguranças morreriam?

— Eu só pressenti a intenção de seu assassinato, senhor. Talvez não planejaram matar os homens.

— Ora! Vão todos para o inferno! Não acredito nessas visões! Elas não me satisfazem, não esclarecem nada e ainda me confundem!

— Sua vida foi salva.

— Mas saí de lá, deixando homens que me serviam fielmente morrerem. Pensam que me sinto como? Covarde, traiçoeiro! Sinto-me covarde! Foi o mesmo que fugir de uma guerra.

— Senhor, é importante que esteja a salvo. Tenho certeza de que as almas deles já foram socorridas.

— Ah! Sim! Irei até a viúva e os filhos desses homens e direi: a alma de seus parentes mortos já foram socorridas. Fiquem felizes! Minha alma não foi socorrida! Por isso, estou vivo, vivinho, pois virei as costas a eles e deixei que morressem na mão de meus inimigos! — gritou Carlos, dando vazão ao ódio e à frustração que sentia.

Handar pediu calmamente:

86

— Senhor, procure ter uma visão clara das coisas. E, principalmente, não se entregue ao ódio, pois ele cega a visão e nos leva ao arrependimento.

— Eu quero odiar. Odiar muito! Quero vingança! Não perdoarei quem fez isso! Será pena de morte. De morte! Espalhem essa notícia.

— Senhor Carlos, viemos aqui lhe dar nossos préstimos. Pedimos que tome cuidado não só com os inimigos que pode ver, mas também com aqueles que não pode ver.

— Eu vejo inimigos em todos, em todos os lugares, inclusive nos senhores!

Carlos foi ofensivo, saiu do gabinete e bateu a porta com força, deixando os dois para trás. Handar lamentou o fato de Carlos estar tão entregue ao ódio, e Dulcor não sabia o que fazer e pensar.

— Não nos resta outra coisa a não ser rezar que ele acerte, pois tenho certeza de que, mergulhado no ódio cego, ele errará novamente — lastimou Handar.

— Sou amigo de alma de Carlos. Voltarei aqui nos próximos dias e tentarei fazê-lo compreender que ele tem de agir, sim, mas não desse modo — falou Dulcor deveras preocupado.

Handar e Dulcor retiraram-se sob o olhar de prazer de Eduard, que não gostava dos dois homens. Ele tinha certeza de que a influência de Handar e Dulcor era prejudicial a Carlos, principalmente porque diminuía sua própria influência em relação ao conde.

Eduard não relatara a Carlos que Handar fora até lá para pedir que enviassem mais homens. Por que o faria, se a única alegação de Handar fora a de que sentia essa necessidade? Eduard simplesmente concluíra que ele era inconsistente e maluco.

Eduard queria mostrar-se como o braço direito de Carlos, pois fora enviado até ali para isso. Ele, então, pegou a pena e o papel e escreveu ao pai de Carlos, contando, a seu modo, o que acontecera e insinuando que havia bruxos ativos na comunidade e que o conde não era imune a eles.

***

Entregue ao ódio, Carlos não conseguia sentir-se bem em nenhum momento do dia. Às vezes, tinha vontade de ir ao lago, mas temia, pois Eduard sempre lhe dizia que somente dentro de casa poderiam protegê-lo.

O pai de Carlos mandara mais homens à cidadela, dobrando o número de seguranças. O conde, por sua vez, enviara para as famílias dos mortos uma boa quantia de dinheiro e escrevera ao pai que continuasse lhes pagando o soldo. Tudo isso, no entanto, não o fazia sentir-se melhor.

Como vingança, apressou a cobrança de impostos, tomou duas propriedades, fazendo os outros se apressarem em manter a dívida em ordem.

Carlos sentia-se um prisioneiro em sua própria casa. Não podia mais sair às ruas ou ir ao lago, nem mesmo nas altas horas da madrugada. Todos os dias, cobrava de Eduard os resultados das investigações. Tinham muitos suspeitos, mas nenhuma prova.

A única coisa que desejava era poder respirar livremente, sair ao jardim, sem ter pelo menos meia dúzia de homens a seus calcanhares.

Nesse ínterim, Eduard levou uma sobrinha ao casarão para passar uns dias com ele. Carlos sentia-se sozinho e sentia também a falta de companhia feminina, sendo assim, a chegada da moça à casa deixou-o feliz. Não era bonita, não tinha dotes especiais, mas, para ele, que não tinha nada, qualquer coisa já era infinitamente muito.

Carlos não sabia, contudo, que a jovem Cataléa não era sobrinha de Eduard, mas uma candidata à esposa, que fora enviada com duas damas de companhia. O pai de Carlos conhecia sua teimosia e sabia o quanto o filho devia estar se sentindo sozinho.

Os pais da jovem eram bem ricos, o que unia o útil ao agradável. Tratava-se, na verdade, de um complô. Eduard disse a Carlos que a jovem iria passar uns dias com ele, contou que a vira crescer e que sentia por ela um carinho e saudades de um pai.

Carlos não fez objeção à visita da jovem. Isso até melhorara seu humor, e, no dia da chegada da moça, ele mandou decorar a sala com algumas flores.

Nesse dia, almoçaram juntos na presença de Eduard, que passara a sentar-se sempre à mesa com Carlos.

O conde passou a nutrir a esperança de amar Cataléa e quem sabe até de casar-se com ela, pois, como a moça viera de fora, não haveria desconfianças. Desconfiança que ele sentia de toda aquela gente.

Ao notar o efeito que Cataléa causara, Eduard ficou feliz e escreveu precipitadamente ao pai de Carlos, dizendo-lhe que estava claro que Carlos se apaixonara pela jovem desde o primeiro instante.

Bem que Carlos tentara de todas as formas apaixonar-se pela moça, mas isso, no entanto, não aconteceu. Nos vinte dias em que a jovem esteve com eles, Carlos sentiu tédio de suas conversas fúteis, das fofocas da corte e de seus modos artificiais.

Guiado pela empolgação e pela vontade de mostrar-se eficiente ao pai de Carlos, Eduard escrevia-lhe dizendo que logo o rapaz pediria a jovem em casamento e que os dois ficavam tardes inteiras conversando um ao lado do outro depois das refeições, com a ressalva de que ele e as aias não os deixavam sós.

Mentira deslavada. Muitas vezes, a jovem tentara ficar a sós com Carlos, pois, ante um passo mal dado do conde, ele seria obrigado a casar-se com ela. Embora os sentidos de Carlos estivessem embotados pelo ódio a todos daquela comunidade, não era idiota o bastante para não sentir a armadilha.

Certa noite, agoniado por se sentir enjaulado e acercado daquela presença feminina sempre à sua mesa de refeições e à sua sala de estar, Carlos arriscou-se a sair.

Ele calculou a hora e decidiu que sairia muito depois da meia-noite. Carlos ficou esperando que o segurança do corredor cochilasse. Fazia seis meses que tudo acontecera, e o estado de alerta amenizara-se mais do que deveria.

Assim que viu a cabeça do homem tombar, saiu pé ante pé, atravessou rapidamente o corredor e saiu pela porta dos fundos.

O segurança da porta dos fundos caminhava de um lado para outro e, quando ele deu as costas, Carlos passou e escondeu-se em uma moita. O conde, então, rastejou-se até sair do terreno de sua própria casa, ganhou a rua e foi em direção ao lago.

Era primavera, e Carlos lembrou-se da visão que tivera do lago com lilases azuis. Ele apenas queria aquela liberdade. Na noite quente e clara, não havia ninguém nas ruas. Ele respirou profundamente várias vezes, sentindo o ar limpo entrar-lhe no pulmão.

Quando chegou ao lago, Carlos viu as flores por todos os lados, mas, por falta de luz, não pôde ver o brilho de suas cores. Ele andou um pouco, sentindo a grama macia, e perguntou-se: "Quem cuida desta área para que sempre tenha essa aparência tão linda?". Para Carlos, pouco importava aquela informação. Ele queria apenas desfrutar daquele local com liberdade, como todos os moradores podiam.

Um questionamento surgiu à mente de Carlos. Como voltaria ao casarão sem ser visto? Certamente, teria mais dificuldade. O conde, no entanto, enganara-se, pois dois soldados viram-no sair e tinham-no seguido até ali. Estavam escondidos atrás de árvores, prontos para socorrê-lo se fosse preciso.

Carlos percebeu que, desde o acontecido, estava agitado e ansioso, principalmente porque tinham muitos suspeitos, nenhuma testemunha e nenhuma prova. Ele sentou-se no gramado, fechou os olhos e, como ele mesmo chamava, tentou "flutuar". Não conseguiu.

Um vento fresco batia no rosto de Carlos, que sentiu a aproximação de alguém. Discretamente, ele colocou a mão sobre o punhal que trazia, abriu os olhos e pôs-se de pé rapidamente.

— Calma, senhor. Apenas estranhei que estivesse aqui. Sabe que não deveria ter vindo — disse uma voz calma.

Carlos já vira aquele rosto e ouvira aquela voz. Ele recordou-se, mas resolveu fingir indiferença. Atrás das árvores, os seguranças armaram as bestas[3].

A jovem viu os seguranças e pressentiu que Carlos não os notara, por isso, sentou-se no gramado, temendo que por algum acidente levasse uma flechada.

— Eu já a conheço, não é mesmo? — Carlos fingiu não se recordar.

— Sim, fomos apresentados. Sou filha de Handar — ela podia sentir que Carlos mentia.

— Desculpe, é verdade. O que faz aqui?

— Não sei. Juro que não sei. Como deve saber, moramos naquela margem. Eu estava com muito calor e resolvi andar. Com tantos lugares, vim para cá.

— Pode ser perigoso para uma jovem andar sozinha a essa hora, neste lago.

— Não para mim ou para outro qualquer. Aqui não há salteadores. Somente para o senhor é perigoso. Mexeu em algo que algumas pessoas mais prezam: dinheiro e poder. Temos certeza de que quem cometeu o erro é daqui, mas não sabemos quem o fez.

— A senhorita me deixa com a sensação de que sabe quem foi.

— Não sei. Lastimo, senhor. Nós rezamos pelo mandante, pelos assassinos e assassinados.

— Não crê que fazer algo assim lhe torna cúmplice?

---

3 Arma antiga, formada de arco, cabo e corda, com que se disparavam setas.

— Não! Se pudéssemos ter evitado, o faríamos. Meu pai tentou, senhor. E, rezando, tentamos evitar que repitam o erro.

Carlos não conseguia entender aquele diálogo, então, ficou em silêncio para pensar. A jovem ficou olhando o espelho d'água, onde se refletiam a lua e algumas estrelas. Ele questionou:

— Quem cuida deste local?

— Todos que o frequentam. Deus fez o mundo lindo, por que nós temos de estragá-lo? Somos cocriadores deste mundo. Não crê nisso?

— Não me preocupo com isso.

— Senhor, meu pai diz que veio fazer um pouco de justiça, mas o povo continua sendo explorado, andando descalço e mal alimentado... Quando vai tomar uma providência?

Carlos sentiu-se enraivecer e levantou-se. "Quem ela pensa que é para cobrar-me algo?", questionou-se.

— Por que crê que tenho de fazer algo?

— É o líder e como tal tem obrigações. Normalmente, os líderes vêm para alavancar os outros, mas vejo que não faz nada. Sinto-me decepcionada.

Carlos atingiu o auge da ira e gritou:

— Quem ou o quê uma plebeia, que foge de casa no meio da madrugada, pensa que é para cobrar-me algo? Quero que todos se danem! Não tenho obrigações com ninguém. Por que teria, se nem mesmo posso andar livremente?

— Talvez tenha feito por merecer. Não cabe revolta aqui, pois ela não ajuda na solução — respondeu ela tranquilamente.

Ofendido, Carlos queria bater-lhe. "Essa gente é insubordinada!", pensou. O conde pegou-a pelo braço, obrigando-a a levantar-se de supetão. Por fim, totalmente irado, ficou cara a cara com ela.

— Olhe aqui! Se você e sua gentinha pensam que este lugar é sagrado, saiba que, se eu não quiser, não o será mais.

A jovem não entendia o porquê de todo aquele ódio, de toda aquela emoção que vinha de dentro de Carlos e desembocava nela.

— Senhor, o que diz?

— É isso mesmo! Eu mando, eu faço!

— Pois é só o que queremos: que faça o que veio fazer. Que faça um pouco de justiça.

— Como, se eu não tenho? Não acabei de lhe dizer que me sinto sufocado em minha própria casa? Não posso sair às ruas quando quero, preciso sempre ter seguranças aos meus calcanhares.

— Não é o povo que tem de temer.

— Tenho de temer todo mundo! Agora mesmo, eu estava sozinho, e você veio ameaçar-me! É madrugada! O que está fazendo aqui? Se pode adivinhar coisas, o que eu duvido, devia ter adivinhado que quero ficar sozinho! Sozinho! Quero respirar!

A jovem percebeu que não era nada com ela, mas apenas o desabafo de um homem que estava sufocando. Ela pediu perdão e foi embora, dando a volta no lago.

Carlos viu a figura da moça afastando-se como um fantasma e sentou-se novamente. Não conseguira encontrar a calma que fora procurar. Seu coração batia aceleradamente, e ele pensou em vários palavrões. O conde tomou o caminho de volta para casa e ficou ainda mais irado quando percebeu que os seguranças o seguiram.

Ele entrou pela porta da frente do casarão. Por quê disfarçar? Tinha cada palmo de passo vigiado, como um preso perigoso, como um idiota que não é dono de si.

Entrou no quarto, jogou as botas contra a parede com força e ouviu o barulho ressoando no silêncio da casa. Desejou estar em outro lugar, desejou estar morto.

Aos poucos, Carlos sentiu como se um véu de calma caísse sobre si e acabou dormindo. Sentiu-se livre, circulando pelo lago, e acabou entrando na casa de Handar. Lá, viu novamente a jovem, que rezava por ele no silêncio da noite.

Carlos ficou junto da moça e ouviu quando ela pediu a Deus que o protegesse e o ajudasse a tomar as atitudes corretas. Sem ser ouvido, ele perguntou:

— O que querem de mim? Liberdade? Eu mesmo não a tenho. Como posso dar?

Não era só isso que esperavam do conde. Esperavam que ele fizesse um pouco de justiça ao povo, que trabalhava e era escravizado. Ao povo que, somente tendo tempo para trabalhar e alimentar o corpo físico, não podia pensar no alimento da alma, na chance de evoluir mais rápido. Ele era o líder, essa parte lhe cabia. Todos nós temos uma parte a cumprir, e cada parte faz o todo. É essa parte que cabe aos homens. O restante é justiça de Deus.

***

Carlos acordou sentindo uma calma infinita. Não conseguia explicar o porquê, porém, sabia que não era resultado apenas da noite bem-dormida.

Enquanto se trocava, olhou pela janela. Até o jardim parecia-lhe mais brilhante, ele teve vontade de assobiar uma canção. Acabou fazendo-o bem baixinho, somente para si.

Ao sair para o corredor, viu o segurança, e seu humor mudou ligeiramente. Carlos deu-lhe um bom-dia e foi ao desjejum. Eduard logo se juntou a ele, e o conde contou-lhe sobre o sonho que tivera. Eduard cerrou o cenho e preveniu-o.

— Senhor, muito cuidado até com os sonhos. Soube que muitas dessas pessoas são bruxos poderosos. Bruxos que podem controlar sua alma.

— Não acredito nisso.

— Senhor, acredite. Ouvi dizer que, lá no lago, todas as tardes acontecem rituais.

— Que rituais, Eduard?

— Nunca vi! Tenho medo, muito medo.

— Você é um homem adulto. Quero que vá até lá e me conte depois detalhe por detalhe.

94

Não era o que Eduard desejava fazer, mas estava acostumado a obedecer a ordens. Se o mandassem jogar-se pela janela, ele acataria a ordem sem retrucar.

Eduard tinha no intelecto a ideia de que existiam dois mandantes no mundo, portanto, dois tipos de adeptos. Adeptos da Divindade, e ele se considerava um deles, e adeptos do mal, que ele repudiava. Ele nunca pensara que o que chamava de mal fazia parte de suas imperfeições e o que tinha de bom era sua parte divina.

Todo ser é assim até alcançar a perfeição divina. Naquele condado, muitos já tinham essa consciência e eram chamados de iniciados. Eram pessoas que procuravam atingir a perfeição fazendo o bem, no que classificavam de religião.

Só essa referência já assustava Eduard, sem que se perguntasse: iniciados em quê ou no quê? Estava tão temeroso que, no fim da tarde, quando foi obedecer às ordens do conde, saiu com três seguranças. Chegando lá, nem sequer desceu da carruagem. Simplesmente parou em frente ao lago e ficou olhando.

Eduard não compreendia o que via. Sentadas no gramado, algumas pessoas meditavam de olhos fechados, tentando ligar-se à divindade. Outros, em desequilíbrio e doentes, recebiam o que chamavam de influência divina, o que corresponde hoje ao passe ou fluidologia. Eduard, contudo, estava temeroso. Ele decidira não ver de perto o que era transmitido nem perguntar o que as pessoas sentiam quando recebiam a interferência dessa força.

Eduard não ficou nem dez minutos parado diante do lago. Sua mente, entregue à ignorância e sem disposição a aprender, expressou sua limitação. Rapidamente, ele partiu de volta.

Chegou ao casarão apavorado, com a certeza de que aqueles homens e mulheres eram bruxos e só podiam estar fazendo o mal. Relatou o que vira a Carlos, que ficou incomodado, sentindo que algo era inexato. O conde apenas ouviu

95

a tudo com atenção. Sabia que Handar era um líder religioso bem diferente do que era ser um líder religioso na Europa.

Enquanto Eduard, dando asas à imaginação, fazia conclusões errôneas, Carlos lembrava-se de como o pai voltara diferente daquele lugar: mais humano, mais cônscio de sua responsabilidade, mais honesto com toda a comunidade.

Carlos tentou recordar-se de mais coisas, porém, era apenas uma criança na época. Lembrou-se de que diziam que o pai deixara para trás as aventuras extraconjugais e que passara a mostrar aos filhos seu amor e evitar que tivessem diferenças. Exatamente por essa razão, fizera a partilha das terras em vida, para evitar desentendimentos futuros.

— Senhor, está me ouvindo? — cobrou Eduard, ao notar que Carlos parecia distraído.

— Sim, Eduard, continue.

— Como dizia, alguns ficam sentados, enquanto outros colocam a mão sobre suas cabeças. Tenho certeza de que, quando fecham os olhos, invocam o diabo.

— Pode ser precipitado o que deduz, Eduard.

— Não, senhor, eu senti. Olhe! Estou arrepiado até agora. Meu conselho é que proíba.

— É a religião deles.

— Mas eles se dizem cristãos, senhor. Veja como mentem.

— Alguns devem ser, outros não.

— Senhor, não deixe mais Handar pisar nesta casa.

— Vou pensar. Qualquer coisa a mais que souber, me conte.

— Senhor, não ouviu o que eu disse? Talvez já esteja encantado. Torno a afirmar que eles são bruxos.

Mal Eduard saiu, Carlos ficou pensando no encontro e no sonho que tivera à noite. Será que aquelas pessoas tinham a capacidade de fazer a alma dos outros despregarem de seus corpos e dominá-las? Não. Nem mesmo um sacerdote conseguia fazer isso. Carlos ficou procurando em sua mente uma explicação e não a encontrou, porque simplesmente tinha outro tipo de cultura.

Carlos foi para a sala, e Cataléa sorriu-lhe. Ele foi apenas educado, contudo, não suportava mais a presença da moça. E, mesmo assim, ainda não conseguira encontrar palavras para pedir a Eduard que mandasse a sobrinha embora.

— Parece preocupado, senhor... — abordou ela.

— E estou. Este condado parece fácil de administrar, mas não é.

— Meu tio acabou de relatar-me que existem muitos bruxos aqui e que o senhor deveria proibir seus rituais.

— Seu tio pode estar sendo precipitado. Primeiramente, preciso saber o que é ser um "iniciado".

— Meu tio só pode estar certo. Tenho certeza. As mulheres sentem as coisas.

— Homens também, e não consigo atinar maldade.

— Talvez já esteja dominado, senhor.

A única coisa que preocupava Cataléa era o fato de Carlos ter relatado um encontro com uma jovem. Ela deduzira, então, que somente por isso o conde saíra de casa no meio da madrugada.

Cataléa tinha certeza de que estava perdendo terreno, e, ainda que não o amasse, Carlos era atraente fisicamente e financeiramente. O condado gerava boas colheitas, e a casa, embora ainda um tanto nua, era grande e confortável.

Servindo-se de um pouco de vinho, Carlos voltou a pensar em outra coisa. Enquanto isso, Cataléa chamou-o várias vezes, tentando chamar sua atenção. A moça, então, sentiu-se ofendida, pois tinha certeza de que era bela e muito atraente, um ser especial. Porém, só somos especiais para quem nos ama, independente do físico ou da condição financeira.

— Conde Carlos, estou falando.

— Desculpe, estou atribulado.

— Atribulado ou com outra mulher na mente? — ela fingiu brincar.

— Atribulado. O que quer? — perguntou Carlos secamente.

— Que o pintor pinte um quadro meu. Dizem que é excelente.

97

— Pedirei a ele para vir.

Carlos cortou a conversa e saiu, pensando no quanto aquela voz aguda e melosa o incomodava. E imaginou que, se ela se distraísse com Dulcor, talvez parasse de ficar no meio da casa como um bibelô andante.

O conde chamou um dos empregados e ordenou que ele fosse pedir a Dulcor que o visitasse. Não desejava apenas atender ao pedido de Cataléa, mas também esclarecer suas dúvidas com o pintor.

No dia seguinte, Dulcor chegou preocupado ao casarão, pois sabia que Carlos teria uma prova difícil pela frente. Não sabia, contudo, qual seria essa prova nem quando ela aconteceria.

Dulcor e Handar, com a sabedoria que tinham, sabiam das ligações estabelecidas em outras vidas e de como a tarefa da liderança era difícil. Sabiam que não podiam interferir diretamente, mas apenas aconselhá-lo e fazer orações, pedindo aos bons espíritos que iluminassem a todos.

Os dois homens sabiam também que a Carlos caberia todas as decisões e isso os preocupava. Eduard trazia Carlos em uma redoma, e um perigo real existia. Sem dúvida alguma, Maláia tramava.

Pobre Dulcor! Ele esquecia-se de que também tivera um passado e que seria posto à prova, principalmente em relação à sua crença.

Quando o servo permitiu que Dulcor entrasse no casarão e esperasse por Carlos, Cataléa examinou-o e avaliou que o pintor era o homem mais bonito que ela já vira. A moça, então, lembrou-se das histórias que ouvira sobre damas da corte que tinham casos ardentes com artistas. Sorriu, sentindo-se felicíssima. Ela mesma se apresentou.

— Creio que seja o artista.

— Se quiser me classificar assim... Senhora ou senhorita?

— Senhorita. Sou sobrinha de Eduard. Vim ficar um pouco com meu tio. Ele sempre foi para mim um segundo pai — mentiu ela novamente.

— Muito prazer. Vim atender ao pedido do conde Carlos.

— Ele o chamou atendendo a um pedido meu. Gostaria que pintasse um retrato meu. Queremos que fique exposto bem aqui, nesta sala.

Pelo modo com que propositadamente Cataléa falava, Dulcor deduziu que a moça e Carlos estavam tendo um caso ou que fossem casar em breve.

— Senhorita, dificilmente pinto por encomenda.

Ela sorriu delicadamente, e Dulcor percebeu que a moça tinha dentes lindos, modos aristocráticos, uma verdadeira dama da corte. Teve sua atenção chamada pelo diferente.

— Já sei! É excêntrico! Conheci artistas famosos na Europa, e todos sempre são excêntricos. Mas acredito que não negará um pedido ao conde e a mim.

Dulcor sentiu certa atração por Cataléa, mas, junto com a atração, foi tomado por um incômodo, o que o fez observá-la melhor. A moça tinha a pele muito branca, os lábios artificialmente vermelhos, e ele deduziu que Cataléa usava algo para tingi-los. Olhou ao redor dela e não conseguiu ver nada, talvez por causa da iluminação do ambiente.

— Sente-se. Carlos já vem. Ele é muito ocupado.

— Sei que é.

— Então, me conte! O que tem pintado? — perguntou ela muito mais simpática do que normalmente era.

— Pinto por inspiração. Gosto mais de paisagens do que de pessoas.

— Talvez não haja damas interessantes a serem retratadas nesse local.

Dulcor percebeu que Cataléa pedia um elogio. Ele sorriu e concordou com um sinal de cabeça, sendo salvo do embaraço por Eduard, que o recebeu de cenho cerrado.

— Senhor Dulcor, o conde vai recebê-lo agora.

— Com licença, senhorita.

— Voltaremos a conversar ainda hoje, pois falarão de um retrato meu.

Dulcor entrou no gabinete de Carlos, e o prazer novamente os invadiu. Os dois homens apertaram-se as mãos, e Dulcor falou primeiro:

— Quem é a jovem que está vivendo aqui?

— Sobrinha de Eduard. Chamei-o justamente por causa disso. Ela quer que a pinte.

— Não gosto de pintar por encomenda, mas, a pedido seu, o farei.

— Pois faça. Faça o melhor que puder. Tenho muito apreço por Eduard, e ele a tema como filha. E é lógico que eu o pagarei.

— Está bem. Quando quer que eu comece?

— Vou chamá-la. Isso vocês resolvem.

Carlos chamou Cataléa, que se aproximou feliz, já sonhando em casar-se com Carlos e em ter um caso ardente com Dulcor. Pensava ainda na possibilidade de os dois se digladiarem por seu amor.

Os três combinaram quando e como Dulcor pintaria a moça. Decidiram, por fim, que seria no jardim.

Mas não foi assim que aconteceu. Dulcor não se acertava com a paisagem montada artificialmente à moda francesa e acabou sugerindo que ela fosse retratada às margens do lago. Eduard fora contra, pois temia bruxarias, todavia, acabou cedendo ao pedido de Cataléa, que também se sentia trancada. Não tivera opção, ainda mais porque não tinha nenhuma autoridade sobre a jovem.

A Cataléa restava a sensação de liberdade, de poder sair pelo menos duas vezes por semana à tarde, mesmo estando acompanhada por dois seguranças. Ficar tão próxima daquele homem atraente e bem resolvido, que sempre parecia saber o que queria, era excitante.

Sentir Dulcor tocar seu rosto de vez em quando, procurando uma posição melhor, fazia Cataléa sonhar. Nem dois encontros se passaram, e ela já queria se ver livre dos seguranças para ter mais intimidade com o pintor. Tinha certeza de que, se ficassem a sós, Dulcor declararia seu amor, que, na mente da moça, já era sólido.

Dulcor não a amava, mas os decotes, os vestidos de cintura fina, de corte e cores de bom gosto, realmente mexiam com ele. Logo ele, que afirmava saber muito bem que o valor é do espírito e não da carne e dos enfeites que o encerram.

Para Carlos era um alívio não ter Cataléa circulando aos seus pés. Ele pouco se preocupava com a jovem e tinha certeza de que Eduard já o fazia em demasia. Eduard, no entanto, não o fazia, pois nada tinha a ver com a moça. Carlos ainda não percebera a farsa.

CAPÍTULO 8

Muitas noites, com a insônia a toldar-lhe o sono, Carlos saía. Não deixava mais o casarão às escondidas, porque sabia que não tinha escapatória. Pelo menos os seguranças ficavam longe, e ele iludia-se com a ideia de que podia andar sozinho pelas ruas, quando estas estavam desertas.

Às vezes, Carlos somente andava rua abaixo, rua acima, voltava exausto para casa e caía em sono profundo. Outras vezes, ia até o lago, sentava-se na grama orvalhada e lá ficava com a sensação de que sua alma podia sair do corpo e ser livre totalmente.

Em uma das noites em que andava ruas acima, ruas abaixo, Carlos notou um movimento diferente em uma das casas e escondeu-se atrás de uma árvore. Gemidos vinham de lá.

Carlos aproximou-se um pouco mais e, mantendo-se escondido, viu quando Handar chegou apressado a pé, acompanhado da filha. Da janela aberta, o conde pode ver suas sombras no recinto mal iluminado.

Aos poucos, os gemidos cessaram. Carlos não suportou a curiosidade e pediu aos seguranças que não se aproximassem dele. Ele, então, foi até a janela e, como um garoto curioso, espiou, abrindo um pouco as cortinas de algodão cru e grosseiro.

Carlos viu a filha de Handar sentada no chão, como se estivesse em transe. Ele mantinha uma das mãos em cima da pessoa que estava deitada na cama e perguntava:

— Por que faz nossa irmã sofrer? Liberte-se e vá.

A filha de Handar respondeu com voz pastosa e grave:

— Não quero. Tenho medo de deixar os meus.

— Encontrará ajuda nesse outro mundo. Tem amigos aí também.

— Não quero deixar minha família. Não fui fiel a eles, mas quero ser agora.

— Não pode mais. Terá de esperar por uma nova oportunidade. Vou pedir ajuda aos seus outros amigos e imploro que os siga. Se continuar aqui, atrapalhará sua família e os fará infelizes.

— Ela é minha esposa. Não poderá casar-se com outro.

— Poderá, pois sua vez já passou. Você viverá nesse outro mundo e terá paz. Creia que agora é apenas espírito e que este mundo de matéria não lhe pertence mais. Vá. Vamos orar por você. Siga com esses que estão ao seu lado.

Espiando a cena que se desenrolava, Carlos, assustado, sentiu um gelo na espinha e teve vontade de correr, mas continuou observando o que se passava como se estivesse paralisado. A filha de Handar começou a soluçar e pedir perdão a todos. Handar colocou a mão na cabeça da jovem, e aos poucos o choro foi parando. Ela, então, voltou do transe.

Carlos retirou-se rapidamente e virou na primeira esquina, mal conseguindo respirar de tão apavorado que estava. O conde voltou para casa pelo outro lado, acompanhado pelos seguranças.

Algo ali acontecia. Ele quase adivinhava, mas não conseguia. Quando finalmente chegou em casa, tirou a roupa rapidamente como se estivesse fugindo e deitou-se. Voltou seu pensamento ao que assistira.

Que espécie de ritual era aquele? Parecia-lhe um exorcismo. Será que era isso?

Carlos acabou dormindo e sonhando que se encontrava com Soláia, que lhe sorria, explicando que havia um homem preso à família e que eles o haviam libertado, fazendo-o perceber que este mundo não era mais seu e que ele precisava seguir outro caminho. O homem tornara-se um espírito desencarnado e pertencia à outra dimensão.

Curiosamente, quando acordou, Carlos não sentiu que havia despertado, mas, sim, que estava em transe. Tentou explicar novamente para si o fenômeno, contudo, não conseguiu. Era noite ainda, e, depois de rolar um pouco na cama, ele acabou pegando novamente no sono.

Desta vez, Carlos sonhou que estava com Handar e com a filha em um local sombrio e que ele dizia:

— Carlos, é aqui que vivem as almas que se perdem. Este local é de muita dor, e nossas preces, nossos fluídos de amor, trazem-lhes um pouco da paz que tanto desejam.

— Tenho medo de um dia vir parar aqui — dizia Carlos, como se estivesse em falta.

— Tenha fé e procure ser justo. Como seu amigo, lhe digo que está falhando, pois não trouxe melhorias à vida do povo. O que está fazendo com o dinheiro que arrecada?

— Está em meu cofre, guardado.

— Torne-o útil, então! Dentro do cofre, o dinheiro é somente papel que envelhece, e o ouro perde o brilho.

Carlos olhou mais uma vez ao redor e viu alguns rostos medonhos, deu um grito e acordou. Ele sentou-se na cama. Um daqueles rostos parecia ser o seu.

O coração de Carlos batia rápido, e ele sentiu as pisadas do segurança em direção à sua porta. De repente, ouviu alguém bater de leve e perguntar:

— Está bem, senhor?

— Sim. Foi apenas um pesadelo.

— Claro, senhor.

O conde levantou-se, enrolou-se no cobertor e foi até a janela. Ao abri-la um pouco, notou que os primeiros raios de sol começavam a tingir o céu. Carlos sentia-se cansado da noite maldormida e quis voltar para a cama, mas sentia-se seco de sono e queria a inconsciência sem sonhos. Novamente, pensou em Soláia e pareceu-lhe que a moça sabia que ele precisava de ajuda. Aos poucos, Carlos sentiu como se um véu aquecido e de calma o envolvesse. Sentou-se na cama, fechou os olhos e ficou sentindo aquele bem-estar.

Depois de alguns minutos tomado por aquela deliciosa sensação, vestiu-se e desceu as escadas. Sabendo que todos ainda dormiam, o conde fez seu desjejum sozinho. Resolveu sair, e os seguranças logo se colocaram a postos. Ele quis ordenar-lhes que ficassem afirmando que não corria perigo, todavia não o fez.

Como se atendesse a um chamado, Carlos foi direto para o lago. Andou pelo gramado e viu, do outro lado, o templo, onde entrara apenas uma vez. Seguiu até lá.

O templo estava de portas abertas, e Carlos entrou devagar, deixando seus sapatos à porta. Para sua surpresa, viu a jovem vestida de branco, ajoelhada, quieta.

Carlos aproximou-se e sentou-se bem ao lado da jovem. Tivera o cuidado de pedir aos seguranças que não entrassem ali, pois estavam armados, esquecendo-se, no entanto, de que ele mesmo trazia uma pistola e um punhal consigo.

A jovem pareceu não perceber a presença de Carlos, que ficou observando-a, com vontade de tocá-la para verificar se não se tratava de uma ilusão. Depois de algum tempo, ela falou:

— Você compreendeu o que viu ontem?

Carlos sentiu vergonha ao se dar conta de que ela o percebera espiando.

— Como soube que estive lá?

— Não soube. Você veio a mim e me pediu explicações.

— Eu não fiz isso.

Ela olhou-o inquirindo:

— Tinha certeza de que você guardava na memória os desdobramentos. Aliás, tenho. Por que está mentindo?

— Não sabia que era assim que chamavam isso.

105

Ela sorriu levemente:

— Seu corpo adormece, e seu espírito fica livre. Peço somente que não tema. Não é bruxaria como dizem os que não compreendem. Você compreende. Senhor, ouça sempre o que diz seu coração. Eu lhe imploro.

— Não sei o que pensar. Não negarei que às vezes temo.

— Tenha fé em Deus e nas coisas de Deus. Sempre que fazemos o bem, isso vem dEle. Quando fazemos o mal, tenha certeza de que isso vem de nós mesmos, de nossas imperfeições.

Carlos ficou olhando-a. Ela parecia uma santa misteriosa, uma aparição. Não usava enfeites, não se vestia com luxo e tinha os cabelos presos à moda do povo. Mas parecia limpa, tão limpa, como ele nunca vira ninguém.

— Quer ficar sozinho? Eu posso me retirar.

Ela saiu, e Carlos ficou mergulhado no silêncio. Até sua mente parecia estar em quietude. Desejou ficar ali para sempre e sentiu como se lhe dirigissem uma cobrança de que ele tinha muito a fazer antes de merecer aquela paz eternamente.

O conde agradeceu mentalmente — sem saber a quem — e saiu do templo. Passou mais uma vez em frente ao lago, viu algumas pessoas sentadas no gramado de olhos fechados, como se dormissem e seguiu até sua casa.

Quando entrou em casa, trazendo ainda consigo aquela sensação de paz, encontrou Eduard inquieto, histérico, andando de um lado para o outro.

A primeira sensação que Carlos teve foi de quebra de seu silêncio interior. Ele perguntou:

— O que há, Eduard?

— Senhor, precisa avisar para onde vai! Há inimigos por todo o lado. Eu soube, ouvindo ali e aqui, que querem expulsá-lo! Que há uma trama.

— Fui andar um pouco, fique tranquilo. Não há tramas. Levei os seguranças.

— Aonde foi, senhor?

— Até o templo rezar.

106

— Aquele templo?! Senhor, fazem bruxarias horríveis lá. Não sei como permite. Se ficam sabendo na Europa, será considerado um herege.

— Pare, Eduard. É só um templo.

— Mas ouvi falar que não há imagens de Cristo e dos santos.

Somente nesse momento, Carlos percebeu que era verdade. Em seu íntimo, sentia como se aqueles elementos não fossem necessários, mas, se dissesse isso a Eduard, ele aumentaria seu preconceito. Preferiu, então, mentir.

— Há, sim. Muitas flores, uma cascata e curiosamente um silêncio de paz interior.

— Senhor, não há não. Pelo menos eu não vi isso quando espiei. Está sob o efeito de bruxarias.

— Eduard, você espiou pela porta?! Isso é absurdo.

Pego na mentira, Eduard não sabia o que dizer. Carlos deu a última palavra, censurando o que o outro fizera.

Carlos foi ao gabinete e fez um balanço do que tinha arrecadado. Precisava reverter os impostos em favor do povo. Mas era tanta coisa a ser feita, que ele não sabia por onde começar.

Pouco pensou sobre isso. Logo lhe veio à mente que necessitava começar pelo saneamento público, pois a cidade fedia devido aos urinóis esvaziados e jogados nas ruas ou no rio próximo. No rio de onde tiravam a água para beber, o que certamente logo traria doenças à população.

Pelo resto da manhã, o conde ficou trancado, rabiscando como resolveria o caso. De repente, veio-lhe à mente a possibilidade de todos terem um poço em seus quintais, no qual esvaziariam os urinóis e jogariam pás de cal, como se fazia nos cemitérios.

Feliz, Carlos chamou Eduard para escrever a lei, pois ele queria que fosse lei. O próprio governo forneceria a cal a preço baixo.

Eduard ficou indignado com a ideia. "Se Carlos pensa que aquela gentinha vai entender, está enganado! E que novidade é essa, se nem mesmo na Europa há algo assim?", refletia.

Com a autoridade de quem impõe, Carlos obrigou Eduard a escrever a lei e a enviar o arauto para anunciá-la. No outro dia de manhã, para surpresa do conde, recebeu uma comissão da casta.

Reclamavam que a criação dos poços estragaria o solo e que suas flores iriam murchar, o que se tratavam de desculpas absurdas. O problema era que a casta sabia que a cal sairia dos impostos e temia que esses fossem aumentados. Carlos não entendia essa linha de raciocínio e retrucou:

— Senhores, a água do rio ficará tão emporcalhada que beberão seus dejetos se a situação continuar assim.

— A água do rio corre, e nossos dejetos são levados rio abaixo.

— Mas a nascente é aqui, neste condado. Tenho certeza de que logo os peixes morrerão também.

— Sempre foi assim, e eles sobrevivem até hoje. O povo se alimenta deles.

Depois de discutirem por um motivo enquanto se tratava de outro, Carlos fez uso de sua autoridade e simplesmente determinou. Conseguiu ali conquistar muitos inimigos, até entre pessoas do povo, que, por falta de bom senso e raciocínio lógico, não viam motivos para terem aquele trabalho de abrir buracos em seus quintais e depois jogar cal para evitar o mau cheiro e os insetos.

***

Duas ou três vezes por semana, Carlos ia até o templo logo de manhã e lá ficava sentindo a calma envolvê-lo. O conde voltava para casa revigorado. Às vezes, encontrava com Handar, e os dois conversavam um pouco. Carlos tinha certeza de que aquele homem de alguma forma era sagrado.

Ele também tinha a mesma impressão em relação a Soláia. Carlos sentia uma ternura infinita pelos dois. Uma ternura de quem admira um espírito superior.

Carlos não percebeu que Cataléa, sem controle de ninguém, saía quase todas as tardes. Das pinturas no lago, passara a ficar algumas vezes na casa de Dulcor, que, seduzido pelos encantos da moça, se perdia totalmente na irresponsabilidade.

Cataléa levava consigo sempre os mesmos seguranças, alegando a Eduard que confiava mais naqueles, mas na verdade já os tinha comprado. Os homens deixavam-na sozinha com Dulcor, enquanto iam à taberna para beber um pouco.

Com isso passavam os meses. Na política, Carlos sentia arrebanhar inimigos e chegavam aos seus ouvidos que Maláia pregava ao povo contra ele. O conde, no entanto, acreditava que nunca se morde a mão que nos faz o bem.

Uma cota de trigo e arroz era entregue todo mês a todos que não tivessem renda mínima, como viúvas e órfãos.

CAPÍTULO 9

Certa manhã, antes de amanhecer, Carlos foi acordado por barulhos na casa. O conde vestiu-se rapidamente ainda um tanto sonolento, saiu ao corredor e soube que Cataléa passava mal.

As aias da jovem rodeavam-na, e Carlos não pensou duas vezes. Já que os chás que vinham administrando não resolveram, ordenou que fossem buscar Handar.

Carlos sabia que a jovem estava ali sob sua responsabilidade e sob a de Eduard e parou para avaliar um pouco a situação. De repente, o conde percebeu que não via Cataléa durante os períodos da tarde, contudo, deu de ombros. Não era problema dele, e, sim, do tio. Calculou que ela já estava morando com eles havia quase um ano.

Logo depois, chegou Handar, com cara de sono, acompanhado da filha. Uma aia, entre lágrimas, dizia que a jovem estava com dores horríveis e sangrava.

Handar pediu para que deixassem ele e a filha a sós com a jovem, mas uma aia teimou em ficar no quarto. Ele, então, deu de ombros e colocou a mão sobre o abdome da moça. A aia protestou, e Handar tornou:

— Senhora, eu preciso. Como quer que eu a cure, se não posso tocá-la? Preciso examinar essa moça. Veja. Não faço nada de mais, e minha filha está aqui.

Carlos desceu as escadas e pediu a serva que lhe servisse um pouco de alimento, notando que se sentia um tanto nauseado. Na sala, o conde ficou quieto, procurando dentro de si a paz que encontrava no templo. Notava que, quando chegava em casa, aquela sensação parecia ser triturada. E mesmo assim, várias vezes, Handar dissera-lhe que aquela paz estava onde ele conseguisse conquistar.

Nem vinte minutos depois, Handar saiu do quarto acompanhado de Soláia. Tinha uma expressão grave e pediu para conversar a sós com o conde.

Carlos ofereceu-lhes suco, contudo, nenhum dos dois quis. O conde sentiu como se um alarme soasse dentro de si e decidiu levar Handar até o gabinete, deixando Soláia esperando na sala. O visitante foi direto ao assunto:

— Tem se relacionado com essa jovem?

— Não! Nem sequer sinto atração por ela.

— Pois ela está com um problema grave.

— O que quer dizer com isso?

— Ela fez um aborto e está com problemas. Deixarei minha filha aqui, pois percebi que nem as aias sabem o que está acontecendo. Que fique entre nós três, então.

Carlos sentiu as pernas bambearem e desabou na cadeira. Quem seria? Um dos seguranças? Onde estavam as aias e o tio, que não a vigiavam?

— Ela pode morrer?

— Claro! O erro é muito grande, mas não será por isso que não cuidaremos dela. Essa moça sofrerá muito mais depois, quando perceber a extensão do erro que cometeu.

— O que devo fazer? Matar quem o fez?

— Não! Não se conserta um erro com outro maior.

— Preciso saber quem é?

— Deixe-a recuperar-se e depois, com calma e muito jeito, tente descobrir. Também não apoio irresponsabilidades.

Carlos estava tão irado que só pensava em matar seja lá quem fosse deduzindo, precipitadamente, que a jovem fora ao canalha e que o homem negara a paternidade da criança, levando-a ao desespero. Mal sabia ele, no entanto, que Cataléa não contara a ninguém sobre a gravidez, pois queria manter Dulcor como amante. Convencida de que dominaria a situação, ela mesma fizera o chá abortivo às escondidas. Sabia que funcionava, só não avaliara a que preço.

Cataléa tinha certeza também de que não queria Dulcor como marido, pois ele era pobre e não seria bem recebido na corte, e, além disso, Carlos ainda era sua opção. Assim que se cansasse de brincar com os sentimentos do pintor, viraria-lhe as costas sem remorsos.

Dulcor era o verdadeiro enganado. Apaixonara-se e chegara a pedi-la em casamento. Pedido este que Cataléa negara com mentiras e fingimentos.

Soláia permaneceu no quarto da jovem o restante da noite, e a aia a observava desconfiada. A mulher ficava ainda mais intrigada, quando Soláia colocava a mão sobre o abdome da moça e fechava os olhos. Não entendia que se tratava apenas de transferência de fluídos energéticos e concluía que era bruxaria.

Em seu medo, deduziu que aqueles bruxos tinham feito Cataléa ficar doente para depois fingirem curá-la. E foi isso que se espalhou dentro da casa até finalmente chegar aos ouvidos de Eduard, que, prontamente, escreveu aos pais da jovem, sem consultar Carlos e evitando que ele soubesse o que corria boca a boca.

Dias depois, quando a jovem, sendo cuidada por Soláia, já estava quase recuperada, o conde se viu, para sua surpresa, frente a frente com pais indignados. Os dois entraram na casa, exigindo que os bruxos fossem mortos.

Sem poder contar-lhes a verdade e fazendo uso de desculpas vãs, Carlos tentou explicar que Cataléa apenas adoecera e que Soláia cuidara da jovem.

— E quem é essa jovem, senão uma bruxa conhecida no lugar? Até o senhor está sob os encantamentos deles!

— Não é essa a verdade. Dou-lhes minha palavra de que não é.

— Pois a aia, com testemunho de Eduard, nos escreveu contando que a jovem fica com a mão sobre o abdome de minha filha e profere palavras mágicas, mantendo-a doente em vez de curá-la.

Carlos sabia que aquela história sobre palavras mágicas era pura invenção, o que o fez tentar negar e negar. Vendo que não conseguia, pediu para trazerem Soláia e disse:

— Mandarei chamar a tal bruxa, e os senhores poderão ver que ela nada tem a ver com bruxarias. É uma jovem suave, delicada, muito inteligente e de grandes conhecimentos medicinais.

Ao notarem que Carlos se referia a Soláia com muitos elogios, algo lhes veio à mente. Carlos podia estar apaixonado pela jovem em detrimento do que planejaram para Cataléa.

Os pais da jovem tinham se precipitado na corte, afirmando que os dois estavam noivos e que o casamento logo aconteceria, e imaginaram-se tendo de retratar o que já haviam apregoado. E foi com esse ânimo que viram Soláia entrar no gabinete.

O padrão de ressonância de Soláia realmente incomodou o casal, afinal, ninguém gosta de sentir que é imperfeito diante de um espírito mais adiantado. E aquelas pessoas não eram do tipo que aproveitariam a oportunidade para aprender. Ao contrário, quiseram destruir, como tentam os obsessores.

— Senhores, esta é Soláia, filha do senhor Handar. Ela está cuidando de sua filha, que poderia ter morrido se não fossem os conhecimentos desta jovem e de seu pai.

E virou-se para a jovem:

— Soláia, esses são os pais de Cataléa.

A jovem fixou-os e reconheceu imperfeições em todos eles. Em seguida, fechou os olhos por um momento e orou para que eles não se entregassem ao pior que tinham.

A mãe de Cataléa mediu a jovem dos pés à cabeça e reavivou na mente os elogios que Carlos fizera à moça,

113

sentindo um pavor imenso. Se a filha não se casasse com o conde, o que diriam na corte? Aquela jovem, ali na frente deles, era uma inimiga cruel aos seus planos. A mulher gritou histericamente:

— Eu reconheço o olhar de uma bruxa! Já vi queimarem várias. Está cego, caro senhor conde.

Carlos gelou. A mulher apontava para Soláia e, como se a temesse, gritava e gritava. Soláia, no entanto, continuava impassível. Como podia? Ele freneticamente procurou uma defesa, mas sua mente apavorada parecia vazia. Carlos, por fim, gritou:

— Senhora, está em minha casa, e esta jovem é minha convidada! Não admitido que fale assim!

— Minha esposa está certa. Ela deixou minha filha doente e finge curá-la, agravando seu mal.

— Parem! Como foi que chegamos a esse desentendimento? — gritou Carlos o mais alto que podia.

— Vê? Nem nos ouve! Não acabamos de lhe contar que essa jovem coloca a mão sobre minha filha e profere palavras malignas?

— Não é verdade, senhores. Sua filha está fraca devido à doença, e eu tenho lhe dado chás curativos e energias por meio dos fluídos que consigo transferir — esclareceu Soláia, como se aquilo que dizia fosse natural àquelas pessoas, que também eram preconceituosas em relação ao que não conheciam.

"Cale-se", pensou Carlos apavorado. "Não se condene, pois, se isso sair de minhas mãos, não poderei defendê--la. Essas pessoas são ignorantes, preconceituosas. Como foi que essa tal Cataléa ficou tanto tempo em minha casa?", questionava-se. E, querendo pôr um ponto final em tudo para ter tempo de pensar, pediu.

— Senhor e senhora, estão cansados. Já vão providenciar um quarto. Conversaremos com calma mais tarde, enquanto se alimentam. Eu nem sequer sabia que viriam. Não os esperava.

— E por que saberia? Está sofrendo de encantamentos — retrucou a mãe de Cataléa ainda mais irada, enquanto observava Soláia, avaliando-a, procurando defeitos na jovem.

— Falaremos disso depois — determinou Carlos, pedindo a Soláia que voltasse para casa. Intimamente, ele já planejava ir até a casa da jovem e, se fosse preciso, imploraria que ela e o pai fugissem.

Soláia entendeu que o preconceito batera em sua porta e que ela e o pai sofreriam o peso dele. Temia, sim, mas a fé em Deus era maior. Chegando em casa, contou tudo ao pai, que, preocupado, sabia que lhes restavam aguardar que aquelas pessoas mostrassem seu melhor lado.

Quando soube que os pais haviam chegado, Cataléa apavorou-se, embora tivesse certeza de que Handar e a filha não haviam descoberto a causa de sua doença. A jovem acreditou que eles pensavam que se tratassem de problemas de mulher, como às vezes ocorria, levando muitas até a morte.

A jovem estava pálida, porém, sentia-se bem. Já estava comendo normalmente, todavia, ainda repousava devido à quantidade de sangue que perdera e que ainda estava perdendo.

Chorando, a mãe de Cataléa abraçou a jovem, resmungou algo e depois se recolheu para dormir.

Mal a casa mergulhara novamente em um pouco de silêncio, Dulcor procurou Carlos, que deduziu que o pintor vinha procurá-lo para ajudar Handar e a filha, por isso o recebeu de braços abertos e com certo alívio.

Carlos trancou-se no gabinete e, para sua surpresa, deparou-se com um Dulcor preocupado com outra coisa: com Cataléa.

— Senhor, tenho trabalhado no quadro da senhorita Cataléa, contudo, ela não tem ido nos últimos dias. Soube que ela está doente. É grave?

Carlos percebeu que não se tratava de preocupação de um pintor pelo modelo, mas, sim, de um homem nervoso, ansioso. O conde sentiu que havia algo mais naquela visita, e um gelo percorreu-lhe novamente a espinha. Teria sido Dulcor, ali à sua frente, o causador de tamanha desgraça? Que providências teria por obrigação tomar?

— Ela já está bem. Creio que foram problemas femininos... Mas sinto que está muito ansioso. Dulcor, o que há?

— Serei direto, senhor. Eu a amo e já lhe pedi que se casasse comigo. Ela, no entanto, se negou.

— Foi só isso?

O silêncio de Dulcor foi eloquente a Carlos. Como ele, Dulcor, poderia difamar a mulher que amava? Pois tinha certeza de que Cataléa se entregara a ele por amor e não via nisso imoralidade. Dulcor, no entanto, tinha a convicção de que sua visão não era a da sociedade europeia e muito menos a da local.

— Claro! O que pensa? Que eu a violentaria? O amor não violenta nunca!

Dulcor contou a Carlos parte da verdade, o que não a tornava uma mentira. Sua resposta, porém, não convencera o conde, que se viu com uma vontade irresistível de contar a verdade ao pintor. Não o faria, pois dera sua palavra a Handar, e acreditava que a vida e as decisões da vida pertencem a cada um e a de Cataléa não era diferente. Ele compreendia isso em extensão e perguntou:

— Se casaria-se mesmo com ela?

— Sim. Agora mesmo, se ela me aceitasse.

Carlos olhou para Dulcor e sentiu firmeza nele. Avaliou os bens do pintor e constatou que ele não tinha nenhum, o que o fez ter certeza de que Dulcor jamais seria aceito. Pelo pouco que conhecia Cataléa, sabia que ela também não o aceitaria.

— Vou pedir-lhe que não fale sobre o assunto com ninguém. Os pais dela estão aqui, arrumando confusão. Insinuaram que Soláia é bruxa e que o senhor Handar também é. Vou fazê-los entender que isso não corresponde à verdade.

116

Por favor, afaste-se por enquanto até que Cataléa saiba o que quer fazer. Depois disso, vocês se entendem.

— Gostaria de vê-la. Falar-lhe ao menos um pouco.

— Desculpe, há aias 24 horas por dia com ela. Foram descuidadas e estão tentando consertar a situação — deixou escapar Carlos.

Dulcor ficou tentando entender o que Carlos dizia, mas não conseguiu. Ele, então, retirou-se, sentindo muita tristeza. Não podia deixar que acabassem seus dias de amor com Cataléa. Eles precisavam se casar, e fantasiou que somente isso poderia acontecer.

CAPÍTULO 10

Às costas de Carlos, Eduard, com sua imcompreensão e sentindo-se a autoridade máxima e o mentor do conde, contava as coisas como entendia e exagerava em seus relatos, dando a quem o ouvia a certeza de que existia uma máfia de bruxos cercando o poder do conde.

Rapidamente, esses desentendimentos chegaram aos ouvidos de Maláia e de seus adeptos. O homem, então, teve a certeza de que seu momento chegara e sorriu feliz.

Havia muito, Handar já o incomodava com suas cobranças de postura moral, causando divisão na casta. Maláia tinha certeza de que, com a saída de Handar, sua influência aumentaria. O poder do dinheiro e a vaidade comandariam totalmente as consciências. Tinham sido obrigados a dar um salário mínimo aos servos, e isso lhes era uma ofensa pessoal. Quem Carlos pensava que era? Havia muito já o aguentavam.

Maláia e seus adeptos acreditavam que Deus estava do lado deles, do lado dos mais fortes, porque Ele era também um forte e por isso tinha o comando de tudo. O pensamento de Maláia, no entanto, era totalmente errôneo. Por ser o mais forte, Deus é também o mais brando, e Sua justiça não se resume ao que podemos ser e avaliar no estado encarnado e, sim, quando estamos do outro lado, na pátria espiritual, na pátria definitiva. Quando, cansados de errar e sofrer por esses erros, procuramos o acerto, o caminho da perfeição.

Maláia forçou um encontro com Eduard, que, no início, se manteve firme, mas, como imperfeito que era, se deixou levar pelo valor monetário, por promessas de maior poder. Para convencê-lo, Maláia dizia:

— Quem é Carlos? Um jovem que não sabe bem o que quer?

— É o filho mais novo do conde e herdeiro. Sou-lhe fiel e sempre serei.

Maláia riu discretamente. Conhecia aquele jogo, o jogo da valorização. Contudo, para Maláia, não havia nada que o dinheiro não pudesse comprar.

Eduard estava se sentindo infeliz, mal adaptado ao novo meio, longe de suas aventuras. A fidelidade às ordens do pai de Carlos parecia-lhe longínqua. Já tentara impressionar Cataléa, mas parecia não estar funcionando. Então, o que tinha a perder?

Eduard acabou deixando-se influenciar pelo brilho do ouro, da promessa de poder, que Maláia não tinha intenção nenhuma de dividir. Ele queria apenas o comando de volta, pois não aceitara desde o início abrir mão desse poder para o filho do conde. "Ele que enfie o filho em outro lugar!", pensava Maláia.

Quando o pai de Carlos morresse, Maláia planejava aproveitar a briga entre os herdeiros para tirar seu quinhão, ou seja, a velha história que diz que, enquanto os gatos brigam, os ratos roubam. Sob a influência de Handar, no entanto, Carlos tomou outra atitude, o que atrapalhou os planos de Maláia, cuja filha não se tornara uma candidata à esposa do conde. Nem ela queria, nem ele.

Maláia continuou a convidar Carlos para jantares e almoços, e o conde sempre declinava dos convites. E depois, avaliando melhor, Maláia percebeu que, sendo apenas sogro, o comando das terras continuaria na mão do legítimo dono.

Olhando Eduard ali, Maláia notou que tinha de partir logo para a negociação.

— Não peço nada de mais. Já sabemos que más influências estão desvirtuando o conde Carlos de seu comando. Sou amigo do pai dele e pretendo ajudá-lo — afirmava Maláia falsamente.

Eduard sentia a mentira em cada ponto do seu corpo, mas pensava que, se não ganhava nada de um lado, quem sabe do outro teria mais vantagens?

— O que quer que eu faça? Farei apenas, porque creio é para o bem de Carlos.

— Primeiro: deve tirar Handar e família do caminho de Carlos. Eles são perigosos. Contam por aí que são bruxos.

Eduard já sabia disso, mas também que eles tinham o respeito do povo. Handar e a filha eram líderes religiosos, e todos os locais os respeitavam.

— Mas se algo acontecer a eles, Carlos terá uma revolta nas mãos — falou Eduard inseguro do que tinha a fazer.

— Não terá. O povo é sempre o povo. Basta gritar um pouco mais alto, e todos se calam.

— Não quero que Carlos sofra.

— Não sofrerá. Eu lhe garanto.

Eduard despediu-se de Maláia depois do preço acertado. "Dourava a pílula", mentindo que aquilo era o melhor para Carlos. Dourava para poder engolir, pois traía a si mesmo a peso de ouro.

Assim que chegou em casa, Carlos sorriu para Eduard e brincou:

— Por onde andou, Eduard? Estava procurando por você. Está de algum caso?

— Não. Saí para tomar um pouco de ar.

— Foi até o lago ou ao templo?

— Não fazem parte de minha religião, senhor.

— E qual a religião você segue?

— A que acredita em um Deus poderoso, senhor.

Carlos olhou-o, notando que alguma coisa nitidamente incomodava Eduard, que parecia irritado. O sexto sentido do conde funcionou. Algo parecia cheirar mal.

— Aconteceu algo que eu deva saber?

Eduard colocou a mão dentro da capa, sentiu o saco com o dinheiro, tentou sorrir e respondeu:

— Não! De modo algum! Creio até que as coisas vão melhorar muito.

— Tudo que vem para melhor é bem-vindo — comentou o conde ainda intrigado.

Após a conversa, Carlos saiu e foi até seu quarto. Entrou no cômodo e fechou os olhos pensando no templo nu, apenas com flores. E nunca, em toda a sua vida, por mais luxuosa que fosse a igreja que frequentasse, tinha sentido tanto a presença de Deus.

Será que em toda a sua vida aprendera tudo errado? Será que Deus estava nos lugares mais simples? "Não! Deus com certeza está onde o amor está", pensou lembrando-se do que a filha de Handar lhe dissera.

Carlos sentou-se a um canto no chão, fechou os olhos e aos poucos sentiu que saía do corpo. Ele foi até o lago e ficou pairando por lá, imerso em uma sensação mágica, sentindo a brisa que soprava e o murmurar de algumas pessoas.

Seguiu um pouco mais em frente e entrou no templo. Tudo estava branco e, naquele momento, havia flores amarelas. Flores da campina, que brotavam naturalmente no meio do mato.

Soláia olhou na direção de Carlos e sorriu. Sem abrir a boca, transmitiu:

— Seja bem-vindo, conde Carlos.

— Não estou aqui. Com certeza, acabei dormindo em minha casa e estou sonhando.

— De jeito nenhum. O ser está onde seu espírito quer estar. Pensei que já tivesse entendido bem isso.

Carlos sorriu, mas ouvia alguém bater à porta. Ele abriu os olhos e, ainda naquela posição, deu ordem para que entrassem. Era Eduard que, de olhos arregalados, perguntou:

— Senhor, o que está fazendo?

— Estou apenas sentado. O que há?

— Mas no chão, desse modo?

— Há regras para eu me sentar em meu próprio quarto? O que quer?

— Senhor, acabei de saber que o senhor Handar está liderando uma revolta.

— Mentira, Eduard. Tenho certeza de que é pura mentira — respondeu Carlos, levantando-se calmamente e lastimando por ter sido interrompido.

— Senhor, fique precavido. Dizem que ele é um bruxo poderoso.

— Se é bruxo, ninguém o pegará. Não é mesmo?

— Senhor! Senhor, não brinque! Olhe, tenho aqui uma carta anônima.

Carlos pegou o papel e notou que alguns traços da letra lembravam outra. Tentou identificar, mas depois pensou que todas as letras se pareciam. Era um comunicado convocando a pessoa para uma reunião, que aconteceria às dez da noite em lugar já combinado.

— Eduard, descubra que lugar é esse.

— Claro, senhor. Agora mesmo.

O comunicado não tinha remetente nem destinatário. "Por quê?", Carlos questionou-se. Eduard saiu para tomar providências, contudo, não sabia ainda o que faria, pois o comunicado fora escrito por ele mesmo.

Eduard saiu da casa e foi medrosamente até o lago para descobrir se aconteciam por lá rituais noturnos, pois, para ele, bruxos faziam somente rituais noturnos. Era como se Satanás dormisse de dia e só saísse à noite. Era como se o mal apenas reinasse à noite. Eduard, no entanto, estava enganado, pois o mal reina sempre que houver um ser com o coração negro a lhe dar passagem. E ele acabara de criar dentro do coração um novo condado na forma de cobiça e traição.

No lago, Eduard viu Soláia e um grupo de pessoas cujas mãos estavam postas sobre a cabeça de outro grupo de pessoas sentadas. Eduard sentiu um frio no estômago, um medo que lhe deu vontade de fugir, porém, Soláia, sem parar o que fazia, olhou-o diretamente. A jovem, então, pediu que ele se aproximasse.

— Venha, não tenha medo. Vejo que também está agitado, e a agitação, o medo e a falta de confiança trazem as doenças.

Eduard estava a uns cem metros de Soláia, mas conseguia ouvi-la tranquilamente. Parado, ele tentava entender como podia sentir a moça falar tão perto, se ela estava tão longe.

As outras pessoas nem sequer tinham se mexido. Uma senhora levantou-se e passou por Eduard, que perguntou:

— Senhora, o que estão fazendo?

— Estamos nos revigorando e nos harmonizando. Mesmo sendo estrangeiro, experimente.

— Senhora, sabe se eles costumam reunir-se à noite?

A mulher olhou Eduard dos pés à cabeça, com ares de quem não estava entendendo a pergunta, mas depois sorriu e respondeu:

— Se houver emergência, creio que sim.

— Quando? Quando? Me diga!

— Como vou saber? — respondeu a mulher, deduzindo que ele estava perturbado.

Soláia parara de olhar para Eduard, que se afastou como se estivesse indo embora. Ele, no entanto, escondeu-se e ficou observando o que acontecia, estranhando e tendo medo, deixando vir à tona seu preconceito.

Eduard já ouvira falar da cura daquele modo, mas não acreditava que fosse possível. Além disso, iludia-se acreditando que tomara a atitude correta ao juntar-se a Maláia.

De repente, Eduard olhou para o templo e teve a certeza de que Deus não podia morar em uma casa que mais parecia um galpão, onde somente pedras lisas faziam a frente, sem uma escultura, sem um risco de ouro, simples daquele modo. O diabo talvez até se contentasse com aquilo, afinal, quem dissera que o diabo era nobre? Ninguém, pois ele não podia ser.

Eduard voltou para o casarão e entrou em casa, procurando por Carlos, que estava no gabinete. Sentindo o coração bater aceleradamente por ter andado rápido, afirmou:

— Senhor, eu vi os rituais sobre os quais o povo tanto fala.

— E daí? Eu mesmo fui assistir a esses rituais várias vezes.

— Senhor, eu vi Satanás em pessoa. Estava longe de mim e falava ao meu lado.

Carlos parou o que estava fazendo e pediu:

— Sente-se, Eduard, e conte-me o que pensa que viu.

— Vi a filha de Handar toda de branco para disfarçar, pois o diabo tem muitas caras. Ela estava longe de mim, porém, falava ao meu lado.

— Foi impressão sua.

— Está me chamando de mentiroso, senhor? Eu lhe exijo respeito.

— Não! Eu disse que você se enganou.

Eduard ficou uma fera. "O que Carlos pensa que eu sou? Um idiota?", questionou-se.

— Senhor, fui fazer o que me pediu.

— E o que descobriu?

— Nada! Apenas que é algo muito secreto. O comunicado só veio às minhas mãos, porque Deus o enviou a mim para alertá-lo.

— Se descobrir mais alguma coisa, venha contar-me.

Carlos voltou ao que estava fazendo e dispensou Eduard, que saiu, mas não teve sossego.

Logo depois, o pai de Cataléa entrou no gabinete de Carlos, dizendo que a filha melhorara apesar das bruxarias.

124

— Somos fiéis a Deus, e Ele nos protegeu das bruxarias. Soube que fazem rituais ao ar livre e que o senhor permite isso — censurou arrogantemente o visitante.

— Já fui ver. Não compreendo como funciona, no entanto, sei que não é bruxaria, pois cura.

— Não acredita mesmo nisso, acredita?

— Vá lá ver, senhor, se duvida de minha palavra.

— Duvido. Acho que está sob encantamento.

— Não estou. Permite que eu veja sua filha? — perguntou Carlos, sabendo que aquela gente europeia, bitolada, jamais entenderia o que se passava ali no condado.

— Claro — respondeu o homem sentindo felicidade.

Discretamente, o pai de Cataléa subiu na frente e pediu as aias que deixassem a moça sozinha no quarto. Quem sabe um beijo ou outro toque qualquer não fosse motivo para forçar o casamento?

Carlos, no entanto, só tinha uma coisa em mente: dizer a Cataléa que Dulcor queria casar-se com ela e que o pintor viera falar-lhe pessoalmente.

O conde entrou no quarto pensando que jamais conseguiria dizer isso a Cataléa, pois duvidava que ficassem a sós, contudo, a aia saiu discretamente, deixando-os a sós.

Carlos ficou encostado na porta e disse em voz baixa:

— Dulcor esteve aqui. Disse-me que a ama e que quer casar-se com você.

— Esse pintor é muito atrevido. Por que me casaria com ele?

— Pensei que o amasse.

— Jamais! Senhor, não acredite em uma palavra do que ele diz. Creio que é um sonhador.

— Não o ama?

— Por que eu o amaria? Trato-o com educação, como se deve tratar a todos, mas é somente isso.

— Vai voltar para a Europa?

— Não sei... Gosto tanto de morar aqui.

— Então, fique o quanto quiser.

Nessa última frase, Carlos foi falso. A presença de Cataléa havia muito o incomodava. Ficara aliviado quando ela começou a passar mais tempo fora com Dulcor.

Carlos saiu do cômodo desejando melhoras a Cataléa e pensando em como iria dizer a Dulcor que ela simplesmente não o amava. Por que, então, se entregara a ele? Como entender? Que ele, Carlos, fora o primeiro alvo, já o sabia, mas acreditara que isso mudara.

O conde pediu que colocassem os arreios nos cavalos, preparassem a carruagem e depois saiu rumo à casa de Dulcor. Carlos desceu e dois seguranças o acompanharam. Ele olhou o lago, que ficava ao alcance da vista, e bateu na porta. Enquanto esperava, pensou: "Aqui, sim, seria um ótimo lugar para construir minha casa. Daqui poderia ver o templo e o lago".

Dulcor abriu a porta e sorriu ao ver Carlos, que deu ordens para os seguranças ficarem do lado de fora. O conde entrou na casa, aproximou-se bem de Dulcor e disse:

— Teremos que falar muito baixo.

— Claro. Sente-se. Falou com Cataléa?

— Sim, mas ela não poderá casar-se com você, pois tem família para satisfazer — mentiu Carlos com dó do pintor.

— Falarei com o pai dela.

— Dulcor, esqueça. Há muito dinheiro envolvido nisso.

— O amor é mais forte do que tudo.

— Não seja romântico — respondeu Carlos.

"E nem ela o quer sem posses", pensou.

Dulcor permaneceu calado. Carlos levantou-se da cadeira simples e deu uma volta pelo pequeno ambiente, onde muitas pinturas de Cataléa estavam espalhadas. Em uma das telas, a aura de Cataléa estava totalmente escurecida. O conde estranhou e perguntou:

— Por que a pintou assim?

— Ela estava assim.

— Por acaso, ela gostou?

126

— Não. Mas veja... Ultimamente, ela estava com um brilho ao redor. Parecia duplo.

Mesmo já deduzindo a resposta, Carlos questionou:

— Por quê?

Dulcor olhou o quadro e acariciou o rosto que sorria na tela.

— O amor. Tenho certeza de que é o amor. Conde, ela precisa voltar para mim.

— Dulcor, os pais dela estão aí, e não tenho autoridade sobre as atitudes deles. Na Europa, são os pais quem decidem.

— Arranje-me um modo de falar com ela. Abra sua porta para mim. Não consigo dormir de preocupação. Se eu pudesse ao menos vê-la...

— Tentarei, mas não lhe prometo.

Dulcor abraçou-o agradecidamente, e Carlos sentiu uma vergonha imensa, pois nunca faria o que o outro pedia. Cataléa usara aquele homem como brinquedo, e ele a levara a sério.

Carlos despediu-se do pintor e saiu. Em seguida, pediu que os seguranças dessem uma volta completa no lago. Pela janela aberta, ele viu Soláia. O conde, então, pediu que parassem em frente ao templo e entrou, sem permitir que os seguranças tivessem acesso ao local pelo motivo de sempre: as armas.

Carlos tirou a arma que trazia discretamente consigo e a entregou a um deles, que o olhou reprovando a atitude, mas não disse nada.

O conde sentou-se em um banco naquele ambiente branco e nu, fechou os olhos e sentiu o toque de alguém. Não havia ninguém lá, mas ele não se sentia sozinho.

"Deus ou seus enviados, enviem a mim suas bênçãos. Deem-me calma e discernimento para governar", pensou.

Carlos sentiu a calma que sempre o envolvia e avaliou novamente que nunca, nem com o bispo ao seu lado, sentira tanto conforto. Ele ficou naquele estado de plenitude durante muito tempo até que sentiu uma presença humana caminhando em sua direção. Abriu os olhos e viu Soláia, que sorriu:

— Desculpe, conde. Não queria tirá-lo de seu enlevo.

— Curiosamente, tenho tido reações anormais — comentou ele, referindo-se ao fato de tê-la pressentido sem que a moça tivesse feito barulho algum.

— O que é anormal, senhor?

Carlos procurou uma definição e apenas conseguiu lembrar-se de que anormal era o que fugia ao normal, mas que, a partir do momento que passasse a ser normal, deixava de ser anormal. Parecia confuso passar essas ideias em palavras, então, preferiu responder:

— Não sei.

— Nada é anormal, se é nossa realidade.

— Tem razão. Como vai seu pai?

— Bem, muito bem.

— Senhorita, veio ao meu conhecimento que acontecem encontros noturnos aqui.

Soláia fez cara de interrogação, e ele sentiu sinceridade na expressão da moça.

— Encontros noturnos, senhor? De forma alguma. A não ser que sejamos chamados para socorro, que não necessita de hora, mas apenas da necessidade.

Carlos olhava Soláia e sentiu vontade de acariciar-lhe o rosto. Ali dentro ela não parecia de verdade; parecia ainda mais diáfana. Ele parou de observá-la e sentiu-se embaraçado. Olhou para o outro lado e perguntou:

— Viu-me entrar?

— Não. Logo depois, vi que os seguranças passaram pelo lago e soube que estava aqui. Deve ser horrível viver vigiado 24 horas por dia.

— É preciso, pois tenho inimigos.

— Lastimavelmente, sempre o fazemos.

Carlos voltou a olhá-la e perguntou inseguro:

— Como vai o senhor Handar?

— Preocupado com o destino que se aproxima.

— Qual destino?

— Não sabemos.

— Não entendi.

— Apenas as reações das nossas ações e das reações dos outros. Como vai a senhorita Cataléa?

— Recuperando-se.

— Os pais dela recusam-se a entender que o mundo em que vivem não é tão simples e não se resume apenas ao que veem.

— Diga-me... Por que, sem explicações, eu entendo? Por que, intimamente, eu entendo?

— Porque o senhor já viveu aqui. É um de nós e já traz o conhecimento.

Carlos sabia da crença em outras vidas e entendia intuitivamente que era verdade. Ele levantou-se, olhou as flores da campina e pensou que, na Europa, ornar um templo de Deus com flores tão comuns seria uma ofensa. O conde transmitiu isso em palavras, e a moça sorriu intrigada:

— Gente estranha... crença estranha. Se foi Ele quem criou tudo, por que teria preferidos em sua criação ou por que a negaria?

— Sei que tem razão, mas somente as flores muito bem-cuidadas enfeitam as igrejas.

— Eu mesma as colhi. Essas flores não são para Deus, pois tudo é dEle. São para nós, que precisamos do perfume, da cor e da beleza delas. Diante disso, nós, no meio dos espinhos, podemos até ignorá-los.

— Eu gosto de vir aqui para vê-las — confessou ele abertamente.

— É para isso que elas estão aqui. Sempre, no meio do que chamamos de daninho, há uma beleza pronta para brotar. Basta permitirmos que isso aconteça.

— Soláia, não estamos falando das flores, estamos?

— Também, senhor. Diga a Cataléa que ainda rezo por sua cura.

— Ela já está bem.

— Ainda vai piorar antes de melhorar.

— Modo de falar, não é?

— Não, senhor. Com licença.

Soláia sorriu-lhe mais uma vez, passou por Carlos e entrou por uma porta. "Onde dará essa porta?", questionou-se o conde preocupado. Porém, tinha certeza de que dentro daquele lugar tudo estava às claras.

Carlos relutou em sair do templo, mas precisava. Saiu devagar, levando consigo o bem-estar que sempre conseguia obter ali. Entrou na carruagem com uma vontade enorme de andar pelas ruas e sentir a brisa bater-lhe de leve no rosto.

Quando chegou em casa, viu que Eduard andava de um lado a outro dando ordens e parecendo mais agitado do que nunca. A mãe de Cataléa, por sua vez, estava sentada na sala, com um bordado na mão. Carlos deu uma espiada, teve certeza de que nenhum ponto fora acrescentado à costura.

Por educação, o conde sentou-se ao lado da senhora e comentou:

— Sua filha está bem melhor. Eu a vi hoje de manhã.

— Sim, em filhos de Deus bruxaria não pega.

Carlos sorriu e respondeu:

— Então, não existe bruxaria, pois todos somos filhos de Deus.

A mulher ficou olhando Carlos, que se levantou e saiu feliz. O conde desejava que ela pensasse só um pouquinho com lógica. Ela, todavia, logo esqueceu a observação e comentou:

— Quero conhecer o pintor que fez vários retratos de minha filha. Ela me disse que ficaram lindos. Quero um para mim também. Adoraria voltar para a Europa com essa novidade.

— Claro! Pedirei a ele que, se puder, venha falar-lhe hoje mesmo.

Ela sorriu, e o conde teve certeza de que, se Dulcor a encontrasse, veria a aura da mulher enegrecida. Carlos sorriu, pois não via nada nas pessoas. De onde, então, tirara tal pensamento?

A possibilidade de Dulcor ir até lá era ótima. Talvez ele até conseguisse encontrar-se com Cataléa e fazê-la mudar de ideia. Ainda que não acreditasse muito nisso, tinha esperanças remotas.

Carlos escreveu um bilhete e pediu a um servo que o levasse a Dulcor com urgência. Depois, juntou-se aos outros que o esperavam à mesa. Cataléa também estava lá. A moça parecia um pouco descorada, contudo, estava bem.

A mãe da jovem falava sem parar. Novamente, fiava o casamento da filha com Carlos, e o marido deixava. Afinal, não queria levar a filha de volta, depois de ela ter passado tanto tempo no condado e de eles terem espalhado precipitadamente as notícias sobre o casamento.

Sentado a um canto, Eduard pensava que tinha de arranjar urgentemente uma reunião secreta para dar provas do que escrevera. Carlos sentira que o bilhete era falso e parecia ter esquecido do que conversaram.

No meio da tarde, Dulcor chegou. Carlos recebeu-o rapidamente e apresentou-o à mãe de Cataléa. Sentada na varanda da casa, a moça estava pálida como a morte e mal sorriu para o pintor.

Carlos percebeu que a felicidade de Dulcor em ver Cataléa e a vontade de abraçá-la ficara óbvia, pelo menos para si. A mãe da jovem, ao ver aquele homem atlético e bonito, pareceu assanhar-se também. Certamente não esperava que o pintor fosse tão simpático e másculo. E, realmente, ela pensara nos pintores e nos intelectuais afeminados da Europa e deduzira que Dulcor também fosse assim.

A mulher olhou para o pintor, que, posicionado em frente a Cataléa, lhe segurava a mão para um cumprimento de cavalheiro, e seu instinto gritou que havia algo mais. No primeiro instante, ela escandalizou-se, contudo, no segundo pensou: "Por que não, se os homens podem? Quem sabe eu também tenho meu quinhão?".

Ela chamou Dulcor ao seu lado para conversar e acertar a pintura. Cataléa já tinha um quadro seu no quarto, e Dulcor pintara muitos outros da jovem. Somente a moça sabia desse detalhe. Detalhe que Carlos descobrira naquela manhã.

A mãe de Cataléa lastimou que aquele homem bonito e musculoso não fosse Carlos, pois adoraria ter um genro como aquele. Ou, talvez, fosse até melhor. Não sendo genro, poderia ser seu amante.

Dulcor não queria pintar a mulher, mas aquela seria sua chance de ver Cataléa, conquistar a amizade da mãe da moça e quem sabe conseguir a autorização para casarem--se. Ele, no entanto, não tinha ideia de que isso nunca ocorreria, pois, enquanto seu amor era sincero, o de Cataléa era passageiro. Se é que poderia chamar de amor o sentimento da moça, visto que apenas o tédio e a vontade de aventura a fizeram relacionar-se com o pintor.

Carlos ficou sentado na varanda por um tempo, percebendo os olhares de Dulcor para a amada, enquanto ela parecia apenas entediada. A mãe da jovem, por sua vez, de tão excitada falava sem parar.

Logo depois, Carlos viu Handar aproximar-se do casarão e sentiu um incômodo sutil, o que o fez levantar-se e pedir licença. Um segurança já o abordava.

Carlos foi direto para o gabinete e ouviu Handar pedir para falar-lhe. Ouviu também quando Eduard, com voz de guardião que faz um favor, pediu que o homem aguardasse.

Eduard bateu de leve à porta e anunciou:

— Senhor, o tal de Handar está aí. Ele não marcou hora, portanto, peço-lhe que o mande vir outra hora.

— Não estou fazendo nada de importante agora. Mande-o entrar.

Eduard não escondeu sua expressão de contragosto e deu passagem a Handar. Carlos pediu indiscretamente:

— Deixe-nos a sós, Eduard.

Eduard queria dizer que não sairia do gabinete, pois precisava saber de tudo o que acontecia, pois se aliara a Maláia

132

e precisava fazer jus ao que estava recebendo, levando para o conspirador as fofocas e os acontecimentos. Queria, antes de tudo, mostrar-se eficiente, mas, por fim, saiu do gabinete. Eduard ainda tentou ouvir atrás da porta, contudo, não conseguiu.

— O que o traz aqui, senhor Handar? Quero deixar claro que sempre tenho prazer em recebê-lo.

— Agradeço, senhor. Primeiro, estou preocupado com Dulcor, pois ele está disposto a casar-se com a moça, sem que ela tenha intenção alguma de fazê-lo. Diferente das moças daqui, essa não é inocente. Sabia o que estava fazendo e o fez.

— Fui até a casa dele hoje, mas não tive coragem de dizer-lhe que perdesse as esperanças — comentou o conde muito entristecido.

— E nem deve. Muitas vezes, corações de pedra derretem, e eu rogo que isso aconteça.

— Crê que isso possa acontecer a ela? Essa jovem fez um aborto simplesmente porque o filho poderia atrapalhá-la. Não era preocupação com a criança, pois, se quisesse, até pai o bebê teria.

— Senhor, não a julgue. Se Cataléa errou, ela pagará. O segredo e a ação pertencem a ela, e nós jamais falaremos desse assunto novamente. É assim que guardamos um segredo: esquecendo-nos de que ele nos foi revelado.

Carlos sentiu vergonha, pois muitas vezes tivera vontade de contar a outras pessoas o que sabia sobre Cataléa e quase não resistira a contar a Dulcor. E ainda se questionava se não deveria fazê-lo para que o pintor percebesse a espécie de mulher a quem tinha entregado seu amor.

— Senhor, há um movimento que corre no escuro. Tome cuidado. Não sei quem são os envolvidos, pois muitos têm interesse — continuou Handar.

Carlos sorriu e comentou despreocupado:

— Ouvi falar desse movimento, quando cobrei os impostos atrasados, quando determinei o pagamento de um salário mínimo para os servos, como o senhor mesmo me pediu, e outras tantas coisas. Cada mudança traz uma ameaça.

— É verdade. E até já a colocaram em prática. O que não podemos é ter medo da mudança e da ameaça — Handar fez uma breve pausa e continuou: — Essa, contudo, é diferente. Sinto que está dentro de sua casa e é mais perigosa, pois a pessoa em questão nem mesmo sabe avaliar o quanto é capaz do mal que pode fazer.

— Fala dos pais de Cataléa? Se for, não se preocupe. Sei que o objetivo deles é casar-me com essa moça. Não me envolvi, nem sequer consegui. Bem que tentei ter algum interesse pela moça, contudo, não quero envolver-me com mulher alguma. Não é curioso esse meu comportamento celibatário?

Fazendo essa análise, Carlos descobriu que havia uma mulher, sim, a quem queria, mas deduzia que ela estava acima, bem acima de seus desejos mundanos.

— Somos apenas homens e mulheres e necessitamos uns dos outros, afinal, tudo precisa de complemento. Não creio que a união entre esses seres seja uma coisa feia, que mereça ser escondida. Precisa, sim, ter intimidade, até para proporcionar melhor envolvimento sem outras energias.

— Senhor, pretendo casar-me e ter filhos. Sinto falta, quero ir para a Europa, encontrar uma mulher que tenha ressonância com meus desejos e aspirações... Aí, voltarei casado. Bem casado, espero.

Handar apenas sorriu, levantou-se e tornou a pedir:

— Cuidado, conde. Quando o perigo entra em nossa casa, ele com certeza acerta nosso ponto mais fraco.

— Podia dizer diretamente de quem está falando?

— Não. Seria injusto de minha parte, já que, a qualquer momento, o conflito que essa pessoa vive poderá chamá-la à razão. E, senhor, desculpe, mas acredito que ainda não esteja preparado para perdoar. E, sendo assim, forçaria essa pessoa a manter-se onde está.

134

— Senhor Handar, apenas me preocupou e nada esclareceu. Desculpe, mas creio que perdeu seu tempo à toa.

— Tenho certeza de que não. O senhor é filho desta terra, e não é a primeira vez... Bem, ouça apenas o que lhe falam diretamente ao coração.

Carlos sorriu, pois sabia do que ele falava. Uma conversa do tipo: significante, teve certeza de que ouviria, evitando ser traído e até mesmo errar.

Carlos agradeceu novamente e apertou a mão de Handar, que saiu logo em seguida.

Eduard estava irado, pois não conseguira ouvir uma palavra sequer da conversa. Quando fosse até Maláia, o jeito seria inventar algo. Inventar não, pois tinha certeza do que Handar fora envolver o conde em bruxarias. Tentou, por fim, avaliar se bruxarias precisavam ser renovadas em semanas, meses ou anos, para não perderem a influência.

Carlos saiu do gabinete e subiu para seu quarto. Podia ouvir o som da voz da mãe de Cataléa falando como queria o quadro a Dulcor. Certamente desejava que o quadro retratasse uma beleza que ela não tinha. E como Dulcor pintaria o seu "sutil"?

No quarto, Carlos sentou-se na cama, tirou as botas para ter um mínimo de conforto nos pés e ficou pensando em Soláia. Parecia-lhe que ela nunca deveria ser profanada. No entanto, Handar, o pai da jovem, dissera-lhe que tudo que envolve a criação é bonito. Sendo assim, feio era o desamor e a promiscuidade.

O conde levantou-se da cama. Queria ir até o lago, mas sozinho. Queria que Soláia não o reconhecesse. Desejava sentar-se de frente a ela e deixar que a moça lhe fizesse o que fazia aos outros. Que lhe pousasse a mão na cabeça, passando-lhe energia. No entanto, não queria, por vaidade tola, pedir isso à jovem.

Carlos desejou que esse gesto viesse diretamente dela, mas como? Ela o reconheceria. Ele ficou andando de um lado para o outro, em um silêncio de passos, pois não tinha o som do solado das botas repercutindo no piso.

Precisava dar um jeito de ter aquela experiência e avaliou que as melhores e maiores experiências do ser humano são solo, como o pássaro que voa pela primeira vez, como as dores do nascimento, como a sensação de amar, as alegrias, o sofrimento e a morte. Por mais que as dividisse com alguém, eram íntimas demais e, portanto, solo.

Carlos olhou-se no espelho. Talvez se deixasse a barba crescer, cortasse o cabelo, vestisse outro tipo de roupa, quem sabe? Tomou, por fim, essa decisão. Daquele dia em diante, deixaria a barba crescer, mudaria o corte de cabelo e iria até o lado a pé, vestido de vendedor, como os ambulantes da rua.

CAPÍTULO 11

Eduard recebeu um bilhete codificado, pedindo que fosse falar com Maláia. Ele tinha liberdade de ir e vir, uma liberdade que o conde não possuía.

Logo depois do almoço, saiu sozinho. Deu uma longa volta e entrou sorrateiramente na casa de Maláia, que lhe pediu um relatório completo do que Carlos andava fazendo, de quem o visitara e de que tipo de conversa tiveram.

Eduard contou que Dulcor estava indo todos os dias pintar a mãe de Cataléa, e Maláia deduziu que havia aí um indício de que Handar planejara alguma coisa. Para ele, o pintor estava se prestando ao papel de espião. Com certeza impusera a mulher que ela fosse pintada, concluiu.

Eduard sabia que não era verdade, no entanto, deixou que a mente do outro concluísse o que quisesse. Sabia que, estando feliz, o homem lhe daria outra bolsa de dinheiro. Eduard pensava na quantia que receberia, mesmo sem saber o que faria com ela, pois nada lhe faltava e ele já guardava todo o salário que recebia do conde.

Durante a conversa com Maláia, ainda contou a seu modo a conversa que imaginou que Handar tivera com o conde e perguntou:

— Senhor, já que é da terra, diga-me... De quando em quando uma bruxaria precisa ser renovada para não perder o poder?

Maláia não acreditava em bruxaria, apenas no poder de cura do outro, pois ele mesmo já experimentara e pouco conhecia dos conceitos de funcionamento. Mas isso era uma forma de poder, e o povo todo respeitava Handar e a filha por essa razão. Pensou um pouco mais e avaliou que eles teriam um médico convencional, como todos na Europa, e por quê não? Seriam julgados até mais civilizados.

Não percebia que, enquanto os médicos rudimentares da época se debatiam em tratamentos experimentais, baseando-se na tentativa e no erro, as sociedades secretas já usavam, em todas as eras do planeta, métodos de campos energéticos, que só seriam realidade comum em um milênio ainda vindouro.

— Talvez uma vez por mês — Maláia mentiu descaradamente.

— Senhor, preciso arranjar uma reunião secreta. Redigi um comunicado, entreguei-o ao conde, contudo, ele não levou a sério. Se o conde assistisse a uma reunião, ou soubesse de detalhes, tenho certeza de que se colocaria em suas mãos.

Eduard não tinha entendido o objetivo de Maláia, que não queria dividir nada. O homem queria tudo para si e precisava tirar, muito discretamente, alguns empecilhos do caminho.

Aproveitando a própria falta de conhecimento e a ignorância de Eduard, Maláia contou-lhe coisas horrendas sobre rituais, coisas que nem ele mesmo sabia de onde inventava.

Os olhos de Eduard ficaram esbugalhados, enquanto ele só desejava correr daquela terra naquele momento. "Então, é assim... Fingindo que curam, aqueles dois fazem rituais para o diabo!", pensou entre arrepios.

Quando concluiu seu relato, Maláia percebeu que tinha a imaginação fértil e que, se tivesse tido aquela ideia antes, provavelmente teria economizado o dinheiro que dera a Eduard e que continuaria dando.

Jogar com o preconceito das pessoas era mais fácil, porque, se fosse bem estimulado, ele brotava de cada poro, fazendo o povo ser facilmente manipulado. Mal sabia Maláia que muitos governantes já sabiam disso e jogavam com esses preconceitos por meio da religião, cor, posição social etc., tirando dos incautos a única coisa que queriam: que lutassem pelo poder que não seria dividido. Quando muito, algumas medalhas, pagamento inútil por seus aleijões no físico e na alma, acúmulo de sânscaras.

Quando saiu da casa de Maláia, Eduard arrependeu-se de ter ido a pé, pois suas pernas estavam bambas de tanto medo. Sim, os bruxos poderiam ser muito perigosos. Não era à toa que até o pai de Carlos fora influenciado.

Já chegando em casa, Eduard avaliou melhor e pensou que o pai de Carlos tinha voltado melhor à sua terra, mais responsável pela família e pelo condado. Censurou-se, no entanto. "Isso com certeza é máscara de dominação!", voltou a pensar em Carlos e ficou assustado com o que imaginou ver.

Em conflito, Eduard não sabia se estava fazendo o certo ou não. Se eram bruxos, seria ele muito mais forte? E Maláia? Ele seria mais forte? Foi direto para o quarto e ficou digerindo as informações, tendo certeza de que aquele templo, que diziam nu, trazia rituais horríveis em seu seio.

À noite, Eduard sonhou que estava sendo recortado em tiras, enquanto gritava horrorizado que não queria morrer naquele ritual, em que sua alma era entregue à figura que ele imaginava como sendo o diabo.

Eduard não entendia a contradição. Ele conceituava que nada maior que o poder de Deus existia, então, por que acreditava que Ele permitia que alguém negociasse a alma de uma pessoa em troca de favores? Além disso, se o mal possui almas, é porque nós mesmos nos entregamos com nossos imediatismos, com nossas desvirtuações e imperfeições de caráter.

***

Logo de manhã, a primeira coisa que Eduard fez foi pedir nervosamente que Carlos o atendesse em uma conversa particular. O conde percebeu que o assessor estava muito agitado e questionou-se: "O que poderia ter acontecido da hora do jantar até aquele momento?". Depois, lembrou que Eduard não jantara com eles e preocupou-se com a possibilidade de que o amigo pudesse estar doente.

Os dois homens entraram no gabinete e fecharam a porta. Carlos, então, perguntou:

— O que há? Se está doente, posso mandar chamar o senhor Handar ou a filha.

Eduard embranqueceu.

— Senhor, se eu ficar doente, traga um médico, o mais carniceiro deles, eu não me importo... Mas nunca permita que esses dois coloquem a mão em mim.

— O que há para tanto pavor?

— Senhor, soube por fonte segura que eles fazem rituais a Satanás, que sugam a alma da gente e outras coisas horrorosas. Só de pensar, fico apavorado. Eles fingem curar com as mãos, mas não podem! É contra as leis de Deus.

— Parece-me que Cristo também o fazia e foi condenado por isso também.

Eduard até se benzeu, deduzindo que Carlos já estava perdido. O homem, então, pôs-se a observá-lo, notando sua barba crescida. O assessor fixou os olhos do conde e viu o que queria ver: o brilho de Satanás. E por fim pensou que somente um exorcismo poderia tirar aquele efeito.

— Senhor, vamos para a Europa por uns tempos.

— Não posso. Tenho coisas para fazer aqui. A colheita aproxima-se, e estou com visitas.

"Carlos tem razão", concluiu Eduard. "O diabo é esperto, escolhe o momento de agir". O assessor ficou parado, sem pensar em nada, pois sua mente estava bloqueada pelas informações que Maláia dera.

Sentindo um alarme dentro de si, um soar que não ele pôde detectar direito, o conde perguntou:

— E onde eles fazem isso? Eu preciso ver. Não posso condenar sem provas. Terei uma revolta nas mãos, pois essas pessoas são respeitadas pelo povo. Vem gente de fora para ser curada aqui.

— Dizem que fazem atrás da parede do altar. O altar que parece nu, ornado apenas com flores. São disfarces! Atrás dele há uma gruta escura e verde, onde matam animais e fazem toda espécie de barbaridade.

Carlos fechou os olhos por um momento e tentou imaginar Handar e Soláia fazendo coisas assim. Eles pareciam-lhe limpos demais para isso, porém, cabia a ele investigar.

O conde olhou longamente para Eduard e sentiu que o amigo — Carlos o considerava assim — estava em conflito. O assessor ainda falou muito mais, descreveu outros detalhes e finalmente saiu.

Carlos subiu e, ao entrar no quarto, olhou-se no espelho. A barba já o tinha deixado muito diferente. Nem Handar ou a filha o haviam visto ainda.

Logo após o almoço, enquanto os servos estavam na cozinha limpando-a, Carlos deu a volta pelos fundos e saiu vestido de servo. O conde curvou um pouco as costas para parecer mais velho, pois sabia que não conseguiria sair sem ser visto pelos seguranças. Pediu que somente um deles o seguisse, bem de longe, e foi prontamente atendido. Depois, seguiu direto para o lago.

Carlos entrou no templo vazio e sentou-se bem no fundo, mantendo a cabeça baixa. Uma sensação de bem-estar tomou conta do conde, que teve vontade de entregar-se a ela, mas não o fez.

O conde mudou-se de banco e foi sentar-se mais à frente, onde ficou um pouco. Depois, tomou coragem e seguiu até a porta que saía da parede ao lado do altar. Rezando para que não fizesse barulho, Carlos abriu-a e a única coisa

141

que viu foi um pátio bem iluminado pelo sol, uma pia e vários cântaros.

Carlos abriu um dos cântaros e cheirou seu conteúdo. Era apenas água. Mesmo assim, derramou um pouco do líquido na mão, tornou a cheirá-lo e constatou, por fim, que se tratava de água mesmo.

O pátio era pequeno como o templo. Carlos fechou a porta e abriu outra, vendo uma saleta nua com cadeiras. Procurou outras saídas e apalpou as pedras à procura de alguma porta falsa. Nada.

O conde voltou ao salão da frente. Sentou-se novamente, fechou os olhos e rezou para que nada do que Eduard dissera fosse verdade. Orou, por fim, para que Handar e a filha fossem sempre merecedores das bênçãos divinas, levantou-se e saiu.

Não havia ninguém à beira do lago, onde as águas faziam discretas ondas. Carlos olhou ao redor. Sentia a presença do segurança, mas não conseguia vê-lo.

Sentou-se na grama e viu os raios de sol infiltrando-se pelos ramos da árvore da qual desfrutava da sombra. Desejou flutuar sobre o lago e em poucos minutos conseguiu. Carlos olhou para o templo e notou dois seres diáfanos parados como guardiões em frente à edificação.

O conde viu uma pessoa deformada falar com os dois e entrar logo depois no templo. Em seguida, viu outras pessoas entrarem. Ele tinha certeza de que via outra dimensão. Acreditava nisso, sabia que existia, contudo, não tinha explicação lógica.

Carlos sentiu alguém ao seu lado, abriu os olhos, mas a visão havia sumido. Soláia olhava-o, e, como não queria que a moça o reconhecesse, ele manteve-se calado.

Calmamente, Soláia sentou-se ao lado de Carlos e também ficou quieta. Desejando ainda que a moça não o reconhecesse, ele pediu murmurando:

— Senhorita, poderia ajudar-me?

— Não precisa de ajuda, senhor. Sabe defender-se por si mesmo. Precisa apenas de mais fé e ouvir o que lhe dizem ao coração.

— Já me disseram isso.

— Mas falha, e isso será sua perdição. As sombras trabalham, e nossas imperfeições nos fazem frágeis e nos deixam à mercê.

— Soláia, o que sinto por você? — perguntou Carlos sem ter pensado na pergunta.

A jovem não o olhou. Bem que ele tentara segurar aquelas palavras, mas elas escaparam-lhe. Soláia continuou em silêncio, como se ele não estivesse ali. Carlos pensou que talvez não tivesse feito aquela pergunta e não a repetiu. Questionou:

— Vocês têm algum tipo de ritual?

— Sabe que não. São só as sombras trabalhando. Por favor, ouça o que lhe dizem ao coração, principalmente nas horas mais críticas.

— Pede-me muito.

— Espero muito — tornou Soláia levantando-se.

Carlos até se esquecera de que estava disfarçado, e a moça, certamente, nem sequer percebera essa intenção.

— E se pararem de falar ao meu coração?

— Aqueles que nos querem bem nunca se calam. Apenas paramos de ouvi-los.

— Não vá, fique um pouco mais. Não há ninguém no templo. Acabei de sair de lá.

Soláia olhou para o templo e depois para Carlos.

— O senhor sabe que há sempre muito a fazer lá. Nunca cessa, nem de dia, nem de noite. Há muitos a serem socorridos, e poucos voluntários capazes.

— Foi o que vi.

— Sim, foi. Muitas vezes, o senhor vem nos ajudar enquanto pensa que dorme. Aliás, já vinha antes de vir morar aqui.

Carlos olhou mais uma vez para o lago. Os raios de sol brilhavam na superfície da água, e ele teve certeza de que

143

Soláia falava a verdade. Por isso, quando chegou ao condado, já sabia como era o lugar em todas as estações do ano.

Soláia deu um passo à frente para ir embora, e o conde, para mantê-la ali um pouco mais, perguntou:

— Como vai seu pai?

— Está ótimo, muito ocupado.

— Quer dizer cansado, então — ele quis brincar.

— No dia em que o trabalho nos faltar, de um lado ou de outro, estancaremos na evolução.

— Soláia, o que faria se eu lhe dissesse que quero casar-me com você?

— Diria que está enganado. Não é o momento nem a vida.

Carlos ficou muito surpreso de ter feito a pergunta e pouco surpreso com a resposta, quando deveria ser o contrário. Ficou avaliando a resposta da jovem e sentiu que, no tom de voz de Soláia, algo denotava uma tristeza profunda.

A moça saiu, e Carlos seguiu-a com o olhar. Viu Soláia entrar no templo e passou a mão na barba, sentindo-se ridículo. Por que fizera aquela pantomima? "Nem sequer notou meu disfarce", concluiu.

Carlos, contudo, concluíra errado seu pensamento. Soláia sabia que ele tentara enganá-la, mas fora ingênuo, pois ela não o via somente com os olhos do físico. A moça conhecia-o mais pela alma e por seu fator vibracional, que não muda, apenas evolui pouco a pouco.

De dentro do templo, Soláia voltou-se para observá-lo. Ela e o pai sabiam que seus destinos, no futuro, dependeriam de algum modo da fé de Carlos em si mesmo e de o conde ouvir seus mentores e Deus, pois esse também era o motivo de ele estar naquele condado.

Aquele espírito, naquele momento na forma de Carlos, já falhara mais de uma vez, e só restava rogar que não o fizesse novamente.

Pai e filha vieram como companheiros para deixar claro que estariam com Carlos em todos os momentos, na carne ou somente na alma, pois todos nós somos espíritos imortais.

Handar viu a filha dentro do templo, parada no meio do corredor, onde o brilho do sol ocultava a presença da moça para quem estivesse do lado de fora, principalmente a Carlos, que não estava muito próximo dali. Vendo o pai, a Soláia comentou tristemente:

— Pai, sinto que ele falhará.

— Filha, por favor, não falhe perdendo a fé. Tenho rogado que ele não erre, mas, de um modo ou de outro, voltará mais forte, porque o objetivo é somente esse, nunca o castigo.

— Porém, falhando, ele sofrerá muito mais.

— Eu sei que o ama e sofrerá com ele, contudo, o aprendizado servirá a ambos. Deus é sempre sábio e não desperdiça nada.

— Queria poder fazer mais.

— Não podemos, é o terreno das decisões de Carlos. Tem conhecimento, sente seus outros sentidos. Venha, temos muito a fazer.

Handar colocou o braço sobre os ombros da filha. Restava esperar, se preciso fosse, para juntar os "cacos" dos dois em um renascimento.

Carlos ficou ali durante muito tempo, sentindo uma inquietação em sua alma depois que Soláia se foi. O que acontecia com suas reações? De onde vinham metas que não tinha planejado?

O conde pensou e repensou sobre a origem de muitas coisas das quais sabia, simplesmente porque sabia. Começou a juntar gente na margem do lago, e ele se retirou discretamente. Carlos olhou para trás e viu o segurança. Algumas pessoas, ao virem o segurança, ficaram olhando-o, procurando a pessoa que ele seguia.

Carlos não se virou e continuou andando lentamente até sua casa. Lá chegando, trocou-se, pois se sentia ridículo. Depois, entrou em seu gabinete e pôs-se a trabalhar. "O

145

trabalho é sempre um bálsamo para as preocupações", pensou ele em suas cismas.

***

Trancado em seu quarto, Eduard olhava as moedas em cima da cama, que brilhavam com o reflexo do sol que entrava pela janela. Ele acariciava-as como se fossem um ser humano.

"Rico, serei rico! Bendita hora em que vim para este lugar! Bendita hora em que conheci o senhor Maláia e aprendi a ser esperto!", pensou, pegando uma das moedas e beijando-as, como quem beija uma amada. Sentiu o frio do metal e viu em sua mente a imagem de um castelo, daqueles bem grandes. Castelo que nem mesmo o conde Carlos tinha, mas que ele, Eduard, teria.

Já ouvira falar em outras terras distantes, lá para os lados da Ásia, da África, ou quem sabe mais longe. Não importava. Seu maior sonho era ser conde, mas onde conseguiria o título?

A sociedade na Europa era de casta fechada. Um indivíduo só ganhava um título se o herdasse ou se fizesse algum grande feito reconhecido pelo rei. Homens de guerra sempre ganhavam por seus feitos, contudo, ao pensar nisso, ele se arrepiou. Nunca! Eduard não podia ver sangue, e a Europa estava passando por uma fase de paz, de acordos entre cavalheiros.

A Europa fora arrasada havia poucos anos, quando ele ainda era adolescente. Eduard pensou em seus dias de miséria, andando pelas ruas esmolambado, do pai roubando um pouco de comida do senhor para quem ele trabalhava, e do medo da mãe de que o marido fosse pego. Lembrou-se também da viagem à procura de outro lugar onde viver e da chegada às terras do conde. Lá, Eduard parou de perambular pelas ruas e precisou trabalhar. Não podia reclamar, afinal, o pai arranjara-lhe um emprego no castelo.

146

Eduard conseguiu um cargo de primeiro auxiliar, uma espécie de faz-tudo, e depois foi subindo de cargo até se tornar o homem de confiança do pai de Carlos. Não devia isso a ninguém, no entanto. Devia tudo a si mesmo. Aprendera a ler praticamente sozinho, e um dia deixou que o conde visse que ele sabia.

Recebeu do patrão a admiração:

— Menino, você tem uma inteligência superior. Não pode ser simplesmente um auxiliar. Vou promovê-lo a trabalhar diretamente comigo.

Naquele dia, Eduard subiu em muito na escala e julgou que aquele era o topo. Ele ficou contente quando o conde lhe pediu para acompanhar Carlos, incumbindo-o de tomar conta do rapaz e de não deixar que ele fizesse besteira.

Eduard acariciou novamente o dinheiro e pensou que, sem dúvidas, era mais esperto que Carlos, pois, se fosse da família, certamente teria herdado aquelas terras, até dobrado sua parte da fortuna, mas Carlos parecia brando, cuidadoso demais.

Não ele! Ah! Se o destino o tivesse feito nascer da condessa, teria manipulado o pai para receber o melhor condado. Não era como Carlos, sempre tão conformado.

Carlos chegara àquelas terras sem nem saber onde o lugar ficava e não sabia impor-se aos políticos locais. "Quem não sabe comandar que seja comandado", deduzia ele.

Eduard começou a guardar o dinheiro e a juntá-lo com muito cuidado, colocando-o dentro de um pequeno baú. Depois, escondeu-o dentro do baú de suas roupas, onde só ele mexia.

Ele desceu as escadas, e avisaram-no de que Carlos voltara ao casarão e que estava no gabinete. Eduard andava pela sala ainda quase nua e pensava: "Não! Carlos não é um conde! Foi apenas o acaso que o fez nascer da condessa! Talvez não... Quem sabe ele foi encontrado? Quem sabe é filho da condessa com um plebeu? Essas coisas acontecem.

Muitas mulheres têm suas aventuras escondidas nas alcovas", concluiu.

Isso, no entanto, não vinha ao caso. O que importava era que ele, Eduard, nascera de uma mulher e de um homem do povo e que por isso trazia na testa algo como uma marca: plebeu.

Como reflexo de seus pensamentos, Eduard passou a mão na testa. Sim, a marca estava lá, visível na Europa e naquelas terras. Mas estaria se ele estivesse longe? Bem longe, um homem sempre é recebido muito bem se tem dinheiro.

Carlos abriu a porta do gabinete e pediu:

— Eduard, venha cá, por favor.

O assessor pensou: "Um conde que pede 'por favor' não pode ser chamado de nobre e ainda mais ser respeitado como tal".

— Pois não, senhor — respondeu com pouco caso, sem que Carlos tenha percebido seu tom.

Eduard entrou no gabinete, olhou à sua volta e só viu defeito. Fixou a testa de Carlos e pensou que, sem dúvida, aquele ali devia ser filho de alguma aventura entre a condessa e um plebeu. Certamente, tinha metade do sangue errado.

Ao notar que Eduard o observava com atenção, Carlos sorriu:

— O que há, Eduard?

— Por quê, senhor?

— Olha-me de forma esquisita. Deve ser essa barba. Fui infantil, vou tirá-la hoje mesmo.

Eduard lembrou-se de mais um agravante: Carlos não usava o valete nem o barbeiro. Ele mesmo se cuidava, o que denotava que realmente não tinha nobreza.

Carlos deu algumas ordens a Eduard, com o tom de quem pede um favor. Para o conde, um cavalheiro culto sempre leva em conta a educação e trata as pessoas como iguais. Ele tentou lembrar-se de onde obtivera aquela informação. Estava certo de que seu pai nunca fora grosseiro com quem quer que fosse.

148

Se o pai não era grosseiro, Carlos era menos ainda. O conde sabia que, por mais ignorantes que fossem, era errado humilhar os servos. E, se por acaso em um momento de raiva o fazia, sentia-se terrivelmente mal. Ele lembrava-se de que, na adolescência, época em que o temperamento se apresenta um tanto irreverente e explosivo, o fazia várias vezes e depois, discretamente, pedia desculpas.

As desculpas vinham de vários modos: por meio de palavras e até por uma camaradagem qualquer. Carlos lembrou-se de uma vez em que humilhara uma serva. A mulher ensaboava o chão, e ele escorregou, servindo de chacota aos irmãos. O conde ficou tão irado que xingou a mulher de descuidada e de outras coisas das quais não se recordava mais. A mulher, indefesa, escutou suas ofensas de cabeça baixa.

Mal Carlos virou as costas, sentiu um arrependimento tão grande que saiu do quarto correndo à procura da mulher, que ainda fazia seu trabalho. Ele, então, começou a ajudá-la, levando água do poço para enxaguar o chão.

O pai de Carlos chamou-lhe a atenção, e ele tentou explicar. Todos diziam que tinha exagerado, mas ele não se importou que reclamassem que um filho de nobres nunca poderia ter feito algo assim. Carlos estava em paz, e era isso o que importava. Pensando no episódio, sorriu. Ainda tivera a ousadia de dispensar a mulher para descansar no meio do dia, pois ela parecia muito cansada.

Depois de dar ordens a Eduard, Carlos subiu para seu quarto, sentindo ainda uma inquietação dentro de si. Olhou pela janela e viu dois seguranças andando de um lado para outro no jardim do casarão.

Por que aquilo o incomodava tanto? Aquela sensação de ser prisioneiro deixava-o em desespero. Carlos sentou-se em frente ao espelho, olhou seu rosto envelhecido pela barba, pediu água morna e sabão, pegou sua navalha e, assim que lhe trouxeram o que pediu, começou a tirá-la.

Fora ingênuo em acreditar que Soláia não o reconheceria, mas queria muito que ela visse nele apenas o homem, sem o título na testa. Depois pensou em Dulcor, na paixão do amigo por Cataléa, e no desprezo que a moça tinha pelo pintor. Como podia uma mulher envolver um homem e abandoná-lo simplesmente?

Se Dulcor suspeitasse que Cataléa estivera grávida e provocara o aborto por conta própria, como reagiria? O pintor era um bom homem e, por mais amor que sentisse por ela, certamente passaria a odiá-la.

Mas quem era ele, Carlos, para julgá-lo? Quantas vezes se relacionara com mulheres, sem se preocupar se sua semente as fecundaria ou não? Sentou-se na cama desanimado de repente. Será que tinha filhos? Um ao menos, abandonado na Europa?

Tentou buscar com a mente, como se pudesse rastrear, contudo sabia que não. Uma certeza, que ele não sabia de onde vinha, afirmava que não, e a tristeza repentina que o abatera se foi como fumaça levada pelo vento.

Carlos acabou de tirar a barba, lavou o rosto e sorriu. Daquele modo, sim, se reconhecia. Teve vontade de ir ao templo novamente, chegar perto de Soláia e abraçá-la. Percebeu que sentia saudades dela.

O conde pensou em pedir a Dulcor que a retratasse. Guardaria o quadro em seu quarto, escondido de todos e... não. Para quê? Era melhor não se entregar ao amor que brotava. Qualquer uma iria para seus braços imediatamente, mas Soláia parecia distante, indiferente a ele. Talvez, fosse especial demais.

CAPÍTULO 12

Eduard resolveu sair um pouco. Acompanhando a serva da cozinha, foi comprar legumes e frutas para abastecer a casa, pois dizia não confiar dinheiro à mão de servos. Esquecia-se de que ele mesmo já tinha sido um.

O assessor do conde foi andando pela rua do mercado aberto, como era chamado, e teve uma ideia. Viu ali muitas gaiolas contendo animais vivos, que, a pedido do freguês, podiam ser abatidos na hora.

Já que não conseguia descobrir onde os bruxos faziam seus rituais, poderia criar uma armadilha. Mas como seriam realmente esses rituais? Maláia estava certo? Já ouvira falar que matavam animais e acendiam fogueiras. Quanto Maláia pagaria por uma ideia como aquela? Eduard imaginou-se viajando em um navio enorme, indo às Índias, apresentando-se como conde ou talvez como um barão, com dinheiro, muito dinheiro. Quem se atreveria a dizer que ele não era? Conhecia a sociedade. Bastava mostrar poder de compra que teria tudo: amigos, mulheres, influência, e isso tinha um custo.

Sua mente não pensava em trair Carlos. Não, de forma nenhuma. Ele gostava do senhor e de toda a família do conde, mas tinha sua vida e queria viver do melhor modo possível.

Pobre Eduard. Ele não sabia o quanto pesava ser rico, ter poder e influência, pois desse tipo de gente esperava-se muito mais. Muito mais bondade, muito mais tolerância, pois o erro tem proporções maiores, atinge mais gente, resultando em consequências maiores.

Eduard mandou a serva para casa. Um adolescente a ajudava a carregar a cesta, pois ele, se precisasse, não carregaria nem uma batata.

Ele, então, dirigiu-se sozinho à casa de Maláia, que estranhou a presença do assessor novamente. O homem, contudo, atendeu Eduard, pensando que ele tinha tido uma ideia para eliminar Carlos de modo que o pai não suspeitasse do crime.

Maláia recebeu-o como a um velho amigo, e isso fazia parte de sua tática, mais propriamente chamada de aliciamento. Trancados no gabinete de Maláia, Eduard contou suas ideias.

Livrar-se de Handar era realmente algo muito interessante, pois ele tinha muita influência sobre o povo, mas Maláia perguntava-se em que isso o ajudaria diretamente a eliminar Carlos?

Enquanto Eduard falava, a mente de Maláia ia longe. Ele poderia dizer que as bruxarias de Handar prejudicaram o jovem conde. Uma doença, um veneninho aos poucos. Eduard, por sua vez, estava tão cheio de si que não percebeu que o homem nem sequer lhe prestava atenção.

De repente, Maláia interrompeu-o, dizendo:

— Eduard, você é muito esperto. Eu nem sequer teria pensado nisso. Vamos fazer assim... primeiro, você dá um jeito de o conde e eu nos tornarmos mais amigos. Sugira-lhe que nos convide para um almoço ou jantar no próximo fim de semana.

Maláia queria conhecer algum servo de Carlos e corrompê-lo. Alguém que fosse mais barato que Eduard, pois este parecia ter tomado gosto pelo dinheiro e se tornara muito ganancioso.

Sentindo que fora interrompido e vendo que o homem se levantara, praticamente colocando-o para fora da casa, Eduard desiludiu-se e procurou saber onde errara. Decidiu, então, concordar simplesmente e saiu.

152

No caminho de volta para casa, Eduard continuou a buscar na mente o que desagradara Maláia, que nem sequer se despedira dele decentemente à porta.

Assim que chegou ao casarão, Eduard procurou Carlos e encontrou-o no gabinete, anotando as contas do condado. O assessor sorriu de forma cortês e mentiu descaradamente:

— Conde Carlos! Encontrei por acaso o senhor Maláia e a família e tomei a liberdade de convidá-los para um jantar. Fiquei de discutir com o senhor a data. São tão simpáticos. Será bom para a política local.

Carlos ouviu a notícia com desagrado, comentou que não gostava muito deles e que a mulher de Maláia falava demais. Eduard insistiu em manter o convite, dizendo que era importante, e o conde acabou concordando, afinal, Eduard era seu conselheiro, bem mais velho e melhor político. Discutiram a data e marcaram o jantar para dali a quinze dias.

O pai de Cataléa também reclamava às escondidas do fato de ficarem tão isolados e sugerira a Carlos que fizesse um baile, mesmo sendo pequena a casta local.

O que o homem na verdade queria era ver Carlos e Cataléa, já bem recuperada, dançando juntos. Forçar o conde a aproximar-se da filha e ela dele.

Ele já conversara com a filha sobre a necessidade de a moça insinuar-se para Carlos, mas Cataléa julgava o conde um chato e afirmou não ter gostado de viver naquele condado morto.

Cataléa avaliou que talvez pudesse casar-se com Carlos e ficar livre na Europa para encontrar-se com outros homens, mas sabia que seus pais não a apoiariam, pois seu pai tinha lá seus escrúpulos.

Só depois de estar totalmente recuperada, Cataléa soube que a mãe estava sendo retratada por Dulcor, e uma palavra mal colocada da mulher deixou-a alerta. Distraidamente, a mãe da moça elogiava o corpo másculo e forte de Dulcor, parecendo demasiadamente entusiasmada, o que realmente estava. Afinal, na Europa, somente os homens do exército tinham um físico como aquele.

Cataléa não amava Dulcor; apenas tinha por ele um sentimento de propriedade. A moça, então, passou a acompanhar a mãe, enquanto Dulcor a pintava.

O pintor julgou que a jovem fora impedida de vê-lo e encontrara um modo de estar com ele. Dulcor não percebia, no entanto, que os olhares que ela lhe lançava eram somente da saudade de quem tem tédio da vida que leva. Tédio quebrado pela aventura que viviam. Sem demais interesses.

Se não fosse Dulcor seria outro. Ou melhor, seria Carlos, que, se não fosse tão antipático e a evitasse, continuaria figurando como seu principal objetivo. Curiosamente, Cataléa pensou no conde naquele momento e percebeu que não sabia mexericos de alcova sobre ele.

O pai da moça aproximou-se e olhou o quadro da esposa e perguntou a Dulcor, a quem julgava excêntrico:

— O que são esses raios em volta do rosto dela?

— É o modo como a vejo, senhor.

Dulcor sabia que não adiantava falar o que realmente via.

— Não está ficando lindo? — perguntou a mulher entusiasmada.

O marido deu três passos para trás para ver melhor o quadro e julgou que aquela aura parecida com as de santo era muito estranha. O homem notou também que Dulcor pintava a mulher sem brilho. Quis fazer uma observação sobre isso, mas, como o quadro ainda não estava pronto, pensou que o brilho viria como acabamento.

Não queria que o pintor percebesse que ele não entendia nada sobre arte, por isso não quis fazer perguntas nem aprender. Apenas rogou aos céus que o quadro não saísse muito caro, pois já tinha o da filha para pagar.

O homem pensava: "Conheço essa raça de artistas! Combinam um preço e, logo que terminam o trabalho, pedem outro!". Preço que o incauto marido sempre acabava pagando.

154

Ele não deu a opinião que a esposa tanto desejava ouvir: que estava mais linda do que nunca no quadro. O homem limitou-se a se retirar calado, pensando em quanto prejuízo teria por uma coisa que considerava inútil. Uma coisa que seria pendurada na parede para pegar pó, dando mais trabalho aos servos, até que um dia alguém mais descuidado o estourasse no chão.

Vendo os movimentos dos braços de Dulcor, Cataléa pensava em seus abraços e em sua musculatura forte. A moça olhou para a mãe e percebeu que certamente ela pensava o mesmo, mas ainda não o tinha experimentado.

Cataléa posicionou-se atrás da mãe e esperou que Dulcor se virasse para olhar a musa. O pintor, então, sentiu o olhar ardente da jovem e fixou-a. Sentindo seu amor vir à tona, teve vontade de pedir a jovem em casamento ali mesmo, contudo, sabia que não deveria, e isso fez toda a sua vontade de pintar desaparecer.

Dulcor parou e olhou a matrona. Depois, pediu licença para pararem naquele momento.

— Mas não pode. Acabou de chegar. Precisamos voltar logo para casa, e eu quero levar o quadro pronto — insistiu a matrona um tanto irada.

— Senhora, perdoe-me, mas estou me sentindo mal.

— Claro, desculpe. Sinto muito que não esteja bem.

A mulher levantou-se insatisfeita, pois queria ver logo o quadro pronto. Dulcor pensou que Cataléa ficaria um pouco mais no jardim, mas ela lhe sorriu, virou as costas e seguiu com a mãe.

Dulcor chamou Cataléa, que fingiu não ouvi-lo. Sorrindo, a moça levava consigo a certeza de que o teria, se e quanto quisesse, e isso fez muito bem ao seu ego.

A mãe da jovem reclamava:

— Creio que esse pintor seja um pouco estranho. Outro dia, ele cobriu toda a parte que pinta ao redor com uma cor de que não gostei. Obriguei-o a mudar.

— Ele é assim mesmo, temperamental.

— Seu quadro ficou lindo. Confesso que você ficou ainda mais linda do que é. E aquele brilho à sua volta lhe conferiu um ar de deusa.

— Mas muitas vezes, o vi pintando de outras cores. Reparou? Há dias em que ele apenas retoca essa parte, noutros nem sequer as pinta, e há dias em que muda totalmente a tonalidade da cor. É excêntrico apenas.

Dulcor estava entristecido, pensando que não deveria ter dispensado a mulher, já que aquele era o preço a ser pago para ter sua amada ali tão perto. O pintor olhou as janelas do casarão e acreditou inocentemente que Cataléa estava sendo vigiada pelo pai ou por algum servo e temia por ele.

Ele seguiu para casa desejando que a moça fosse encontrá-lo e, para que a ansiedade da espera incerta não o torturasse tanto, começou a pintá-la novamente. Dulcor, então, percebeu que a imagem que surgia era de uma aura escurecida e apagada. Não entendia o porquê, por isso, irado, jogou o quadro na parede, quebrando a tela e espalhando tinta pelo chão.

***

Carlos vinha percebendo que Eduard andava diferente. O assessor parecia intimidado quando estava perto do conde e, durante as refeições, mantinha-se quase sempre calado. Carlos resolveu investigar, imaginando que o amigo e conselheiro talvez estivesse apaixonado àquela altura da vida.

Eduard devia ter por volta de 40 anos de idade e era solteiro. Uma vez, ele falara sobre uma dama e que não fora correspondido, mas isso acontecera havia muito tempo. Carlos ainda era uma criança e isso pouco o interessara na época.

Sentado em seu gabinete, Carlos viu Eduard passar e ficou observando-o pela porta aberta. O conselheiro caminhava de um lado para outro na sala, depois se sentou. Eduard ficou um pouco naquela posição, levantou-se de novo e voltou a perambular.

Carlos saiu do gabinete e perguntou:

— O que há, Eduard?

O homem estava tão ocupado com seus próprios pensamentos que levou um susto. Eduard olhou para Carlos como alguém é flagrado fazendo algo que não deveria fazer, e o conde, inocentemente, teve vontade de rir.

Carlos olhou minuciosamente para o conselheiro e questionou-se: "Que tipo de mulher o pertubaria, Eduard?". O conde procurou na mente e percebeu que eles mal se relacionavam com a sociedade local. Por fim, não se lembrou de terem conhecido alguma viúva e imaginou que um relacionamento com alguém muito jovem não iria dar certo, pois poderia até ser filha dele.

— Nada, senhor. Por quê pergunta?

— Parece-me agitado. Há pouco, você passou pelo gabinete, cuja porta estava aberta, e nem sequer reparou que eu estava aqui dentro.

— Reparei, senhor, mas me pareceu que estava muito ocupado, por isso não quis incomodá-lo.

Carlos tinha certeza de que Eduard não o vira, mas resolveu não teimar. Se Eduard estava com problemas, ele faria o possível para ajudá-lo. Também estava com problemas, mas não podia pedir ajuda a ninguém, pois não sabia definir exatamente qual era o problema.

— Venha até aqui. Preciso falar com você — pediu Carlos.

Eduard tinha mais um problema: o prazer que vivenciara no primeiro momento de corrupção passara, e o desprazer de quem fez algo que não deveria parecia uma cobrança desagradável dentro de si.

O dinheiro, agora, parecia-lhe pouco pelo que estava fazendo aos seus nervos, e o pior: aparentemente Carlos estava percebendo que ele estava agitado.

Enquanto seguia o conde, a única coisa que passava por sua mente era a certeza de que precisava melhorar seu papel de ator, por isso, ao se sentar na poltrona em frente à mesa de Carlos, Eduard procurou na mente uma conversa fiada qualquer para sair daquela situação. Ele esperava que o conde iria se sentar, mas Carlos manteve-se de pé, quase à sua frente.

— Eduard, sei que sou jovem e que você é homem de confiança de meu pai... Sei também que problemas não têm idade, então, me diga: o que o preocupa? Para que eu possa ajudá-lo, peço-lhe que, em nome dessa amizade, não tenha vergonha de falar.

— Senhor, agradeço-lhe o carinho, mas não tenho nada. Apenas deixei amigos e familiares no condado de seu pai e sinto saudades deles.

— Quer umas férias para ir visitá-los? Eu também sinto falta de muitos amigos e parentes, contudo, nem por isso ando tão agitado.

Aquela presença amiga, quase ao seu lado, olhando-o bem de perto, incomodou-o tanto que Eduard levantou-se de supetão. O homem tinha a sensação de que vozes lhe diziam: "Conte-lhe. Volte atrás. Não há fortuna que faça valer a dor do arrependimento tardio".

Eduard pensou em uma palavra: bruxaria. Ele fechou os olhos por um momento e pensou que toda aquela vila era cercada por bruxos e que apenas Maláia era sincero. Fixou esse pensamento na mente, calando o íntimo que lhe gritava: traição. "Não é isso!", repudiou. "Tenho o direito de lutar por meus interesses. Como será que a fortuna da família do conde foi construída? Certeza, tinham origem pobre e, em dado momento, algum parente, de quem não se fala, deu um golpe certeiro! Bem, na minha família, serei esse parente que dará um golpe certeiro! E todas as gerações vindouras me ovacionarão por ter mudado o destino de todos", justificou-se mentalmente e respondeu:

— Senhor, eu não tenho nada, apenas saudade. Mas, como tudo na vida, vai passar. Agora, peço licença para retirar-me. Só mais uma coisa... tome cuidado com essa gente e com o senhor Handar e filha. Ouvi dizer que são bruxos terríveis, que colocam pensamentos em nossas cabeças.

158

— Onde ouviu isso? Eu só ouço falar que são sagrados.

— Somente Deus é sagrado, senhor, o resto é coisa do diabo.

— Eduard, se algum dia você tiver uma prova disso, por favor, me apresente — pediu Carlos confiante de que o outro nunca teria.

Eduard até mudou seu estado de espírito, deduzindo que não havia bruxaria, pois Carlos acabara de lhe dar uma prova de confiança. "Remorsos que nada! Tenho, sim, que negociar essa confiança com Maláia, pois possui muito valor. E um valor passado em moeda corrente!".

O assessor sorriu a Carlos e disse:

— Senhor, confie sempre em mim, e nós dois ganharemos.

Carlos sorriu de volta. O conde não ficou satisfeito, mas voltou a pensar que se tratasse de alguma paixão de Eduard. Deixou-o ir embora, voltando a pensar nas mulheres que poderiam ter despertado sentimentos em seu conselheiro.

O conde olhou pela janela do gabinete e notou o sol ameno, que sinalizava que o outono estava a caminho. Pensou em sua terra natal, onde a neve logo chegaria. Naquele condado, no entanto, o sol apenas ficaria um pouco mais frio. Carlos decidiu sair um pouco e foi perambular pelo jardim.

O pai de Cataléa veio falar-lhe, insinuando que, devido ao fato de a filha estar morando no casarão há tanto tempo, Carlos tinha obrigações com ela. O conde não entendeu aquela insinuação e comentou:

— Ela veio ficar com o tio. Que eu saiba são como pai e filha.

O barão ficou vermelho de raiva. Inventaram uma mentira, e agora ele era obrigado a engoli-la a seco. Sua raiva quase o sufocou e não passou despercebida a Carlos, que continuou:

— Senhor, não tenho intenções de casar-me no momento. Esse condado toma-me muito tempo, e meu pai deixou claro que eu poderia escolher minha esposa, assim como meus irmãos puderam escolher.

— Depois que veio tratar-se nessas terras, seu pai voltou diferente, abriu mão de sua autoridade paterna. Creio mesmo que nessas terras há magos e poderosos. Soube, assim que cheguei, dos rituais no templo.

— Não há rituais, senhor. Eu mesmo já entrei lá. Já procurei vestígios do que me falaram, contudo, nada encontrei. Vá até lá, eu o aconselho. É apenas um lugar simples, enfeitado de flores, com alguns bancos não luxuosos. Trata-se de um ambiente limpo, sereno.

Ao descrever o templo para o barão, Carlos sentiu uma vontade infinita de ir até lá, sentar-se e sentir a harmonia, a calma, que aquele lugar lhe transmitia.

— Se não há magos por essas terras e não está mal influenciado, case-se com minha filha.

— Senhor, perdoe-me, mas o que tem uma coisa a ver com outra? Não a amo e não quero casar-me com ela. Conheço, no entanto, um homem que daria a vida por ela.

— É alguém importante? Quanto de fortuna tem?

— Nada, porém é possuidor de grande talento.

— Se tivesse grande talento, seria muito rico, senhor conde! — retrucou o barão, retirando-se nitidamente irado.

Carlos sentou-se no banco do jardim e questionou-se: "Será que essa correspondência está certa? O talento só existe se trouxer fortuna?". Dulcor era talentoso e muitos outros artistas que ele conhecera na Europa também eram, porém, a poucos deles a arte trouxera fortuna.

Uma brisa bateu no rosto de Carlos, que olhou para trás. A poucos metros dele, os dois seguranças estavam de pé. O conde suspirou, pois queria ir até o lago sozinho, andar na praça do mercado, poder escolher uma fruta, lavá-la na bica, conversar com um e outro, como todos faziam.

Quem, a não ser ele, era ali o prisioneiro? Ao pensar nessa palavra, lembrou-se de que nunca lhe haviam trazido um meliante. Não existia ninguém preso. Carlos ficou surpreso ao detectar isso. Como podia? O lugar não era grande, mas era incrível que ninguém desobedecesse à lei.

O conde ficou sentado aproveitando o sol ameno e a brisa que soprava. Fechou os olhos e sentiu quase automaticamente que ia direto ao lago. Viu as pessoas sentadas meditando, voou levemente de um lado para outro e entrou no templo.

Lá, Carlos viu Soláia sentada. A moça estava com os olhos fechados, mas, mesmo assim, ele conseguiu ver que algumas lágrimas rolavam por seu rosto. Carlos foi tomado por uma tristeza tão grande que se sentiu voltar automática e bruscamente ao lugar onde estava.

Quando voltou, ficou incerto se imaginara tudo aquilo ou se realmente fora até o templo. Ele pensou, então, que só havia um modo de ter certeza. Ir ao templo naquele momento.

Carlos chamou um dos seguranças e pediu um cavalo o mais rápido possível. Os seguranças julgavam-no esquisito, e, depois da campanha de Eduard de espalhar que muitos eram magos para aquela gente vinda de fora, que não compreendia a crença local, um daqueles homens até gelou ao ver Carlos abrir os olhos rapidamente como se estivesse assustado, querendo sair às pressas.

O homem foi até Eduard e avisou o que acontecera, antes mesmo de passar na cocheira e mandar arrear o cavalo.

— Você não viu um vulto perto do conde? — questionou Eduard, alimentando a imaginação do homem e confundindo-o.

Impressionável, o segurança procurou a resposta na mente. Eduard, então, forneceu-lhe detalhes que imaginou na hora, deixando o segurança ainda mais agitado.

— Sim, senhor, creio que foi assim mesmo. Tenho até arrepios! Vou pedir minha transferência de volta para a Europa.

— De forma alguma! Somos homens e fomos incumbidos de cuidar do filho do conde. Vá com ele. Não desgrude um só momento do conde.

— E se ele quiser entrar no templo? Não quero ir! Posso sofrer com um encantamento também.

— Se não quiser, não entre, mas fique atento.

No jardim, Carlos percebeu que a montaria estava demorando, por isso foi até a cocheira. O segurança acabara de dar as ordens, e o conde esperava impaciente a montaria. Precisava ir até lá, ver se Soláia estava chorando ou se imaginara tudo aquilo. Se não fosse imaginação, pediria que ela lhe explicasse o porquê da tristeza.

Depois de montar o cavalo, Carlos partiu sem esperar pelos seguranças, que o seguiram. Influenciado por Eduard, um dos seguranças, a cada passo que dava para frente, tinha vontade de voltar. E, quando finalmente chegaram em frente ao lago, ele benzeu-se ao distinguir algumas pessoas sentadas no gramado. Em cada uma ele viu um mago poderosíssimo, que podia transformá-lo em bode ou porco para o resto da vida.

Carlos desceu do animal e entrou no templo, notando que Soláia ainda estava lá. Caminhando pé ante pé, o conde tentava não tirá-la da posição e verificar se ela estava chorando, contudo, mal deu dois passos, a moça virou-se e encarou-o.

Os dois ficaram parados olhando-se por alguns segundos. Ela sorriu, contudo, Carlos não correspondeu ao sorriso. O conde procurava vestígios de lágrimas, mas não conseguia enxergar direito na luz difusa do templo.

Carlos voltou a andar e, com passos firmes, chegou perto dela. Olhou-a novamente, mas não viu nenhum vestígio de que chorara. Ela voltou a sorrir e questionou:

— Está bem, senhor?

— Estou.

— Parece-me agitado. O que ocorre?

— Nada, apenas cavalguei com velocidade. Eu gosto.

— Vou deixá-lo sozinho para melhor concentrar-se.

— Não! Fique!

— Aqui não é lugar para conversar. Venha, vamos lá trás.

Soláia seguiu na frente, e os dois foram para uma saleta mais ao fundo, local que ele já visitara. Carlos olhou em volta, viu apenas algumas cadeiras e perguntou:

— Para que serve este lugar?

— Para conversarmos. No templo, atrapalhamos quem se concentra e vem em busca de paz e silêncio.

— Muitos o fazem à margem do lago.

— Sim, mas há os dias de chuva, e muitas pessoas também precisam de um lugar específico para isso. Acredito que o senhor já tenha esse conhecimento. Sobre o quê gostaria de conversar, conde? Vamos nos sentar.

— Em casa, há pouco, tive a sensação de ter vindo até aqui e de tê-la visto chorar — disse diretamente.

Soláia sorriu e comentou sem responder:

— Senhor, não se entregue ao desdobramento a qualquer hora, pois pode ser perigoso.

— Para mim não é. Eu me sinto prisioneiro. Tem ideia de como é viver assim? Não posso dar um passo sem meus seguranças.

— Lastimo, mas nada podemos fazer quanto a isso. A liberdade, no entanto, é da alma, não do corpo.

Os dois voltaram a ficar em silêncio. Carlos teve vontade de acariciar o rosto de Soláia e verificar se lágrimas haviam rolado.

Soláia pareceu perceber e levantou-se de imediato. A moça comentou:

— Senhor, tenho algo importante para fazer agora. Posso ajudá-lo em alguma coisa?

— Não. Obrigado.

Carlos levantou-se e voltou ao templo. Lá, sentou-se em um banco, fechou os olhos e sentiu que era tocado de leve na nuca e na testa. O conde, então, pediu mentalmente aos que lhe davam passe para que ele tivesse sempre sabedoria para decidir.

Dentro de outra sala, Soláia pensava apenas que o destino estava lançado. A moça orou por Eduard, para que ele ouvisse seus mentores. Orou por Carlos, para que ele não se permitisse enganar, e, por fim, por Maláia e outros envolvidos, para que pensassem melhor. A ela e ao pai nada mais cabia, e era nisso que a jovem pensava no templo, amparada pelos mentores que assistiam a todos que iam à casa.

CAPÍTULO 13

Carlos levou um susto e perdeu a concentração, quando ouviu gritos terríveis adentrando o templo. Ele sentiu como se fosse uma ofensa ao lugar.

Um casal trazia um filho adolescente, que lutava para fugir. Os pais, por sua vez, seguravam-no firmemente, quase a arrastá-lo, enquanto o rapaz gritava como se seu corpo estivesse pegando fogo.

Os três passaram por Carlos, como se ele não estivesse ali. Soláia apareceu em seguida à porta que dividia o templo da sala localizada mais ao fundo. O casal não disse nada a ela, e Carlos quis espiar o que aconteceria, contudo, não o fez. Limitou-se a permanecer ali.

Aos poucos, os gritos foram silenciando, silenciando. Os minutos passavam, e Carlos tentou desdobrar-se até o local a poucos metros. Não conseguia sequer manter os olhos fechados. Era como se lhe dissessem: "Você não está preparado. Fique aí e ore".

Ao sentir aquela mensagem, Carlos orou para que o jovem tivesse cura. Ele ficou tão concentrado que, quando ouviu um movimento à sua volta, Soláia já abraçava o rapaz e lhe pedia que voltasse nos dias seguintes. O jovem estava calmo, tranquilo e agradecido, e os pais do rapaz também.

Antes que Soláia se retirasse, Carlos perguntou:

— O que havia com ele?

— Inimigos de outras eras o perturbavam.

— O que fazem vocês? Exorcismo?

— Não. Exorcizar é expulsar simplesmente. Por que o faríamos, se todos os envolvidos precisam de ajuda? São dois ou mais necessitados. Ajudamos a todos, se quiserem.

Carlos não fez mais perguntas a Soláia, porque simplesmente sabia que ela estava certa. Naquele caso, a moça ajudara a dois espíritos perturbados: um encarnado e outro desencarnado. Quem teriam sido? Inimigos provavelmente.

O conde levantou-se e saiu. Os seguranças já o esperavam, e um deles se benzeu discretamente. Carlos notou o gesto e teve vontade de explicar-lhe, porém, percebeu que não seria claro o suficiente para aplacar o preconceito fundado na ignorância do homem.

Quando chegou em casa, Carlos foi avisado de que Eduard não estava e depois almoçou com os pais de Cataléa e com a jovem. Teve vontade de perguntar quando iriam embora, pois o incomodavam, mas sentiu que seria falta de educação.

Carlos olhou para Cataléa, que se alimentava tranquilamente, e teve certeza de que ela não sentia remorsos pelo que fizera a Dulcor. Porém, imaginou também que, cedo ou tarde, o remorso a alcançaria com uma força tamanha que ela nunca mais cometeria o mesmo erro. A evolução, a vontade definitiva de acertar, o perdão de Deus.

Assim que terminaram a refeição, Carlos retirou-se da mesa. Pediu novamente que arriassem um animal e saiu para cavalgar. Decidiu ir para outros lados, mas sempre acompanhado dos seguranças. Podia sentir no ar uma corrente de ansiedade, como se coisas estivessem sendo resolvidas longe de si.

E estavam. Eduard almoçava amigavelmente com Maláia, contando-lhe sobre a confiança em si expressa por Carlos. Julgando-se esperto, narrava como alimentara a imaginação do segurança para usá-lo mais tarde como testemunha.

Eduard olhava para Dulnéia, filha de Maláia, e percebeu que ela o atraía. Quantos anos teria? Era jovem, e um homem de dinheiro e posição sempre podia escolher. Um homem de dinheiro e posição nunca era escolhido.

Ele voltou a contar mais vantagens, como decidia tudo no condado, como se Carlos fosse um incapaz. Até Maláia já estava irado com aquela conversa, pois sabia que não era verdade. O homem, porém, sorria, pois ali estava um aliado, uma escada a ser usada. Apesar dos exageros, Eduard tinha influência sobre o pai de Carlos e sobre o próprio conde.

Desde a primeira conversa que tivera com Carlos, Maláia sentiu que o conde não era um homem fácil de ser manipulado e que, sem dúvida, ouvia suas inspirações. Sem aquele aliado e sem outros que pudesse trazer para si, seria impossível voltar a ter o comando político que tinha antes. Principalmente porque, em sua cabeça, Handar disputava com ele os louros desse poder. E quem corrompe curiosamente tem a sensação de que o corrompido é inferior, quando os dois estão no mesmo patamar.

Maláia se ateve à presença de Eduard pouco prestando atenção aos seus exageros, como se somente o outro estivesse sujo, como se ele fosse superior. Talvez pensasse assim, porque precisava acreditar em algo que sabia não ser verdade e, assim como Eduard, também porque não queria dar nome ao que fazia.

Maláia já não aguentava mais a presença de Eduard e, logo depois da refeição, alegou estar indisposto, praticamente forçando o outro a ir embora. Em seu entusiasmo, Eduard nem sequer percebeu que não era bem-vindo e, durante o caminho de volta, apenas pensou em como era bom ter dinheiro e influência. Se antes jamais se atreveria a pensar em uma jovem como Dulnéia para casar-se, naquele momento, tinha certeza de que conseguiria.

Julgava também que impressionara a jovem e seus pais, mal sabendo que quem é usado é apenas usado. E que quem usa dessa forma quer apenas jogar fora depois, como roupa velha, imprestável. E era exatamente sobre isso que conversavam marido e mulher naquele momento. Maláia dizia à esposa:

— Esse idiota pensa que é nobre só porque lhe dei alguns trocados. Não sabe ele que, engavetados meus impostos atrasados, eu tiro no lucro de uma letra.

— Não gostei do modo como ele olhava para Dulnéia. Se ela merece alguém daqui, esse alguém é o próprio conde. Veja se pensa em nossa filha, pois, para mim, esse é o melhor caminho para termos de volta o *status* antigo.

— Claro que é, mas antes preciso tirar Handar e a filha do caminho. Disseram-me que o conde tem ido encontrá-la no templo. Nem mesmo essa besta do Eduard sabe porquê, mas confiar uma tarefa dessa a um homem só é estupidez.

— O que você fará se ele se tornar ganancioso demais?

— Conto ao conde que ele me extorquiu dinheiro em troca dos impostos. Digo que, intimidado, fui obrigado a deixar de pagar.

A mulher caiu na gargalhada. Admirava o marido que, com suas manobras, pensava ser esperto.

— E depois — continuou ele —, se o conde se tornar nosso genro, fará os caprichos de nossa filha. Ele voltará a morar na Europa, e eu voltarei a mandar em tudo aqui e fazer as prestações de conta como quero.

— Marido, se nossa filha for para a Europa casada com o conde, nem eu desejarei morar aqui. Quero as festas e os bailes que nunca tive.

— Poderá ir quando quiser, porém, eu sei que não posso confiar cargo e dinheiro a ninguém. É estúpido quem o faz, e eu não sou.

***

De volta à casa, Eduard assobiava feliz. Carlos também voltara da cavalgada, sentindo-se melhor. Ao ver o amigo de melhor humor, o conde sorriu e brincou:

— Viu sua amada?

— Senhor, quando lhe disse que não tinha uma amada, fui sincero... mas as coisas acontecem.

— Quer que eu a peça ao pai por você? Pedido meu ninguém recusará! — brincou.

— Não é o momento ainda. Quero ter certeza de que ela me ama.

— É justo! O amor é importante.

— Ela me amará, tenho certeza disso.

Eduard pediu licença para retirar-se e foi para seu quarto. Lá, trancou a porta e abriu o baú onde guardava o dinheiro da corrupção. Iludido, tinha a certeza de que aquele dinheiro compraria tudo, abriria todas as portas e traria o amor de Dulnéia para si. Não que ele a amasse, isso não era verdade. Era apenas a vaidade que faz com que coisas deem aos homens a sensação de felicidade plena.

Em seu encantamento e sua estupidez, Eduard não percebeu que, se desse a Dulnéia todo aquele dinheiro, ela o gastaria em um baile, em uma joia caríssima, e que depois ele mais nada teria para oferecer.

Eduard pensou em pedir a Dulcor para retratá-la, pois assim poderia guardar o quadro em seu quarto. Mas como guardar segredo de uma coisa dessas? Além disso, Dulcor era também temperamental e jamais pintava de memória.

Eduard deitou-se na cama por alguns instantes e começou a acariciar o dinheiro como se ele fosse um animalzinho de estimação e estivesse deitado ao seu lado.

Na cama, imaginou-se voltando à Europa de braços dados com Dulnéia, que estaria muito feliz ao seu lado. "Sim, o dinheiro é a coisa mais importante na vida, afinal, abre todas as portas e torna possível os sonhos mais impossíveis".

Eduard sentou-se rapidamente, quando uma censura pareceu ser soprada em seus ouvidos. Como não queria ouvir, juntou o dinheiro rapidamente e guardou-o no baú, como se mil olhos o espiassem. Depois, olhou pela janela. Estava no segundo andar, no mesmo corredor onde Carlos dormia, e pensou que precisava de mais dinheiro e influência sobre o conde.

Ele debruçou-se na janela e ficou olhando para baixo. De repente, viu Cataléa ao lado da mãe e algumas aias no jardim conversando. As mulheres riam muito, mas ele não podia ouvi-las.

Eduard olhou Cataléa de alto a baixo avaliando-a, como se querer uma mulher fosse apenas sua opção. Por fim, avaliou que Dulnéia era bem melhor que a outra, mais robusta, mais corada, esquecendo-se de levar em conta que todo corpo carrega uma alma, uma experiência e uma personalidade.

E foi assistindo à cena que se desenrolava embaixo de sua janela que Eduard sentiu a necessidade de apressar as coisas. Já ouvira falar de rituais macabros e lembrava-se com detalhes do que Maláia lhe narrara. Precisava criar um teatro e fazer Carlos acreditar, por isso pensou em escrever para um homem que conhecia um negro vindo da África. Depois, ficou inseguro. "E se esse negro não entender nada e colocar tudo a perder?", questionou-se.

Naquela tarde, Eduard permaneceu a maior parte do tempo no quarto, pensando em uma forma de fazer o mal e ligando-se aos que compartilhavam do mesmo padrão vibratório. Quando a noite chegou, mal conseguiu dormir.

Logo pela manhã, já tinha, no entanto, uma solução. Ia sempre ao mercado livre e, naquele dia, enquanto a cozinheira comprava galinhas, teve uma ideia que até o divertiu. Um empecilho, porém, apresentou-se: havia o segurança que ficava a noite toda à porta de Carlos. Eduard ficou pensando em como distraí-lo e logo a ideia e o plano começaram a fluir.

No meio da noite, Eduard aproximou-se do segurança de Carlos e disse que fora acordado por um barulho na sala. O homem desceu as escadarias pé ante pé, e, enquanto isso, Eduard pegou o sangue de uma das galinhas mortas para o jantar e abriu de leve a porta do quarto de Carlos, derramando o líquido pelo aposento e fazendo desenhos sem nexo.

Depois, ficou de pé esperando o segurança, como se nada tivesse acontecido. O homem conferiu todas as portas e janelas novamente e afirmou que estava tudo em ordem. Eduard voltou ao próprio quarto e escondeu novamente a garrafa onde guardara o sangue que não estava fresco.

Pela manhã, Carlos acordou e abriu as cortinas, contudo, não olhou para o chão. Só quando foi trocar-se, viu a mancha. O conde estranhou, mas não percebeu que se tratava de sangue.

Carlos saiu do quarto e, sem grandes preocupações, pensou que não podia se esquecer de pedir que limpassem aquela sujeira.

Eduard mal dormira à noite, ansioso para que o escândalo se fizesse. Assim que amanheceu, ele desceu as escadas e qual não foi sua desilusão ao ver Carlos que descera as escadas apenas reclamando que o dia seria chuvoso.

Eduard perguntou descuidadamente:

— Abriu suas cortinas, senhor?

— Claro!

Eduard parecia ter coceira no corpo todo. "O que aconteceu? Será que Carlos não viu?", pensou.

Decepcionado, Eduard viu Carlos sentar-se à mesa, alimentar-se tranquilamente e comentar sobre algumas coisas que tinha a fazer. Logo depois, o barão desceu, a esposa e a filha em seguida, e todos sentaram-se à mesa.

Eduard não ouvia mais nada, pois estava muito irado. "Como Carlos não viu isso?". Tinha já toda uma história para contar, mas teve de engoli-la quando Carlos lhe disse simplesmente que alguém provavelmente derramara algo no chão de seu aposento e pediu que mandasse um criado limpar.

O assessor ficou se sentindo idiota, fracassado, pensando que talvez não fosse tão esperto quanto pensava e que todo aquele plano e sua ansiedade tinham sido em vão. Por fim, mais do que decepcionado, Eduard viu quando uma serva subiu as escadas com o balde e o pano para limpar.

Logo depois, no entanto, seguiu-se um grito e a mulher descendo as escadas correndo.

Carlos, que já estava em seu gabinete, saiu rapidamente. "O que pode ter acontecido?", questionou-se. A mulher entre lágrimas e soluços dizia:

— Senhor, bruxaria. Foi bruxaria!

— O quê? — perguntava Carlos sem entender nada.

— Senhor, foi o diabo. É sangue em seu quarto.

— Sangue?! Talvez seja vinho.

Eduard viu seu momento triunfar e questionou:

— Senhor, quem beberia vinho e o derramaria em seu quarto?

— Não sei. Mas creio que não seja sangue.

Trouxeram um copo com água para a mulher. A esposa do barão estava paralisada na sala, com a boca aberta. A serva tremia e dizia-se apavorada, deixando-se levar pelo medo, preconceito e imaginação.

— Há sinais macabros. Eu não consegui jogar água, pois o diabo segurou minha mão.

— Fique calma — dizia Carlos sem entender o que acontecia e questionando-se: "Por que jogariam sangue em meu quarto? E quem faria isso". Ele tinha certeza de que se tratava de um engano qualquer.

Enquanto isso, Handar e Soláia rezavam por todos naquela casa, pois sabiam que alguns naquela sociedade sucumbiam às imperfeições e que Eduard não resistira à tentação do que pensava ser poder.

— Pai, crê que conseguirão enganar Carlos? — perguntou Soláia.

— Não sei, filha. É a encruzilhada que sempre nos ocorre. Se ele falhar na fé do que já sabe, será enganado.

— Quero ir até lá para preveni-lo.

— Crê que ele acreditará em você? Ou você apenas precipitará as coisas? Dê-lhe o tempo de que precisa. Quero ter a certeza de que ele fará a escolha certa.

172

— O mal sempre tem muitas artimanhas e seduções imediatas.

— O bem sempre triunfa, sabemos disso. Mesmo que o mal, nas aparências, pareça dominar, o bem triunfa.

— Vamos sofrer.

— O sofrimento nos faz crescer e nos torna mais fortes. Acalme-se. Não falhe em sua fé.

— Deus, perdoe-me, porém, sou apenas alguém em crescimento e temo pelo meu fracasso e das pessoas que amo.

— Ele não precisa perdoar, pois nos compreende muito bem, sabe de nossas limitações. Somos sua criação.

Sentada no primeiro banco do templo, Soláia fechou os olhos e pensou em Carlos, Eduard e em todos os envolvidos naquela trama e orou por todos eles.

***

Dulcor entrou no templo silenciosamente, sentou-se no fundo e também orou, rogando que Cataléa prestasse mais atenção nele e que o que viveram não tivesse sido apenas uma aventura. Para ele não era, porém, para a moça, Dulcor já fora descartado depois de diverti-la um pouco.

O pintor fechou os olhos e pensou na mulher que amava. Dulcor recordou-se de que, na última vez em que a vira, Cataléa parecia suja, como se à sua volta um pó preto habitasse. Ele não conseguia entender.

Dulcor concentrou-se e rezou muito por eles, principalmente por Cataléa, para que ela se livrasse de tudo o que a sujava. Depois, levantou-se e saiu silenciosamente. Foi até o lago, e lá estava montada sua prancheta de pintura. Lentamente, Dulcor começou a pintar aquela paisagem pela centésima vez.

A cada vez, a pintura saía diferente, e quem não conhecesse bem aquela paisagem, mal a reconheceria nos diversos quadros de Dulcor. Ele lembrou-se de que precisava de dinheiro e que certamente era por causa disso que os pais de Cataléa não permitiam que os dois se aproximassem.

Dulcor iludia-se, pensando que a moça sentia saudades dele como ele sentia dela. E naquela mistura em sua mente da paisagem com Cataléa, ele, de repente, notou que a estava pintando misturada a galhos secos, como se a jovem estivesse enroscada e secando junto com eles.

Olhou para o quadro sem entender bem como aquela imagem mental, que surgira de repente, tinha ido parar na tela. Pegou-a com raiva e quebrou-a com os pés em mil pedaços. As pessoas em volta do lago apenas viraram o rosto e em silêncio o olharam, como se a atitude de Dulcor fosse uma aberração. Depois, ele juntou todos os cacos, carregou-os nos braços e jogou-os em uma lixeira próxima.

Dulcor pensava que a mulher que ele amava não poderia ser aquela que fora retratada recentemente no quadro. Olhou uma das telas que tinha dela, arrumou-a em cima da mesa com um calço, sentou-se e ficou olhando fixo.

No dia em que pintou aquele quadro, algo diferente parecia brilhar na aura de Cataléa. Algo como um recado. Mas o que seria? Cataléa parecia mais linda do que nunca, mais radiante, mais mulher. O que seus sentidos sutis captaram, mas ele não conseguia decifrar?

A tarde foi caindo. Dulcor passara o dia todo pintando aquela tela que ele mesmo quebrara. Como isso acontecia? O que ele via nas pessoas que mudava todos os dias? Será que aquela visão era comum? Não! Ele sabia que não. No entanto, ele queria naquele momento que fosse diferente, pois assim, talvez, teria interesse em ter dinheiro e poder. Assim, quem sabe, a mulher que ele amava estaria ao seu alcance.

Dulcor pegou as várias pinturas que tinha de Cataléa, colocou-as umas ao lado das outras e ficou analisando o que vira. Pôs-se a estudar o rosto, o sorriso, aquele brilho ao redor que às vezes mudava tanto, e perguntou-se em voz alta:

— O que você quer me dizer? Diga-me! Diga-me! — não conseguiu descobrir e acreditou que a saudade estava deixando-o paranoico. Dulcor, então, juntou os quadros com cuidado e colocou a um canto. A casa do pintor era tão modesta que não havia paredes suficientes nem para pendurar todos os quadros que tinha da mulher amada.

***

O conde foi obrigado a gritar para que Eduard se calasse. O assessor parecia querer assustar ainda mais a serva, enquanto Carlos tentava convencê-la de que o que ela vira em seu quarto não se tratava de bruxaria.

— Se não for vinho, deve ser qualquer outra coisa. Alguém deve ter derramado e está com medo de confessar — alegava Carlos irado ante o comportamento de Eduard.

Depois de ouvir o grito de Carlos, Eduard ficou irado, pois tivera a chance de tornar seu plano funcional, mas o conde não permitira. Ele, então, se deu conta de não ia ser fácil influenciar Carlos.

Todos, no entanto, pareciam estupefatos, dando asas à imaginação. Eduard recolheu-se a seu quarto, imaginando o que diriam Maláia e a filha se soubessem de seu fracasso. "Não! Jamais contarei, e ninguém na casa o fará, pois não sabem de meus planos", pensou. Pobre Eduard! Quem corrompe um corrompe outros, pois sempre encontra pessoas no mesmo padrão.

Eduard procurava urgentemente uma solução, pois tinha medo de que Carlos percebesse sua insistência em fazer com que acreditassem que era bruxaria. Se acreditassem, iriam obviamente procurar o bruxo. Temeu também perder a confiança do conde, afinal, se isso acontecesse, não lhe restaria outra coisa a não ser voltar para as terras onde vivera antes. Ficou pensando e pensando.

Poucas horas depois, Eduard desceu e procurou por Carlos. As coisas já tinham se acalmado, contudo, sentiu nos olhares da baronesa e de Cataléa que o plano fizera alguns estragos. As duas pareciam assustadas, e as servas não falavam de outra coisa, dando asas à imaginação, nadando na ignorância e criando preconceitos.

Eduard bateu de leve na porta do gabinete do conde, esboçando uma expressão de coitado. Arrependido de gritar com o amigo, Carlos tomou a frente e foi logo dizendo:

— Eduard, desculpe ter gritado com você, mas de repente, por causa de uma mancha no chão, todo mundo pareceu histérico. Até você pareceu.

— Senhor, eu lhe peço desculpas, mas tenho tanto apreço pelo senhor e temo tanto. Esta terra parece ser tão mística, que me leva a acreditar no sobrenatural.

Carlos sorriu, acreditando que podia compreender o que Eduard sentia, e apiedou-se dele. "O que é anormal para uns é o cotidiano de outros", lembrou-se o conde.

— Eu entendo, Eduard, mas vamos esquecer o incidente. Chega! Ele não aconteceu.

— Sim, senhor, mas preciso dizer-lhe que fiquei muito impressionado, pois dizem...

— Eduard, alguém derramou algo, ficou com medo de dizer-me e não teve a dignidade de limpar. Foi só isso. Não há mais mancha, não há mais assunto.

Eduard sorriu inconformado, pediu licença e saiu. E novamente pensou que Maláia não poderia saber desse fracasso.

Um dos seguranças de Carlos estava sendo pago por Maláia para vigiar os dois e estava atento ao que acontecia no casarão. Por essa razão, o homem presenciara o fracasso do plano infantil de Eduard e na primeira oportunidade relatou o ocorrido a Maláia, que apenas pensou que o assessor do conde era estúpido demais para a empreitada, mas ainda era o único. Avaliou também que talvez estivesse se arriscando e gastando dinheiro à toa.

Estava certo. Todo erro deve ser corrigido por quem o cometeu e, mais cedo ou mais tarde, todos os envolvidos teriam de corrigi-lo. Naquele momento, porém, pensavam somente no imediatismo daqueles que acreditavam ser a solução.

CAPÍTULO 14

Depois que o segurança saiu, Maláia ficou apreensivo, pois sabia que, se Eduard se acovardasse, ele perderia tudo. Ele julgava Carlos como a si mesmo, como sempre fazemos, afinal, nós vemos nos outros nossas imperfeições, e ele tinha certeza de que Carlos não seria tolerante.

Maláia olhou pela janela e viu sua linda propriedade sendo tomada. Viu também ele e a família sendo escorraçados e sentiu que precisava vigiar Eduard ainda mais de perto e lhe dar instruções precisas e objetivas, pois, se o assessor do conde cometesse outro erro como aquele, todos estariam perdidos.

Ele deduziu também que o plano idiota de Eduard fizera Carlos ficar mais atento ao que acontecia. Maláia acreditava que espiões de Carlos já haviam sido espalhados por todo canto e voltou a avaliar que somente uma armadilha bem--feita resolveria o problema. Uma em que todas as pessoas que o incomodavam fossem envolvidas para que pudesse ficar livre de todos de uma só vez. Uma cartada difícil, um jogo de tudo ou nada.

Maláia questionou-se: "Por que Carlos não se casa com Dulnéia e vai para a Europa, para viver de bailes e festas, e deixa tudo por minha conta?". Dulnéia já tentara envolver Carlos, contudo, ele fora seco e direto e a dispensara, causando ódio e recalque em Maláia e na esposa.

Carlos só queria viver em paz e fazer justiça, pois sabia que aquele condado era especial. Ele especulava sempre por que o pai o enviara para lá. Seria um mistério ou apenas coincidência?

Quando entrou novamente em seu quarto, olhou o chão. As servas estavam diferentes e pareciam ver fantasmas e bruxarias em toda a casa. Carlos sentou-se na cama e pensou apenas curioso: "O que podem ter derramado em meu quarto?". Pensou, pensou e decidiu não se preocupar. Os servos eram ignorantes, e pessoas assim facilmente se impressionavam.

Carlos saiu do quarto e foi passear no jardim com um segurança a seu encalço. O conde sentou-se no jardim e, mesmo não tendo planejado, viu-se sentando na posição de meditação.

A brisa soprava no corpo de Carlos, que pensou no lago e logo se sentiu lá. Ele caminhou pelo gramado e entrou no templo, onde algumas pessoas estavam sentadas orando.

Carlos pensou em Soláia e, em sua mente, viu-a sentada, com o bastidor nas mãos, em um recanto claro, onde a luz do sol entrava pela janela, brilhando no piso e nas paredes brancas.

Soláia levantou o rosto e olhou ao redor, como se pudesse sentir a presença intrusa de Carlos. A moça sorriu, baixou a cabeça e voltou ao bordado, porém, sem se concentrar. O conde podia sentir isso e tinha certeza de que ela podia senti-lo ali.

Carlos ficou perto de Soláia, observando o que ela bordava. Tinha vontade de dizer o nome da moça e já perdera a referência de seu corpo sentado no jardim de sua própria casa. Ele era espírito em desdobramento, e sua consciência estava onde o espírito estava, pois ambos eram um só.

Soláia parou de bordar, olhou-o diretamente e transmitiu:

— É incrível a bagagem que trazemos de outras vidas.

Carlos ouviu-se responder como em um sonho:

178

— Não sei se tive outras vidas, no entanto, sei que fala a verdade.

— Carlos, sabe que teremos uma prova difícil para enfrentarmos, não sabe?

— Por que se preocupa? Tenho certeza de que não a decepcionarei.

Soláia tornou a sorrir e desculpou-se.

— Lastimo minha falta de fé, mas temo mais por você do que por mim.

— Não tema, pois eu...

Carlos sentiu um tranco e abriu os olhos, incerto sobre se sonhara acordado ou se aquele diálogo realmente aconteceria. Cataléa estava à sua frente paralisada e tinha o rosto pálido de quem acaba de levar um grande susto.

— O que foi? — perguntou Carlos, sentindo o segurança a seu lado de arma em punho, pronto a defendê-lo.

— O senhor... o senhor... eu vi algo saindo de seu corpo, saindo assim... como do abdome, branco viscoso, leitoso.

— Não pode ter visto nada, deve ter sido alucinação.

— Não foi. Tenho certeza de que vi. Deus! Este condado é lugar de bruxarias, e talvez Eduard esteja certo — dizia ela começando a chorar.

— Pare! Não há nada! Você não viu nada!

— Vi! Eu vi! Tenho certeza! Deve ser a mão do diabo sobre o senhor.

Carlos não tinha conhecimento para explicar a Cataléa que, de alguma forma, ela percebera o cordão fluídico que mantém o corpo denso ligado ao espírito, mesmo quando este entra em desdobramento.

— Não há diabo. Deus não pode ter inventado coisa pior que o próprio homem e suas mesquinharias — ralhou Carlos, saindo irado e frustrado. Seu bem-estar desaparecera, e a imagem de Soláia, sendo ou não sonho, sempre lhe fazia muito bem.

Novamente, a notícia espalhou-se, tomando grandezas na imaginação de quem ignora os fenômenos naturais.

Muitos diziam que Cataléa vira a mão da morte sobre Carlos e que ele estava com os dias contados.

Eduard ficou pensando se aquilo não fora um truque de Maláia. Um não confiava no outro. Ambos temiam que fossem passados para trás. Precisava de um plano urgente, um plano eficiente que tirasse Handar e a filha do caminho. Um que pudesse levar Carlos de volta à Europa, pois Eduard sabia que não teria coragem de matá-lo.

Não era isso o que pensava Maláia, porém, ele conhecia o pai de Carlos e sabia que, se algo acontecesse ao filho, algo que não fosse muito bem explicado, o homem iria até o condado e ou mandaria os outros filhos até lá para descobrir a verdade sobre os fatos.

Ele precisava pensar em algo maior, bem maior, que transformasse o povo em massa de manobra, o que comumente os poderosos faziam. Algo que fizesse Carlos sair do condado e evitasse que alguém da família se arriscasse a ir até lá. Ele, então, mandou chamar Eduard, que, assim que pôde, foi solícito em contar o que as pessoas estavam falando. Maláia já sabia dos burburinhos e julgara que fora outro plano imbecil de Eduard.

Maláia nem sequer quis ouvir a versão de Eduard e mandou-o calar a boca, afirmando que o que diziam não tinha importância para o que precisava ser feito. Sentindo-se intimidado, Eduard calou-se e avaliou que, para ser humilhado, deveria ter cobrado muito mais para que valesse a pena. Infeliz Eduard! Não percebia que, com uma palavra de Maláia, ele estaria perdido. A confiança construída durante tantos anos de trabalho poderia se perder em um estalar de dedos.

Maláia não era idiota e forjava, a cada tostão que dava a Eduard, uma extorsão. Entregava ao cúmplice as moedas de ouro junto com uma bolsa marcada, e Eduard, inocentemente, a guardava com tudo.

— Vamos pensar objetivamente. Primeiro: precisamos fazer uma armadilha para Handar, a filha e os adeptos mais chegados. Pensei muito, e você vai fazer exatamente como digo.

Os dois homens ficaram bolando o plano. Enquanto prestava atenção ao que Maláia dizia, Eduard pensava também em quanto iria extorquir do cúmplice, sabendo que chegara o momento do tudo ou nada.

Eduard saiu de lá com a certeza de que a execução do plano seria muito fácil. Bastaria que tivesse duas pessoas de confiança, e isso ele tinha certeza de que era possível comprar. Sabia que podia contar com os barões, mas pensou melhor, pois eles talvez desejassem ganhar o prêmio para si, já que eram amigos do conde e tinham influência.

Com todo o plano na cabeça, Eduard tinha certeza de que comprar alguém seria o menor dos prejuízos. Bateu no bolso, e as moedas fizeram seu barulho característico. Ele sorriu. Em sua inocência estúpida, acreditou que, depois de tudo resolvido, poderia exigir de Maláia o casamento com Dulnéia.

***

Carlos não queria preocupar-se com o que não tinha importância. Mandara fazer mais algumas bicas para o povo ter água limpa para suas necessidades, sem que precisassem caminhar até o rio todas as vezes. Proibira também que tomassem banho, urinassem ou defecassem perto da nascente de água, que também abastecia sua casa.

Observando pela janela o movimento da rua, Carlos viu as mulheres chegando com os potes vazios na cabeça e fazendo depois o caminho inverso com eles cheios. As crianças estavam mais gordas, melhores tratadas, pois todos que tinham filhos passaram a receber uma cota de leite que ele mesmo fornecia. A iniciativa partira de um conselho de Handar, que o conde julgou mais do que correto. Com isso, a subnutrição automaticamente caíra.

Às portas da cidade havia seguranças, que pediam identificação para os estrangeiros que entrassem no condado. Essas pessoas já eram prevenidas de que, se fizessem algo criminoso, seriam castigadas e jamais voltariam a entrar naquelas terras.

Carlos sorriu. A prisão estava vazia há muito tempo. Eram levados para lá apenas alguns bêbados que fizessem algazarra ou brigassem entre si, contudo, logo eram soltos. O conde pensou na Europa, com sua criminalidade alta, suas ruas sujas, suas crianças esmolambadas e no desperdício de dinheiro nas castas nobres, e questionou-se: "Como pude ter feito parte disso e não percebi o erro de imediato?". Sentia certo remorso por ter se divertido, comido e bebido mais do que realmente necessitava. Curiosamente, julgava-se mais rico, pois um povo bem alimentado plantava melhor e trabalhava mais. Por fim, sorriu. Era tão óbvio, e os governantes pareciam não perceber.

O conde fez um balanço de seus cinco anos no condado e realmente estava feliz. Precisava apenas de uma esposa que o compreendesse com as esquisitices que adquirira e lhe desse muitos filhos.

Precisava principalmente que o barão e a família se fossem, pois o incomodava saber do segredo de Cataléa e se sentia traidor por não ter falado a Dulcor. Mas o que poderia fazer? Já era tarde demais, e um escândalo não faria bem a nenhum dos dois. Além disso, jurara segredo a Handar e cumpriria até o fim de seus dias.

Handar despertava em Carlos o respeito de um aprendiz em relação a um grande mestre, e Soláia despertava-lhe algo mais. Algo que se acentuava a cada dia. Ao mesmo tempo, no entanto, era como se a moça fosse santificada.

Bateram à porta, e Carlos distraidamente mandou a pessoa entrar. Era Eduard, que se aproximou e sussurrou como se estivesse muito assustado. O assessor ensaiara aquela cena várias vezes, como se fosse o ator principal de uma ópera.

— Senhor, soube de fonte confiável algo sobre os rituais macabros. Hoje mesmo acontecerá um.

Carlos não deu importância à notícia, sentiu que era mentira e deu de ombros. Por fim, ralhou:

— São crendices, Eduard. Coisa de gente ignorante, que, se vir uma missa um pouco diferente, já vai dizer coisas.

— Senhor, dou-lhe minha palavra. Hoje acontecerá um assassinato, que fará parte de um ritual desses.

Carlos fixou Eduard e sentiu um frio na espinha só em pensar que aquilo pudesse existir. O conde virou-se um pouco e olhou novamente pela janela. Seus sentidos recusavam-se a acreditar naquilo.

— Não fale besteiras, Eduard. Pelo amor de Deus! Não há bruxos aqui.

— Senhor, senhor, dou-lhe minha palavra. Especulei a hora, para que o senhor mesmo pudesse verificar.

Eduard falava com tanta segurança que Carlos teve certeza de que o assessor acreditava dizer a verdade:

— Pois eu vou ver. Eduard, tomara Deus que você esteja enganado. Quem fará parte disso?

Eduard baixou o olhar. Tinha vontade de rir da cara apavorada de Carlos e respondeu de forma quase inaudível:

— Handar, a filha e outros.

Carlos procurou uma cadeira para sentar-se. "Não é possível. Mas se for, eu mesmo irei testemunhar. Do contrário, nem em mil anos acreditaria", pensou.

— Onde e a que horas?

— Senhor, será à noite. Eu virei buscá-lo, e iremos com todos os seguranças. Tenho medo! Ou melhor, tenho pavor!

— Ficarei aguardando.

Eduard saiu, e Carlos sentiu-se sufocar. Lembrou-se da imagem de Soláia e novamente pensou que era impossível. Ele queria acreditar que não testemunharia nada e rogou aos céus que nada acontecesse e que fosse somente um grande engano.

Carlos olhou a hora. Eram seis e meia da tarde, e ele morreria de agonia até irem chamá-lo. Foi até seu quarto e pegou sua arma. "Há quanto tempo não a uso?", questionou-se.

183

Conferiu se estava funcionando bem, engatilhou e atirou sem projétil. Tudo estava em ordem.

Durante o jantar, não conseguiu participar da conversa. O barão insistia em falar e falar, então, Carlos alegou estar se sentindo mal e saiu da mesa. Voltou ao quarto e lá ficou andando de um lado para outro, esperando que Eduard fosse chamá-lo.

***

Acabara de escurecer, e Handar jantava com sua família. Dulcor também estava lá, pois fazia parte daquele meio como um filho querido e era sempre bem-vindo.

Bateram à porta, e uma mulher parecendo muita aflita pediu:

— Senhor, há um ferido grave. Eu lhe imploro que vá socorrê-lo, pois está entre a vida e a morte.

Handar pediu à filha que o acompanhasse, pois Soláia era uma médium curativa de capacidade muito desenvolvida. Dulcor ofereceu-se para ajudá-los, e juntos seguiram a mulher sem pensar duas vezes.

Subiram ruas, desceram ruas, até chegarem a um lugar um tanto afastado e sombrio. Handar foi alertado de que algo estava errado, porém, pensou que se alguém precisava de ajuda ele a daria. Sentia como uma obrigação espiritual.

— É aqui — afirmou a mulher a dois passos da porta. Eles bateram, mas ninguém respondeu. Quando a abriram, a mulher aproveitou e saiu de cena rapidamente, sem que eles percebessem.

Finalmente, Eduard chamou o conde, e saíram com quatro dos seis seguranças pessoais. Iam quietos. O assessor na verdade mal sabia o que encontrariam, pois Maláia fora vago, temendo que, se Eduard soubesse do plano com antecedência, poderia colocar tudo a perder. Pedira-lhe apenas que aguardasse o aviso de um servo, que, a mando de Maláia, estava de vigia na casa de Handar. O homem viu quando a mulher saiu com os três e correu a avisar Eduard, com ordens de entrar pela cozinha e falar apenas com o assessor.

Eduard já sabia para onde teriam de se dirigir. Iam a pé, fazendo silêncio, até que viram uma casa simples em um local mais do que deserto. Carlos não conseguia respirar e sentia uma agonia enorme, que fora se acentuando conforme passavam as horas de espera. De repente, aproximaram-se e ouviram vozes vindo de dentro da casa.

Carlos chutou a porta, pois, se precisasse esperar mais um minuto, explodiria, e viu uma cena que o fez ter vontade de vomitar: Handar todo sujo de sangue abaixado, e Soláia e Dulcor ao lado dele. Os três estavam próximos a um corpo todo ensanguentado, que provavelmente fora muito esfaqueado.

— Viu, senhor? Foram eles que mataram essa pobre vítima — afirmou Eduard quase aos gritos, com vontade de sair correndo, pois aquilo nunca passara por sua cabeça.

— Prenda-os! — gritou Carlos ultrajado.

— Por quê? — reagiu Dulcor.

À pouca luz, Handar e Soláia estavam tão concentrados que nem sequer tinham parado para prestar atenção ao que acontecia. Havia um fio de vida na vítima, e eles lutavam para mantê-la.

Eles haviam encontrado aquele homem todo esfaqueado e tentavam estancar o sangue de todas as formas, usando desde o equilíbrio energético a ervas e tecidos de suas próprias roupas por não haver nenhum disponível.

— Senhor, olhe! Iam queimar essas ervas para o ritual — afirmou Eduard, que procurava não olhar para a cena e ser merecedor da mão de Dulnéia. Era tarde para arrependimentos. O que interessava era ir em frente.

— Por favor, conde, estamos tentando salvar a vida dele — gritou Dulcor.

— Mentira! São rituais, senhor! E até sei para quê! Para o controlarem. Foi por isso que Cataléa viu a figura da morte perto do senhor. Matam viajantes sozinhos! — gritou Eduard.

Carlos já não ouvia, sentindo um atordoamento misturado a um mal-estar enorme. Eduard estava certo. Quem teria
interesse em matar alguém para culpá-los? Sim, certamente
ele já fora envolvido por aqueles rituais, por isso tinha a sensação de sair do corpo. Estava enganado. Não era conhecimento antigo, como o fizeram acreditar; era bruxaria.

O conde gritou novamente:

— Prendam todos! Agora! — e saiu atordoado, mal conseguindo pensar, enquanto uma dor profunda o dilacerava.
Lembrava-se vagamente de ter mandado prendê-los e foi
para casa sentindo o corpo formigar. Tinha vontade de chorar e ao mesmo tempo de gritar de dor. A imagem de Soláia
como uma santa transformou-se em sua mente e agora ele
via somente a de uma mulher sórdida.

De volta a casa, não sabia o que fazer. Eduard chegou
fazendo espalhafato, acordou todos, passou mal, pediu sais
e realizou outros fingimentos que julgou cabíveis.

O barão desceu as escadarias, e Eduard contou o que
presenciara. Sabia instintivamente que Carlos não podia ter
tempo para pensar muito. Temeu também que o povo viesse
pressioná-lo a favor de Handar, da filha e de Dulcor, que entrara naquela cena sem ser convidado.

Na manhã do dia seguinte, Eduard fez um documento e entregou-o a Carlos para que assinasse, dizendo que
o fazia para poupá-lo da dor. Nesse documento constava
a ordem para que os três prisioneiros fossem transferidos
para outra cidade, onde havia uma câmara de juízes. Pura
burocracia, no entanto, pois era o conde quem decidia. Carlos assinou o papel sem olhar que ali estava expressa a pena
de morte de quem lutava por ele.

A sugestão fora dada por Maláia, que temia Handar. Ele
acreditava que, se Handar ficasse cara a cara com Carlos,
com sua calma e tranquilidade, poderia convencer o outro de
que eram inocentes.

Carlos nem sequer os viu novamente, porque não cabia em si de indignação, raiva, decepção e amor-próprio

ferido por sentir-se tão enganado. A primeira coisa em que pensou foi voltar para casa e desistir de tudo que envolvia responsabilidade.

Em casa viveria completamente à toa. Ali dera o melhor de si e o que colhera? Aquela barbaridade que não o deixava dormir à noite. Ele nem quisera saber quem fora o homem sacrificado.

Sentindo-se falhar na segurança do povo, deu ordens a Eduard que pagasse uma indenização à família do homem, se a encontrassem. Depois de dar essas ordens, trancou-se no quarto em desespero e lá chorou, sentindo que algo estava errado, muito errado. Contudo, estava tão indignado e entregue à raiva e à decepção, que não ouvia as orientações de seus mestres da espiritualidade.

Acrisolado no ressentimento, deixava que Eduard manipulasse seus atos. O assessor, dirigido por Maláia, foi à rua assistir à partida de Handar, Soláia e Dulcor como prisioneiros com o máximo de prazer. Partida que ocorreu bem tarde na noite seguinte, pois o povo não podia ter o assunto esclarecido. Na confusão de informação, Maláia dominava, sentindo-se vitorioso de todas as formas. Esperava somente que Eduard convencesse Carlos a partir para que voltasse a comandar tudo e desviar dinheiro a seu bel-prazer.

***

Três dias se passaram, e Carlos não comia, não bebia e estava, de uma forma inconsciente, procurando sua própria morte. Não aguentava mais ficar dentro de casa, saiu e gritou para o segurança que ficasse.

Queria ficar sozinho como ninguém consegue ficar no mundo. Não desejava ver nenhum ser humano ou ouvir a voz de ninguém. Andou a esmo, como se estivesse drogado, e mal percebeu quando entrou no templo.

Lá, sentiu-se melhor. Como todas as vezes, um véu de brandura cobriu-lhe completamente. Carlos sentou-se, chorou muito novamente e percebeu, que, dentro de si, uma certeza se fincava: tomara a atitude errada. Especulou em voz alta:

— É ainda efeito de bruxaria?

— Não!

Carlos estava certo de que ouvira a negativa.

— Explique-me, pelo amor de Deus, explique-me! — implorou ele.

— Já está explicado dentro de você. Ouça-se apenas.

Carlos não queria aquela resposta. Desejava uma objetiva, alguém em quem pudesse confiar cegamente, pois nem em si ele conseguia.

O conde ficou sentado durante muito tempo. Todas as suas emoções estavam esgotadas, e ele apenas desejava ficar ali para sempre, naquele conforto, apesar de tudo.

Aos poucos, foi como se cochilasse. Carlos sentiu seu espírito sair do corpo, ir em direção à sua casa, e entrar pela porta. Lá, o conde ouviu os comentários e os exageros daqueles que diziam que o número de corpos sacrificados era dois, três, e que havia até criancinhas no meio de tudo.

Carlos subiu as escadas, entrou passando pela porta fechada do quarto de Eduard e lá viu seu assessor com um monte de moedas de ouro espalhadas pela cama. O homem sorria e as acariciava.

Nesse momento, o conde compreendeu a extensão de seu erro e, sem saber como, descobriu que Eduard o traíra. Que o assessor traíra todos os anos de dedicação a si e ao seu pai e seu amor de irmão.

Carlos voltou ao corpo de supetão e gritou. O eco dos seus gritos repercutiram por todo o templo, e, quando ele abriu os olhos, algumas pessoas o observavam assustadas. O conde, então, levantou-se rapidamente e correu para casa. Precisava anular a ordem que dera.

Durante o caminho, ia apressado, avaliando melhor. Precisava também descobrir quem pagara as moedas a Eduard, quem estava por trás de tudo aquilo.

Carlos não fazia o tipo dissimulado e foi muito difícil para si saber que necessitava fingir que nada sabia. Sendo assim, quando entrou no casarão, chamou um dos seguranças e pediu-lhe que fosse buscar urgentemente um mensageiro.

Eduard logo soube que o conde estava de volta. Carlos sentia-se muito mal fisicamente e emocionalmente e tinha vontade de pular no pescoço do assessor. Ao mesmo tempo, rogava que este também tivesse sido enganado e que aquela visão fosse apenas uma ilusão.

Era sempre assim. Na hora em que acontecia, ele tinha certeza de que as visões eram verdadeiras, todavia, depois, ficava em dúvida se não era um subterfúgio de sua própria imaginação, mas era somente falta de conhecimento e de fé.

Carlos entrou no gabinete e escreveu de próprio punho uma mensagem, anulando a condenação dos três. No documento, ele pedia ao juiz que enviasse os três prisioneiros de volta, escoltados. Lacrou o envelope e esperou no gabinete.

Eduard foi avisar ao conde que o mensageiro chegara, e Carlos ordenou:

— Entregue a ele e diga que tenho pressa, toda pressa do mundo, pois quero evitar que uma injustiça seja cometida.

Eduard pensou que antes de mandar o bilhete iria ler, mas Carlos percebeu e disse:

— Deixe a porta aberta. Quero ouvir o que dirá ao mensageiro.

Sem opção, Eduard foi fiel ao que lhe fora ordenado. Um alarme, no entanto, soou dentro de si. Já estava pressionando Maláia para que lhe desse a filha em casamento, mas o cúmplice continuava alegando que era cedo para uma atitude como aquela, pois Carlos poderia desconfiar, afinal, mal passaram alguns poucos dias.

Assim que recebeu o papel, o mensageiro olhou para Eduard e surgiu-lhe que aquele documento era muito importante. Além disso, teve certeza de que não podia confiar naquele homem.

Sem nem mesmo saber por quê, o mensageiro comentou que caminho seguiria. Não tinha intenção de ir por ele, pois parecia que lhe diziam para seguir por outro. Corria perigo, então, preferiu ouvir o que chamava de "seu instinto". Sempre que não o obedecia, dava-se mal. O mensageiro sorriu, agradeceu aos céus por aquela qualidade e obedeceu, mantendo-se alerta.

CAPÍTULO 15

Carlos estava mais atento do que nunca a Eduard, mas precisava ter provas contundentes contra o assessor, porque temia cometer uma injustiça e porque precisaria prestar contas ao pai, que colocava a mão no fogo pela fidelidade de Eduard.

Sempre que estava sozinho ou durante a noite, o conde sentia-se como se fosse o mensageiro e, como se pudesse alcançá-lo em pensamento, mentalizava: "Corra com os ventos, pelo amor de Deus! Corra! Chegue a tempo. Minha paz de espírito necessita que chegue a tempo".

Carlos sabia que as execuções aconteciam às sextas-feiras, por isso tinha muitas esperanças de que o mensageiro chegasse a tempo. Na terça-feira, no entanto, teve uma súbita crise de choro e não conseguia controlar-se. Saiu do gabinete apressadamente, trancou-se no quarto e lá ficou totalmente entregue às lágrimas.

Sentia uma dor lancinante, como se seu corpo estivesse sendo cortado, embora não houvesse nele sequer um arranhão. Quando foram levar-lhe o jantar, Carlos não abriu a porta. O conde também não conseguiu dormir, tentou adivinhar o que acontecia e soube que o mensageiro não chegaria a tempo.

Na quarta-feira, Carlos sentia-se como se estivesse muito doente, esgotado. Não saiu da cama para nada, pois não tinha vontade de fazer nada.

Uma serva entrou no quarto e levou-lhe o desjejum, contudo, Carlos nem sequer o olhou. Queria ficar ali e morrer, pois tinha certeza de que Handar, a filha e Dulcor estavam mortos por ordem sua, por um grande engano.

Carlos questionou-se mais uma vez pela falta de fé no que sentia e quis acreditar que não era verdade. Eduard entrou no quarto e viu que ele estava pálido. Seu amor pelo conde condenou-o, mas o interesse em casar-se com Dulnéia e ter o que pensava ser poder o venceu mais uma vez.

Eduard sugeriu a Carlos que voltasse para a Europa e esquecesse tudo o que acontecera ali, pois, afinal de contas, Handar, Soláia e Dulcor eram bruxos, e Carlos não podia sentir-se tão abalado por pessoas que ele mal conhecia.

O assessor ainda tentou convencer o conde de que tudo que ele sentia ainda era consequência de bruxaria e sugeriu que os três prisioneiros estavam influenciando-o mesmo longe dali, na prisão.

O conde pediu a Eduard que se retirasse e passou o dia dentro do quarto novamente, e o outro e o outro. O barão e a esposa foram visitá-lo várias vezes. Como Carlos estava fragilizado, imaginavam que poderia ser o momento certo de lhe imporem a filha.

O barão e a esposa obrigaram Cataléa a fazer companhia a Carlos durante as tardes, estrategicamente sem a presença das aias. O conde não se mexia da cama, pois tinha certeza de que fora enganado e não se perdoava por isso.

Aos poucos, contudo, o ódio foi trazendo novas forças ao conde, que descobriria quem estava por trás de Eduard. Carlos já não duvidava mais da participação do assessor.

O conde falou em particular com todos os seguranças, questionando-lhes sobre os boatos que circulavam entre os servos e o povo. A notícia espalhara-se, em uma confusão de informações. Ninguém sabia realmente o que acontecera.

Carlos descobriu que, desde o primeiro dia após o ocorrido, uma comissão de cidadãos quis falar-lhe, mas Eduard alegara que ele estava doente. Quando finalmente os recebeu, o conde notou que as pessoas queriam satisfação, estavam iradas e diziam que Handar, Soláia e Dulcor jamais fariam algo como aquilo.

Embora não acreditasse mais no que vira, Carlos respondeu à comissão que presenciara tudo e ficara tão chocado que acabara adoecendo. As pessoas viram nele um homem deprimido, em crise, à beira das lágrimas só de falar no assunto.

As pessoas da comissão balançaram em suas certezas e acabaram concordando que provavelmente era verdade. Curiosamente, sempre somos falhos em confiar e sabemos o porquê. Somos falhos também em merecer confiança.

Após os últimos acontecimentos, Eduard não saiu mais de casa para nada, muito menos para falar com Maláia, que se mantinha longe, com uma postura de homem digníssimo. Ele chegara a enviar para Carlos uma mensagem de indignação quanto ao ocorrido, afirmando-se chocadíssimo com a atitude de Handar, Soláia e Dulcor, contudo, não deixou de comentar que há muito tempo ouvia comentários sobre esses rituais e que algumas pessoas tinham medo deles. Aquilo era realmente verdade, mas algumas pessoas têm medo de tudo que não podem compreender, inclusive do bem-estar que sentiam ao entrar no templo.

Essas pessoas também teriam medo se um dia Deus aparecesse no céu. Todos sempre falam com Deus, mas, se alguém afirmar que Ele arranjou um modo de aproximar-se para responder, certamente seria condenado por insanidade. Isso, no entanto, é realidade cotidiana.

Carlos lera a carta de Maláia, todavia, não a respondera. Muitas correspondências acumulavam-se em sua mesa, contudo, ele ficou com aquela na mão. O conde leu e releu a correspondência, sentindo que algo vinha dela. Algo ameaçador, que não estava escrito, mas, estava expresso.

Olhou pela janela e sentiu que os dias radiantes já não o contaminavam com a alegria que traziam. Carlos viu quando o mensageiro chegou. Sabia o que ele trazia e sentiu-se sem coragem para ter as provas do que já esperava.

Eduard bateu à porta e avisou ao conde que o mensageiro chegara. Carlos sentia tanta aflição que pensou que precisava controlar-se. Pegou uma garrafa de vinho e deu um grande gole, esperando dela o milagre de um anestesiante. Não aconteceu nada. O conde andou de um lado a outro, sem querer receber a notícia. Já sabia, não queria sua confirmação. Desejava ardentemente manter o fino tênue da esperança.

Nesse conflito, Carlos nem percebeu que o tempo passava. Eduard estava preocupado e perguntou ao homem que notícias tinha. O mensageiro não quis lhe dar, mas não porque tivesse ordens para isso. Simplesmente não desejava e não o fez.

Eduard sentiu-se ofendido e ficou ainda mais quando Carlos deu ordens ao mensageiro para que entrasse e quis ficar sozinho com o homem. Demoraram.

Eduard queria ouvir o que conversavam, mas o barão e a esposa estavam na sala tão curiosos quanto ele. O assessor não se atreveu a tentar ouvir atrás porta, mas ficou perto dela, para evitar que os pais de Cataléa o fizessem.

A única coisa que Eduard queria era casar-se com Dulnéia e ir morar longe, bem longe. Comprar uma propriedade com o dinheiro que tinha e esquecer o que fizera para conquistar seus sonhos.

***

Maláia esperava que as consequências viessem por si mesmas. Era questão de tempo. Não lhe passava pela cabeça dar a filha a Eduard ou lhe dar mais dinheiro.

O que Eduard poderia fazer? O assessor já era carta fora do baralho, e Maláia julgava ter lhe dado dinheiro demais. Pensou que deveria ter negociado os valores, baixado mais um pouco, afinal, Eduard fora servo a vida toda e jamais se acostumaria a ser servido.

O que preocupava Maláia era a história do mensageiro. Assim que Eduard o avisou sobre a convocação do mensageiro, Maláia enviou um de seus servos atrás do homem. O servo, no entanto, acabou voltando três dias depois, dizendo que não o vira em lugar algum e que certamente seu destino fora outro.

"Eduard foi enganado por Carlos", concluiu Maláia. "Ele talvez já esteja desconfiando do assessor, mas isso não é problema meu. De que pode Eduard me acusar, se já providenciei provas ao contrário?", sorriu com a certeza de que desse emaranhado sujo sairia impune e vitorioso.

***

Carlos ouvia o relato do mensageiro e explodia por dentro, como se cada célula de seu corpo estivesse parando de funcionar. Novamente, o conde entregou-se ao choro abertamente, sem se preocupar com a presença do mensageiro. Afinal, o que era ele? Quem era Carlos? Apenas um homem de carne e osso, cujos título e responsabilidade o fizeram errar em grandes proporções.

O conde via no rosto do mensageiro a perplexidade em relação ao que estava assistindo. O que será que as pessoas pensavam? Que reis, condes, barões etc. eram feitos de pedra? Que não eram filhos de Deus? Que não morriam, não sentiam dor e, o pior de tudo, que não cometiam erros e se arrependiam amargamente deles? Carlos estava de mal com a vida, com o destino, com as pessoas e de mal com Deus.

Quando o homem acabou seu relatório verbal, Carlos ainda quis duvidar de que realmente o mensageiro tivesse ido lá. "Quem sabe ficou pelo caminho, e todos ainda estejam vivos?", teimava ele em pensar, mesmo sabendo a verdade.

O conde fez algumas perguntas ao mensageiro, que as respondeu prontamente. Depois, Carlos tirou umas moedas do bolso e entregou-as a ele, que não disse nada; apenas agradeceu.

Assim que o mensageiro saiu, Carlos trancou-se no gabinete e ouviu quando Eduard bateu à porta. Gritou para deixarem-no em paz, pois tinha certeza de que, se encontrasse uma mínima prova, mataria os envolvidos com as próprias mãos e sentiria prazer em fazê-lo.

Carlos ficou muito tempo trancado, desejando que no mundo todo não existisse mais vida nem para si mesmo. Quando finalmente saiu, Cataléa, por ordens do pai, aproximou-se solícita e pegou-o pelo braço. A moça praticamente o levou até a mesa e lhe sugeriu que fizessem uma cavalgada no dia seguinte. A ideia foi apoiada por todos, inclusive por Eduard, que, quando via Carlos naquele estado, sentia o remorso querer emergir de dentro de si.

Nesses momentos, o assessor pensava em Dulnéia, em sua vida juntos, na propriedade longe de todos dali, em nunca mais ter de olhar nos olhos de Carlos, não ver seu sofrimento ou ouvir sua voz. Tinha certeza de que conseguiria bloquear tudo, sendo muito, muito feliz, com o dinheiro que tinha e com uma jovem da nobreza doida para atender-lhe as vontades.

Carlos mal tocou no alimento. Não olhava para os que estavam ao seu redor, pois em todos via a marca da traição. Pouco depois, levantou-se e foi para o quarto, onde a lumeeira já estava acesa. Sentou-se na cama, sentindo-se esgotado pelas emoções. Não tinha mais como se enganar ou ter qualquer esperança. Estavam mortos por culpa dele.

Naqueles momentos, sabia que fora enganado e culpava-se. Acabou dormindo daquele modo mesmo, meio sentado, de roupa, calçado e tudo.

Durante o sono, viu Soláia, que chorava muito e lhe dizia para não cometer mais erros. A moça não lhe cobrava nada e usava um tom suplicante para pedir-lhe que não cometesse vingança. Pedia-lhe apenas que afastasse as pessoas que eram prejudiciais à sociedade local.

Carlos perguntava a Soláia como e por que aquilo acontecera, e a moça, por sua vez, pedia-lhe apenas que não questionasse e voltasse a viver sua vida, sem se entregar ao ódio ou à depressão. Que o tempo era curto e passageiro, assim como as vidas encarnadas.

Carlos quis tocá-la, percebeu que a amava muito e sofria sua falta, assim como a de Handar e Dulcor. Soláia, no entanto, fugiu do toque do conde, que quis manter-se no sonho, sem conseguir. Ele, então, acordou e ficou assim o resto da noite, tendo a certeza de que perdera muito e falhara em algo mais importante.

***

Mesmo sem dar trégua a Eduard, que estava ansioso para colocar seus planos em prática, Carlos descuidou-se um dia. Fingindo que iria ao mercado com a serva, Eduard deixou-a lá esperando e foi até à casa de Maláia.

Chegou como se fosse o dono, exigindo falar com Maláia, que, de propósito, o deixou esperando durante muito tempo. Eduard já se sentia o próprio rei e acreditava que, trabalhando para Maláia e traindo Carlos, seria recebido com pompa. O contrário, no entanto, aconteceu, afinal, quem faz esse tipo de coisa recebe apenas desprezo de quem "compra", que sabe que pode ser traído a qualquer momento. Quem compra sabe que tudo depende de quem paga mais, e quem é comprado perde o respeito próprio e dos outros, sendo esse o mais grave, pois não o recupera jamais sem muito trabalho.

Vendo que Maláia demorava muito e notando que isso nunca acontecera antes, Eduard gritou ao servo que o atendera:

— Diga a ele que estou aqui e tenho pressa! Não esperarei nem mais um minuto.

Maláia já vinha andando, trazendo consigo um desprezo ainda maior por Eduard. Desprezo que deveria sentir por si mesmo, pois, afinal, em que era melhor que o cúmplice?

197

— O que quer de mim, senhor Eduard? — perguntou Maláia com ironia.

— Temos um acordo. Fiz minha parte e vim lhe cobrar.

— Creio que já lhe paguei o suficiente.

— Não ainda. Falta a mão de sua filha.

Maláia arregalou os olhos. Insinuara, sim, um noivado entre ambos, mas nunca pensara em colocar realmente o plano em prática. Além disso, Carlos estava fragilizado, e, para aproveitar a situação, Maláia instruíra Dulnéia a ir visitar o conde para fazer-lhe companhia.

— Senhor, creio que houve um engano. Minha filha não nutre interesse pelo senhor. Por mim, até agradaria, mas preciso respeitá-la, afinal, o marido será dela.

Eduard observou Maláia e, percebendo a falsidade totalmente escancarada, sentiu-se inferior. Ali estava estampado o sentimento que Maláia sempre nutrira por ele. Eduard, no entanto, necessitava casar-se e ir morar longe, bem longe, em um lugar onde o remorso não o alcançasse. E esse desejo já estava se tornando desesperador.

— Senhor, quero casar-me com sua filha! Queira ela ou não.

Maláia respondeu com claro desprezo na voz:

— Minha filha está viajando e não voltará antes do fim do ano. E outra... o senhor não tem esse direito. Quer mais dinheiro? Quanto? Eu lhe dou. Pense bem na quantia, pois será a última vez.

Eduard sentiu-se muito ofendido e magoado. Aquele homem à sua frente não era o Maláia que ele imaginara e aquela não era a recepção que pretendia receber.

Sentiu uma vergonha imensa de pedir mais dinheiro e avaliou-se como um mendigo. Eduard pensou um pouco e foi tomado por uma vontade de socar a boca de Maláia, que o fazia sentir-se um rato capturado em uma armadilha.

Pois bem, queria muito mais dinheiro. Sim, iria embora e roubaria-lhe a filha. Pensaria depois em como faria isso. Eduard estipulou uma quantia absurda, e Maláia sorriu novamente. O homem levantou-se vagarosamente, foi até o cofre, tirou umas poucas moedas e jogou-as com muito desprezo, como quem joga dinheiro a um pedinte na feira.

— Tome! É isso o que merece! E não apareça mais aqui. Se para Carlos é o braço direito, aqui não passa de um servo. Lacaio, acompanhe esse homem até os portões.

Sem dizer mais nada, Maláia retirou-se. Eduard estava tão irado que quis dar-lhe um tiro. Por fim, saiu sem precisar ser escoltado, sentindo a pior coisa que alguém pode sentir: falta de respeito por si mesmo.

Eduard voltou para o local onde a serva o esperava. Em seu rosto transparecia a raiva, contudo, a serva manteve-se calada.

Carlos foi informado de que Eduard estivera na casa de Maláia e esperou que o assessor chegasse. Ficou olhando-o e sentiu-o agitado.

O conde não disse nada. Chamou um dos seguranças e mandou que, à noite, em segredo, mandassem prender Maláia. Que fossem sem o uniforme e pediu que de forma alguma alguém na casa de Maláia soubesse quem o sequestrara.

Para azar de Carlos, um de seus seguranças recebia propina de Maláia. O homem, então, ficou pensando: "De que patrão receberei ordens? De qual deles ganharei mais propina?".

O segurança sabia que de Carlos receberia somente o salário combinado, por isso, antes de seu turno, ele saiu e foi até a casa de Maláia, que lhe teve ainda mais desprezo do que por Eduard.

Maláia sentia-se vencedor. Queria cortar todos os laços com o que acontecera para que Carlos nem sequer suspeitasse dele. Quando recebeu o aviso de que o segurança estava à sua porta, pensou se o homem poderia ter algo importante para dizer-lhe.

"Não!", concluiu. Maláia pensou que provavelmente o segurança vinha contar-lhe sobre algumas ameaças de Eduard, e essas ele já as fizera pessoalmente. Eram descartáveis, e chegara a hora de descartá-los. Com essa certeza,

Maláia mandou avisar que estava muito ocupado e não tinha tempo para receber o segurança de Carlos.

O segurança pensou um pouco e sentiu que Maláia o estava descartando. Sentindo-se descartado, voltou e ficou esperando que a noite caísse para irem buscar Maláia.

Maláia, por sua vez, reforçara a segurança de sua casa, pois um medo parecia querer minar seu prazer. Pensava nas possibilidades de acusação contra si e não via como seria acusado, pois todos os envolvidos também se prejudicariam caso o denunciassem. Eduard era quem mais tinha a perder, e Maláia tinha certeza de que Carlos não o deixaria vivo depois de toda aquela traição.

O que Maláia não avaliava era o quanto Carlos sofria, o quanto o remorso o devorava noite e dia, o quanto muitas vezes chorava. O conde descobrira uma certeza dentro de si: a de que sempre tentara ser justo. Ele, no entanto, via à sua frente a consequência de um erro, e isso lhe doía muito.

Quando todos dormiram, Carlos saiu de seu quarto, chamou o segurança que ficava de plantão à sua porta e o outro, com o qual já combinara os próximos passos, e saíram no meio da noite.

Ele não iria confiar a ninguém sua missão; iria pessoalmente interrogar Maláia. E esse que se cuidasse, apesar de o conde ter dado ordens para não matarem ninguém.

Para surpresa de Carlos, o casarão de Maláia estava mais do que vigiado. Quatro homens faziam a segurança do lado de fora, e outro tanto deveria estar na parte de dentro.

Carlos pediu aos seguranças que o acompanhavam que ficassem longe, pois não tinham chance. Pensou um pouco em uma estratégia, contudo, não conseguiu vislumbrar nenhuma que julgasse eficiente.

O conde deu ordens para que os seguranças voltassem, pois ali estava a prova de que Maláia temia algo, certamente sua vingança.

Chegando à sua casa, Carlos foi direto para o quarto, lá trocou-se e não conseguiu dormir. Procurava em sua mente uma prova palpável que pudesse condenar os envolvidos diante de um tribunal. Maláia era nobre e não seria fácil condená-lo sem provas objetivas e diretas.

Tinha várias certezas, como a de que Maláia e Eduard estavam envolvidos no que acontecera. Relembrou-se de como o assessor chegara aquela tarde, de como andava nervoso, parecendo assustado.

Lembrou-se de ter interrogado a serva, que negara que Eduard se afastara. E depois, com a promessa de algumas moedas, a mulher o traiu sem pensar duas vezes.

Desiludido, Carlos questionou-se que mundo era aquele, onde todos podiam ser comprados, e julgou que não existia justiça de Deus. E, pensando assim, acabou dormindo de exaustão, tendo a certeza de que iria rumo ao assassinato.

Novamente, viu-se em um lugar ajardinado, como o lago do templo. Carlos viu Soláia, que correu para ele. Os dois se abraçaram como nunca tinham se atrevido, e ela pediu-lhe que não cometesse vingança e que apenas não se deixasse manipular.

No sonho, Carlos disse:

— Não posso deixar meus traidores livres, pois causaram-me uma culpa que não consigo carregar. Eu era responsável por todos, inclusive por vocês.

— Afaste Eduard de seu convívio, pois isso já será o suficiente. Mantenha Maláia afastado também. Não permita que ele faça mais uma armadilha. A maior delas será você mandar matá-lo ou fazê-lo pessoalmente.

Isso realmente estava passando pela cabeça de Carlos e tomando forma de plano. Se ele não podia chegar perto de Maláia, que um tiro resolvesse seus problemas.

Soláia continuou:

— Não traia. Afaste-o simplesmente, e isso já servirá de exemplo. Não mande matá-lo à traição. E quanto a Eduard, a dor do que causou já está se enraizando. Muitas vezes, o que se faz no arrependimento dói muito mais do que castigo no corpo.

— Poderei eu, como maior autoridade nessas terras, deixá-los livres? Me considerarão um fraco.

— Não! Será um forte. Acredite em mim. Apenas afaste Maláia do poder que pensa possuir e Eduard e aguarde.

Carlos não queria mais pensar nos dois, não naquele momento. Sentia-se confortável e perguntou:

— Que lugar é este? É tão agradável.

Soláia sorriu-lhe e respondeu:

— É minha morada provisória. Quando chegar seu momento, quero que venha para cá. Por isso, preste atenção ao que lhe digo, pois, se você se entregar às vinganças, nada poderei fazer e ficaremos muito tempo afastados. Não quero isso. Já aconteceu muito.

— E seu pai e Dulcor? Sinto saudade deles também.

— Estão ótimos, recuperados. Aquele que foi meu pai seguiu seu caminho, e Dulcor vem me visitar muito. Porém, quero ficar e esperá-lo. Não me faça esperar em vão.

Carlos continuava abraçado a Soláia, porém, a sensação que experimentava era de como se ali não existisse homem e mulher, apenas dois seres que se amavam muito. Um amor de irmão, talvez.

Quando o conde acordou, ainda era noite. Ele sentia um bem-estar enorme e questionou-se por que no sonho não sentia a atração máscula que tinha por Soláia.

De repente, Carlos ouviu um barulho leve, como se alguém estivesse falando sozinho. Ele apurou o ouvido, contudo, não conseguiu distinguir nenhuma palavra. Levantou-se, abriu a porta devagar e olhou. O segurança estava de costas. O barulho não vinha dele.

Carlos fechou a porta, voltou para o aconchego de sua cama e lá começou a orar para que Deus o ajudasse a não cometer erros novamente. Dormiu de novo.

Quando acordou, estava muito mais calmo, porém, a agitação de Eduard era óbvia. O assessor parecia a ponto de explodir.

202

Logo depois da refeição da manhã, o conde chamou-o para conversarem no gabinete. Eduard acompanhou Carlos, que lhe perguntou o que ocorria. O assessor, por sua vez, disse apenas que não estava bem, que talvez estivesse sentindo muitas saudades de casa, e pediu uns dias para voltar à Europa.

Carlos pensou se aquele era o momento de deixar Eduard escapar, pois tinha certeza de que aquelas saudades súbitas eram desculpas, medo do castigo. O conde sentiu como um sopro a pedir-lhe que permitisse a ida de Eduard e acabou dizendo ao assessor que fosse quando quisesse.

O barão já perdera as esperanças. A filha não tinha chance com Carlos. O homem também observara que o conde parecia esquisito e temeu que nascessem filhos mais esquisitos ainda. O barão, então, resolveu voltar com a mulher e a filha para a Europa, já que alguns seguranças acompanhariam Eduard na viagem, e ficou pensando em como não sair mal daquela situação.

***

Nem uma semana depois, Carlos assistia, com certo prazer, aos quatro deixarem o casarão. Só tinha cismas com Eduard, se tinha feito o certo, pois sentia que o assessor nunca mais voltaria.

Carlos lembrou-se do que Soláia lhe dissera e mentalmente a agradeceu. Estava muito mais calmo, com certo conformismo pelo que acontecera, e já não se culpava a todo instante.

À hora do almoço, sentou-se à mesa sozinho, fechou os olhos e praticamente materializou Soláia, o pai dela e Dulcor a fazerem-lhe companhia. Se o desejo pudesse trazer as pessoas de volta, ele o teria feito naquele momento.

Carlos levantou-se da mesa e dirigiu-se até o lago. Lá, uma jovem assistia às pessoas. Ele caminhou até o templo,

203

sentou-se e sentiu como se um banho de tranquilidade o envolvesse. Quieto a um canto, orou pedindo sabedoria.

O conde sentiu que Soláia estava ao seu lado. Ele abriu os olhos devagar e sorriu. Sim, ela estava ali. Não podia vê-la, porém, a percebia.

Carlos estendeu a mão, sentiu sutilmente o corpo de Soláia ao seu lado e agradeceu aquela bênção a Deus. Ele já sabia que a morte não existia, mas agradecia o fato de poder trafegar de um lado para outro, como muitos o podem fazer por meio da mediunidade esclarecida.

Mentalmente, Carlos falou com Soláia. Contou sobre suas ansiedades, do fato de Eduard ter ido viajar, e perguntou:

— Ele vai voltar?

— Não sabemos. É ele quem decide, e não podemos adivinhar o que fará. Mas, Eduard já começou a sofrer as consequências de seu ato, sem precisar que ninguém o acuse.

— E quanto a Maláia?

— Já conversamos sobre o que deve fazer, mas o faça sem ódio, sem vontade de vingança, sem extrapolar nos castigos.

— Ele a tirou de mim!

Soláia sorriu:

— Tirou?! Como? Não estou aqui?

— Não como eu queria e pretendia.

— O que é o tempo? Teremos um ao outro como queremos e pretendemos, mas, antes que isso aconteça, precisamos aprender algumas lições.

— Soláia, de onde vêm as certezas de coisas que nunca aprendi?

— É claro que aprendeu, contudo, nem eu, meu amigo, ou você fizemos jus ao conhecimento que tínhamos. Faremos agora. Preciso ir, pois alguém com muito sofrimento está entrando neste recinto.

Automaticamente, Carlos olhou para a porta e viu uma mulher entrando amedrontada no templo. Ela olhava tudo à sua volta, como se fosse a primeira vez. Carlos mentalizou:

"Entre com confiança, pois aqui encontrará a paz que todos tanto desejam".

Carlos ficou um pouco mais no templo e depois se retirou. Assim que colocou os pés dentro de casa, foi avisado de que Maláia e família o aguardavam.

Maláia já sabia que Eduard viajara e tinha certeza de que o assessor do conde fora embora por medo. Ele sentia-se confiante, afinal, era o segundo homem na escala social daquele lugar.

Carlos sentiu um desagrado muito grande e sabia que o bem-estar que sentia iria embora. O conde entrou na sala e deu de cara com Maláia, a filha e a esposa, esta última sempre muito artificial.

Maláia disse a Carlos que estivera fora e que ele e a família estavam lhe devendo uma visita. Muito atento aos modos do conde, Maláia queria que, ao menos uma vez, Carlos olhasse para o decote da filha, que estava mais do que generoso. O conde, no entanto, nem reparou.

Contra sua vontade, mas obedecendo às regras da boa educação, Carlos pediu que servissem vinho aos visitantes. Maláia percebeu que o conde parecia ausente e desatento, pois respondia ao diálogo apenas com monossílabos.

Maláia agradeceu a Deus o fato de a esposa ser tão faladeira, pois isso lhes dava motivos para ficarem um pouco mais. Tinha esperança de serem convidados para o jantar e já insinuara a Carlos que fazer as refeições sozinho não era bom para as pessoas.

O conde fingia que não escutava o que o outro dizia. Já conhecia as manhas de Maláia, suas insinuações etc. Na verdade, olhava para o homem e tentava, com outros sentidos, entender por que ele fizera parte daquela coisa horrível que Carlos acabara sendo o executor.

Sim, pois ele jamais se perdoaria por ter se deixado manipular e cometer o absurdo que fizera. Era-lhe impossível estar cara a cara com um dos culpados e não ter vontade de colocar-lhe uma pistola na cabeça, fazê-lo confessar e depois, prazerosamente, puxar o gatilho.

Carlos fechou os olhos por um instante e pensou: "Deus, dê-me controle. Se não quer que me entregue ao ódio, se não quer que eu seja violento, dê-me controle e calma".

Maláia estava irritando-se. A filha não abria a boca, mal se mexia, e Carlos não a olhava. Maláia pensava que precisava urgentemente unir os dois. Olhou a filha, que poucos minutos atrás se acreditara irresistível, e teve certeza de que ela era uma jovem horrível. Lastimou não ter tido uma filha mais bonita, mais impressionante.

O problema era que Carlos não se envolveria facilmente com nenhuma mulher, e Dulnéia já estava envolvida. Sim, mas se o pai soubesse com quem, a decapitaria. Por isso, a última coisa que a moça queria era chamar a atenção do conde.

Dulnéia vestira-se daquele modo a pedido da mãe, contudo, tentara impor resistência. A mãe da jovem, no entanto, não podia saber que ela e o chefe da segurança da própria casa estavam se encontrando e tinham um acordo de fugirem naquela semana.

Por mais faladeira que fosse a esposa de Maláia, houve um momento em que o assunto acabou. Carlos não participava da conversa, mantendo-se totalmente lacônico.

Era a cartada final. Maláia levantou-se e comentou:

— Precisamos ir. A hora do jantar aproxima-se, e este vinho deu-me muita fome!

— Está bem! Tenho muito o que fazer também — comentou o conde indiferente, dispensando-os sem preâmbulos.

Quando saíram do casarão, Maláia era a ira em pessoa. O homem sentia vontade de bater na filha por ela ser tão pouco atraente a Carlos. Ele, no entanto, não percebia que a jovem não tinha culpa e que, para o chefe da segurança, ela era o máximo em mulher em todos os sentidos.

Quando chegou em casa, Maláia entregou-se aos gritos e às xingações a Carlos e à filha, que só conseguia sentir alívio, pois sua vida se complicaria muito se o conde se interessasse por ela.

Do lado de fora da porta da sala, o chefe da segurança ouvia Maláia, aos gritos, acusar Dulnéia de desinteressante, de magricela e de nariz grande. Em outra ocasião, a jovem se entregaria ao choro e nutriria complexo, mas não naquele momento, pois se sentia amada.

Rafael, o chefe da segurança, um estrangeiro, iria levá-la para sua terra natal, deixando tudo para trás e pouco se preocupando com o fato de a moça ser herdeira de dinheiro e terras.

Maláia continuava proferindo seus impropérios, mas Dulnéia não os ouvia. A jovem apenas pensava em seu amado e em como seriam felizes.

CAPÍTULO 16

Quando saiu do casarão, Maláia deixou, como sempre, o ranço de sua presença. Carlos tinha vontade de sair novamente, ir até o templo e trazer de volta a tranquilidade que sempre sentia quando ia até lá.

Carlos entrou no gabinete. Sabia que não precisava das pernas para ir aonde queria, então, sentou-se confortavelmente em uma das cadeiras, fechou os olhos, desdobrou-se e foi.

Estava acordado, e seu espírito foi deslocando-se, vendo tudo de cima. Carlos sentou-se um pouco às margens do lago e notou que escurecia. Ele, então, viu o sol brilhante escondendo-se e viu também a jovem que dava passes nas pessoas sorrir e lhe dizer que ele era bem-vindo.

Carlos lembrou que Soláia continuava trabalhando no templo junto com os outros espíritos, que sempre davam apoio do outro lado. Pensou em morrer, não no conceito da crença comum materialista, mas para poder juntar-se aos trabalhadores do templo. Especulou se em algum momento de suas vidas já fizera aquele trabalho e conclui que certamente sim.

Quando saiu do templo, Carlos foi andando pelas ruas. Viu as pessoas na praça do mercado e notou que algumas já retiravam suas mercadorias para irem para casa. A noite caía lentamente.

Já em casa, Carlos ouviu baterem à porta para avisá-lo de que o jantar estava pronto. Ainda estando naquele estado, ele pensou que queria Soláia como esposa e gostaria de ter filhos ao seu lado naquela mesa.

Intimamente, Carlos tinha certeza de que não se casaria, pois sua alma afim estava do outro lado. Alma afim cuja pena de morte ele mesmo assinara.

Ao pensar nisso, Carlos voltou de supetão do desdobramento, enquanto lágrimas começavam a toldar-lhe a vista. Ele, então, levantou-se rapidamente, abriu a porta e saiu.

Precisava parar de pensar nisso. Se Soláia o perdoara, precisava perdoar a si mesmo e dominar o ódio que tentava envolvê-lo com seus tentáculos.

***

Eduard seguia feliz. Chegaria à Europa, onde realmente tinha amigos, e de lá mandaria sequestrar Dulnéia.

Tinha alguns motivos para isso. Um deles era o que sentia, o que pensava ser amor pela jovem. Não era amor, no entanto. Eduard sentia apenas uma forte atração pela moça, mas desejava sobretudo obrigar Maláia a cumprir o que lhe prometera.

Eduard sentia-se tão ofendido e usado que, se pudesse, chegaria a Carlos e lhe contaria tudo em detalhes. Ele, no entanto, pensava que, se o fizesse, estaria condenando a si mesmo. Além disso, sua situação ainda era pior, pois ele era homem de confiança de Carlos. Sua traição seria dupla.

Fechou os olhos e pensou no dinheiro que adquirira, levando dentro de si a certeza de que jamais veria Carlos novamente. Eduard preferia acreditar que era para não se arriscar, contudo, sentia mesmo vergonha da traição que cometera.

A vergonha que Eduard sentia piorou muito quando ele chegou à Europa. Lá, o pai de Carlos recebeu-o como se fosse o próprio filho, abraçando-o várias vezes e agradecendo por ele ter sido fiel a Carlos.

A vergonha que Eduard sentia o machucou tanto que a emoção lhe tomou conta. "Por que o conde tem de ser tão expressivo em suas emoções?", perguntou-se, preferindo acreditar mesmo que era falta de recato.

O pai de Carlos, no entanto, apenas acreditava que, tendo sido Eduard seu homem de confiança por tanto tempo, ele era como seu filho e pensava que a única coisa que poderia fazer ao vê-lo novamente era recebê-lo bem.

O amor que o conde tinha por Eduard era tanto que ele tinha a sensação de que Eduard era da família e que, somente por uma pequena causa desconhecida, o assessor não nascera um de seus filhos.

Apesar de cansado, Eduard jantou com o conde e a família e foi convidado a ocupar seu antigo quarto na casa. Durante a refeição, ele contou as novidades sucintamente a seu modo e, quando falou dos rituais aos quais Handar, a filha e Dulcor haviam sido flagrados, o conde sentiu uma dor profunda. O filho cometera um erro, um erro grave.

O conde percebeu que Eduard parecia muito sentido com a morte dos três prisioneiros e ficou com a certeza de que o assessor tentara aconselhar Carlos. Ele perguntou:

— Eduard, por que meu filho não o atendeu? Tenho certeza de que você lhe pediu para não se precipitar. Ele é jovem, e você tem muito bom senso.

Aquelas palavras pareciam ter sido ditas para esfaquear Eduard. Ele teve vontade de chorar, e o dinheiro pareceu-lhe pouco. Sem conseguir responder, o assessor apenas abaixou a cabeça.

O que aconteceria a Eduard se o conde, ali à sua frente, soubesse que ele precipitara tudo e que, além de pressionar Carlos, o fizera cometer o erro?

Percebendo que Eduard abaixara a cabeça, o conde teve ainda mais certeza do que afirmara e voltou a elogiá-lo, como quem tenta aliviar alguém de uma culpa que não tem.

Eduard já não conseguia mais ficar à mesa, mas ainda assim se esforçou. O conde, por sua vez, percebendo que o assunto machucava o assessor, passou a falar de outras mil coisas.

O mal, no entanto, estava feito, e Eduard não conseguia mais fugir do remorso. Ele pensou que precisava urgentemente sequestrar Dulnéia e ir morar bem longe. Não queria mais ver ninguém daquela família e gostaria de esquecer que ela existia.

Naquela noite, Eduard dormiu devido ao cansaço, pois os três dias de viagem lhe tiveram um efeito muito grande sobre o físico. Na manhã seguinte, ele avisou que precisava visitar alguns conhecidos. Ali não era mais tratado como empregado, e, sim, como um membro da família que à casa volta. Por essa razão, gozava de toda aquela liberdade.

Eduard saiu e foi procurar alguns homens para ajudá-lo a fazer o trabalho. Sabia que precisaria pagar, porém, negociaria muito. Teria de fazer uma longa viagem com Dulnéia, comprar terras, e tudo isso lhe custaria muito dinheiro.

Eduard contratou quatro homens, dois dos quais já conhecia. Ele inventou que a moça o amava e carregava um filho seu, mas que, no entanto, o pai da jovem não queria o enlace.

Um dos homens até se comoveu com a tal história de amor — história por Eduard nunca vivida — e sentiu-se até honrado em poder cooperar com a felicidade alheia. Seria pago, sim, porém, estava indo mais por convicção.

Logo no dia seguinte, Eduard pôs seu plano em prática. Ele levantou-se antes de todos e foi até a cozinha para pegar, com uma das servas, a cesta que levaria para se alimentarem durante o trajeto.

Eduard não queria fazer paradas em estalagens, pois não desejava deixar pistas. Refletindo sobre isso, não resistiu e foi um pouco até a sala, que praticamente ainda estava às escuras, olhou ao redor e pensou em quantos anos vivera ali e fora feliz.

Virou-se bruscamente para ir, pensando ainda que renasceria, com a mulher escolhida, para uma nova vida. Faria render aquele dinheiro e tudo valeria a pena. Fecharia a comporta da memória e proibiria Dulnéia de falar sobre qualquer coisa que envolvesse o passado.

A essa altura, Eduard já se convencera de que Dulnéia esperava ansiosa por ele e que mal dormia tendo a certeza de que Eduard se desesperava por ela e movia céus e mares para buscá-la.

Não conseguia, impondo a si como consolo, pensar que a moça viria a ele menos do que completamente apaixonada, pois, só assim, tudo valeria a pena. Pobre Eduard!

***

O grande dia de Dulnéia chegara. Aos poucos, para não perceberem, a moça tirara de casa muitos vestidos, que Rafael já embalara em baús bem fechados e longe da propriedade de Maláia.

Entre as coisas que a jovem escolhera levar restavam apenas as que carregaria no próprio corpo e as joias, que não confiara nem ao futuro marido.

Ansiosa e trocada, Dulnéia esperava que tudo ficasse em silêncio. O segurança entraria na casa, como se estivesse seguindo as ordens de Maláia, e ninguém duvidaria. Rafael era o chefe da segurança, e seu título impressionava com tons de autoridade os mais simples.

Rafael escondeu o coche de Maláia, que já estava pronto a esperá-los. O segurança levava duas parelhas de cavalos dos bons e gastara muito de suas economias para essa viagem. No entanto, ele sabia que, quando chegasse à terra natal, seria recebido pelos familiares com alegria e que estes o ajudariam em tudo de que precisasse até se estabilizar.

Rafael fora parar naquele condado quase ao acaso. Saíra da terra de seus pais, lavradores de feudo, tentando se tornar um soldado de destaque.

Para a guerra, no entanto, ele logo descobrira que era um covarde. Tremera tanto em seu primeiro combate que,

212

se não tivesse se escondido no meio da confusão, teria sido ferido gravemente.

Os familiares de Rafael, certamente, acreditavam que ele estivesse morto, pois o rapaz nunca mais entrara em contato com os seus. O chefe da segurança, no entanto, pensava que, voltando com uma esposa, seria bem recebido e ajudado.

Com o coche e os cavalos escondidos, Rafael chegou até o segurança que vigiava a porta da frente e lhe disse que esperava Dulnéia para levá-la a uma viagem. Como Maláia nunca dava satisfações a ninguém, acreditando, assim, que isso fazia parte de sua autoridade, o vigilante não estranhou o que escutou.

Rafael estava nervoso, ansioso, mas aparentava calma. Dulnéia saiu do quarto, parou um minuto em frente à porta do quarto dos pais e pensou em despedir-se da mãe. A jovem, no entanto, sabia que, se o fizesse, seria impedida, por isso beijou a porta como se o beijo pudesse alcançar sua genitora.

Dulnéia desceu pé ante pé, abriu a porta da frente devagar e, em tom de ordem, disse a Rafael:

— Vamos! Quero chegar logo, pois me esperam para o almoço.

— Sim, senhorita, está tudo pronto.

Rafael seguiu Dulnéia de perto até alguma distância da porta. O segurança da frente não conseguia enxergar os estábulos e apenas estranhou o fato de o veículo não ter ido buscar a jovem à porta, como sempre fazia, porém, não se questionou mais.

Dulnéia entrou no veículo, e Rafael tomou seu lugar para dirigi-lo. Os dois não se falavam, pois não podiam deixar que notassem o que ocorria. A moça mal conseguia respirar. Suas pernas estavam bambas e suas mãos suavam e tremiam.

Quando sentiu que se afastavam sem surpresas, Dulnéia teve um súbito de alegria e prendeu a respiração para guardar na lembrança aquela sensação de aventura.

213

Rafael fazia os cavalos correrem rápido, pois queria estar bem longe quando Maláia e a esposa dessem falta da filha. Às vezes, tinha dúvidas se estava realmente fugindo com a mulher que amava, filha de um influente político local.

Envolvia-lhe também a alegria por estar voltando aos seus e percebeu o quanto sentia saudade deles. A vontade de rever os pais, se estivessem vivos, aumentou o prazer de Rafael.

Quando saíram dos limites do condado, Rafael parou por um minuto, pois precisava ter certeza de que Dulnéia estava dentro do coche. Quem sabe não se enganara e estava fugindo sozinho?

Assim que sentiu o veículo parar, Dulnéia teve vontade de gritar, pensando que certamente o pai descobrira tudo e fora buscá-la de volta. Não tinha dúvidas do que aconteceria a Rafael.

Quando Rafael abriu a porta, a jovem soltou um grito. Ele assustou-se e perguntou:

— O que foi?!

— Meu pai, ele descobriu!

— Provavelmente, mas já estamos longe. Parei para abraçá-la, ter certeza de que fizemos mesmo isso.

Dulnéia sorriu, desceu rapidamente do coche e abraçou Rafael com muita força. Aquele era o homem de sua vida, não Carlos e muito menos Eduard.

Eles tinham certeza de que conseguiriam completar o planejado e não ficaram parados nem cinco minutos. Os cavalos logo precisariam descansar, e Rafael queria fazer isso longe da estrada. Finalmente, suas aulas de soldado e sobrevivência teriam uma utilidade.

***

Perto das nove horas da manhã, a esposa de Maláia estranhou o fato de a filha estar demorando para descer e pensou que a jovem talvez estivesse cansada. Deixou, então, que Dulnéia dormisse um pouco mais.

Maláia estava no gabinete, mas saiu para verificar como estavam as coisas em suas terras. Na verdade, ele queria pensar em como envolver Carlos e fazer dele seu fantoche. Isso, no entanto, não estava sendo nada fácil.

Maláia acreditara que, depois de tirar Handar e Soláia do caminho, teria livre acesso a Carlos, mas o conde parecia ainda mais distante. "Ele não sabe de nada, pois, se soubesse, já teria se vingado", concluiu.

No dia anterior, Maláia enviara uma carta a Carlos convidando-o para um jantar, contudo, o conde respondera dizendo que sentia muito, mas já tinha um compromisso marcado.

"Compromisso coisa nenhuma!", pensava Maláia irritado. "Ele está sozinho! Graças a Deus Eduard foi embora, e o resto da casta não se relaciona intimamente com ele. E se o conde tivesse qualquer compromisso para o jantar, certamente minha esposa saberia. Ela não sabe de nada e ficou tão decepcionada quanto eu".

Maláia estava tão preocupado em enredar Carlos que não percebera as mudanças na filha. Primeiramente, as mudanças foram sutis, depois foram se acentuando. Ele não percebera que a filha vinha passando mais tempo no quarto e que dormia até mais tarde.

A esposa de Maláia olhou a hora. O sol já estava alto, e certamente já passavam das dez horas. "Por que Dulnéia dorme tanto?", questionou-se.

A mulher pediu a uma serva que fosse verificar. Estava tão bem acomodada no sofá da sala, com o bordado na mão, que não quis se mexer.

A serva subiu as escadas. Bateu à porta, primeiro levemente, pois conhecia o mau humor de Dulnéia pelas manhãs. Ninguém respondeu, e ela bateu de novo com mais força. Nada.

Curiosa, a serva entreabriu a porta bem devagar e viu a cama remexida, porém, teve certeza de que a jovem não estava lá.

A serva fechou a porta, deslocou-se até o topo da escada e falou:

— Senhora, posso abrir a porta? Já bati, e sua filha não responde.

— Deixe. Eu farei isso.

Acreditando que a serva não batera suficientemente à porta, a mulher subiu molemente as escadas. Acompanhando de perto a movimentação da senhora, a serva sabia que Dulnéia não estava no quarto e queria ver em detalhes o comportamento da mãe quando descobrisse, para depois contar aos outros servos, divertindo-se, em uma forma infantil de vingança.

E a serva não perdeu um bom espetáculo. Primeiramente, a senhora abriu a porta e, vendo que a filha não estava na cama, ficou a procurá-la, como quem procura um objeto perdido. A mulher olhou até embaixo da cama.

Finalmente, o cérebro da mulher processou o acontecido. Ela soltou um grito que ecoou pela casa, assustando quem estava por perto. Um dos seguranças correu, mas nada sabia sobre o que acontecera, e o que testemunhara a fuga já terminara seu turno.

— Minha filha foi roubada! — exasperava-se a mulher.

— Como, senhora? Há seguranças a noite toda aqui. Ninguém viu nada, viu, pois, se tivesse visto algo estranho, teria relatado.

— Procure meu marido, procure o chefe da segurança! Eles precisam tomar uma providência urgente.

— Senhora, tem certeza de que ela não saiu cedo para cavalgar?

— Claro! Desde quando Dulnéia gosta de cavalgar?

A notícia rapidamente se espalhou. Alguns servos saíram à procura de Maláia, e outros saíram à procura de Rafael.

Por fim, encontraram o dono da casa, mas continuaram em busca do chefe da segurança.

Os poucos servos que desconfiavam do romance ficaram de boca fechada por segurança, pois sabiam que, naquela confusão de cobras criadas, os sapos pagavam o pato. Já tinham testemunhado isso acontecer muitas vezes.

A primeira coisa que Maláia pensou foi em uma vingança da parte de Carlos. Feliz, o homem pensou que certamente o conde lhe roubara a filha e, como fizera isso, seria obrigado a casar-se com ela.

Maláia reuniu cinco de seus homens e dirigiu-se à casa de Carlos. Chegando lá, esperou muito para ser recebido.

Quando soube que Maláia queria vê-lo, o conde sentiu aversão. Recusara o convite para o jantar e esperava que o outro não tivesse ido ao casarão insistir pessoalmente. Ficou trancado no gabinete de propósito, lendo, imaginando que, assim, Maláia desistiria de querer falar-lhe.

Enquanto esperava Carlos, sem saber se ele estava atendendo alguém ou não, Maláia pensava em abrir a porta aos pontapés. Pensava em como manipular a situação de forma que saísse ganhando mais, e a primeira coisa a fazer seria não hostilizá-lo.

Assim que entrou na sala de visitas, Carlos perguntou diretamente:

— Em que posso ajudá-lo, senhor Maláia?

— Conde, sabe que sou pai e posso entender a loucura que jovens como o senhor cometem.

— A que loucura se refere? Faço tudo muito bem pensado e já não sou tão jovem assim. Tenha certeza disso.

— Falo de Dulnéia. Sei que ela nutre um amor secreto pelo senhor, e tenho certeza de que é correspondida. Não sei o que ela, em seus devaneios de jovem, lhe disse, mas afirmo que o que fez não foi honrado. No entanto, eu compreendo e dou-lhe a mão de minha filha sem maiores problemas. Não saberão que a trouxe precipitadamente para cá.

Carlos até ficou tonto, tentando adivinhar que tipo de armadilha era aquela. "Como não senti? Por que Soláia, em nossos encontros, não me avisou para tomar cuidado?".

— Senhor! Enlouqueceu? A última vez que vi sua filha foi quando estiveram aqui. Nem sequer me lembro do que ela vestia.

Maláia sentiu sinceridade em Carlos, no entanto, não queria acreditar. Ele descobriu que gostava da filha muito mais do que avaliava e temeu pela segurança da jovem.

— Senhor conde, se tem algo contra mim, enfrente-me. Não desconte em minha inocente filha.

— Senhor Maláia, torno a lhe dizer que não sei do que está falando. Nunca fui covarde, não ajo por trás das cortinas. Não planejo às escondidas, sou um homem!

Carlos falou para ofender Maláia, pois sabia que a carapuça serviria ao outro. Maláia engoliu o desaforo, afinal, não poderia trair-se. Seria burrice.

— Senhor conde, minha filha foi raptada, e pensei que ela estivesse aqui.

— Por que eu a raptaria?!

— Por amor.

Carlos caiu na risada. Via à sua frente um pai aflito e isso lhe dava prazer. A vingança fazia-se presente por outras mãos.

— Nunca amei sua filha e menos ainda ela a mim. Volte para casa e veja se ela não saiu por livre e espontânea vontade com algum vendedor de frutas.

— Jamais! Minha filha respeita-me! Nunca se atreveria a fazer nada que me magoasse ou sujasse o nome da família.

— Senhor Maláia, isso é problema íntimo seu. Em nada posso ajudá-lo. Mas vi muita jovem fugir com homens que jamais geraram desconfiança nos pais. Conheço o caso de uma família, que perdeu uma de suas jovens assim. A moça fugiu com o mais simples dos servos e foi viver nos campos.

— Nunca! Dulnéia nunca faria isso! Ela pertence à casta, nunca foi da plebe e jamais se misturaria a ela.

A dúvida levantada por Carlos fervia no sangue de Maláia, quando ele se retirou. Carlos, maldosamente, torcia para que Dulnéia tivesse fugido com o auxiliar de cozinha.

Assim que Maláia saiu pisando duro, Carlos caiu na gargalhada. Sim, o castigo já tomava sua forma, sem que ele precisasse sujar suas mãos. Soláia tinha razão.

Quando retornou para casa, Maláia encontrou a esposa aos prantos. O segurança da noite estava à sua frente e já relatara ao que assistira. O homem repetiu a história em detalhes ao pai aflito, que gritou ao fim da narrativa:

— Tem certeza de que ela não foi obrigada?!

— Sim, senhor. Saiu sozinha e ainda comentou que queria chegar logo, pois a esperavam para o almoço.

— Desgraçado! Por que não me acordou?

— Que motivo eu teria, senhor?

— Quero todos a postos! Vamos procurar o desgraçado do Rafael, que pagará com a vida!

A esposa de Maláia, porém, pensou mais rápido e coerentemente. A mulher tinha certeza de que a filha já estava demasiadamente comprometida e que a trazer de volta, depois daquele escândalo, seria perdição maior.

E também pensava no romantismo que a filha vivenciava, apesar de reprovar totalmente a escolha do parceiro. Ela olhou para o marido e viu um homem chato, rancoroso, indiferente, que não lhe fazia mimos. Parou de chorar e pediu ao marido para conversarem a sós.

A mulher de Maláia falou-lhe, então, que o melhor era deixarem as coisas daquele jeito, afinal, o que fariam com o segurança morto e a filha carregando um filho dele?

Ao pensar em um neto com sangue da plebe, Maláia arrepiou-se. "E a sociedade?", questionou-se. "Todos ririam de mim". Os dois, então, ficaram pensando, pensando e resolveram dizer que a filha viajara para a Europa para casar-se com um rico homem de alta casta.

Pobre casal! Espalhou a notícia tentando abafar a outra que já tinha tomado corpo, servindo somente de chacota por afirmar uma inverdade.

CAPÍTULO 17

Acampado fora da cidade, Eduard passava seu tempo a sonhar com Dulnéia e a fazer muitos planos para invadir a casa de Maláia e de lá tirar a moça, que iria feliz para seus braços.

Disfarçado, usando uma barba grande e vestido como um homem da plebe, Eduard foi até a praça do mercado acompanhado de seus companheiros. Lá, viu uma das aias de Dulnéia e aproximou-se da mulher. Seu corpo formigava para perguntar pela jovem.

Eduard afastou-se e pediu a um dos homens que o acompanhavam, que não era conhecido no lugar, que mentisse, alegando ser um conhecido de Maláia.

O homem aproximou-se da aia de Dulnéia, sorriu cumprimentando-a e logo perguntou pela saúde de Maláia, jurando que o respeitava muito. Depois, perguntou pela senhora e pela filha.

A aia cerrou o cenho e, aproximando-se mais do homem, quase a sussurrar, disse:

— Aconteceu uma desgraça. Se é amigo recém-chegado, logo saberá. A jovem fugiu de livre e espontânea vontade com o chefe da segurança. Os pais ficaram com uma dor tão grande que não conseguem enxergar a verdade. Dizem que a filha está na Europa. Que fora casar-se com um lorde.

— Tem certeza disso, senhora?

— Claro! Fui aia da senhorita por muitos anos. Agora, só me resta fazer companhia à senhora. Pobre mãe! Ainda verte lágrimas de saudades.

O homem olhou para Eduard, pensando que certamente ele ouvira tudo, e comentou:

— Senhor Eduard, ouviu o que aquela senhora me relatou?

— É mentira! Maláia sabe de nosso amor e espalhou isso para me intimidar e me manter afastado. Essas coisas se alastram.

O homem duvidou que Eduard estivesse certo, contudo, combinou de fazer uma tocaia para verificar onde a jovem estava escondida pelo pai.

Eduard e os homens que o acompanhavam ficaram três dias, de longe, a espiar a casa de Maláia. Viram todos, menos a jovem. No coração do homem batia a certeza de que a aia falara a verdade, porém, de modo algum Eduard queria acreditar.

Depois desse tempo, concluíram que a única opção seria invadirem o casarão de Maláia e tirarem a jovem de lá à força. Marcaram para a noite seguinte e foram acampar novamente fora do condado.

Naqueles dias, Eduard sentiu saudades de Carlos, a quem tinha praticamente visto crescer. Viu que o condado parecia melhor e foi até a beira do lago. Viu também o templo e teve vontade de entrar, com a certeza de que, se entrasse, não sairia o mesmo de lá.

Olhando as portas abertas para qualquer um, nascido na terra ou estrangeiro, Eduard enxergou o templo como se fosse um grande monstro. Um espelho que obrigasse a todos a se olharem e, ele queria tudo, menos isso.

Eduard tornara sua obsessão casar-se com Dulnéia e não se permitia pensar em outra coisa. Até quando passava pela frente da casa de Carlos, recusava-se a olhar.

Os homens que o acompanhavam já tinham percebido isso, mas, como Eduard nada falava, também nada lhe perguntavam, principalmente porque estavam sendo pagos e era somente esse o interesse. E o homem contratado não tinha somente esse interesse; tinha também ilusões de uma honra ilegítima.

No fim de tarde combinado, ficaram esperando do lado de fora da casa de Maláia, escondidos no jardim.

Quando a noite caiu, e o segurança da porta da frente saiu por poucos segundos, invadiram a casa. Ao ouvir o barulho, o homem voltou, e um dos contratados de Eduard o matou sem pensar duas vezes.

Eduard quebrou seus últimos laços com a honra. Nunca foi um homem violento e, ao ver o outro ser morto, teve vontade de vomitar. Contudo, no meio da confusão, foi obrigado a mexer-se. Enquanto seus acompanhantes o defendiam, ele subiu rapidamente as escadas, tendo na mente a imagem de Dulnéia.

Quando Eduard abriu a porta de um dos quartos, viu algo que o deixou chocado: um colchão enrolado e o ambiente com aparência de que não era habitado. Julgando que se enganara, abriu outro, outros e outros quartos desesperadamente.

À luz difusa dos archotes, Eduard viu Maláia em roupas de dormir, armado, vindo em sua direção para atacá-lo. A mãe de Dulnéia, por sua vez, permaneceu paralisada à porta de um dos quartos. A luta nunca foi um dos fortes de Eduard, e ele chegara a acreditar que isso não ocorreria.

Eduard correu passando por Maláia. Para fugir dele, desceu rapidamente as escadas e gritou para seus homens:

— Vamos! Ela não está. Vamos!

Inicialmente, Maláia não reconheceu Eduard, pois pensou que se tratasse de um ladrão invadindo a casa. Porém, vendo-o frente a frente, reconheceu-o e não entendeu por que o assessor de Carlos não o enfrentara.

Eduard nem reparou que estava faltando um de seus contratados, que ficara estendido no chão da sala de Maláia. Tinha somente a urgência de fugir como um animal assustado.

223

Não sentia seu corpo nem o bater acelerado de seu coração, pronto a estourar a qualquer momento.

Quando finalmente chegaram ao acampamento, Eduard pôs-se a vomitar, como se todos seus órgãos quisessem sair. Sentia uma dor profunda e generalizada e tinha motivos para senti-la, pois traíra seu nível evolutivo e todos os conceitos que já conhecia do que era certo e errado. Ficara surdo aos aconselhamentos de seus mentores e, graças a Deus, pagaria por isso para reavaliá-los e reconquistá-los no valor real.

**

***

Maláia estava tonto com o que acontecera. Não imaginava que Eduard, que ele considerava um idiota, sem classe, fosse capaz de tanto.

Mas ali estava a prova. Dois homens mortos, outros feridos e ele mesmo com um corte no braço. Maláia sentia-se tremer, pois nunca enfrentara uma luta corpo a corpo. Sempre pagava para fazerem o serviço sujo e tinha a audácia de julgar-se limpo por não o fazer pessoalmente.

A esposa de Maláia estava paralisada e não emitia um som. Vira a morte de perto e sentia a fragilidade de sua existência. Os servos não entediam o que acontecera e deduziam que fora um ataque de ladrões, por não saberem o que se passava. Corriam de um lado para outro à procura de bandagens e unguentos para os ferimentos.

Maláia olhou a cena e teve certeza, por tudo o que já conhecia e ignorara, que ali estava a mão de Deus. O Deus em que ele dizia acreditar, a ação e a reação que Handar tantas vezes pregara no templo, a que ele ouvia sem dar o valor devido.

Sentou-se a um canto, lembrou-se do que causara e temeu. Temeu muito, pois ali estava somente o início de seu castigo. Sabia que sua ação fora grave e que a reação a ela também seria.

224

Traindo os conceitos, julgando difusamente que o poder que obteria ofuscaria as consequências, ou até mesmo que elas não viriam, Maláia lembrou-se que já perdera a filha e que, daquele dia em diante, tinha um inimigo feroz. Um inimigo que ousara entrar em sua casa e tentara matar a todos. E a morte, ele sabia, a morte que parecia longínqua, era onde ele não teria como fugir e ver frente à frente a extensão das injustiças cometidas.

— Marido, o que foi isso? — perguntou finalmente a esposa saindo do transe do pavor.

— A justiça de Deus obrigando-me a pensar. Como fui tolo, como me julguei acima de tudo. Nunca mais colocarei a cabeça no travesseiro sem temer o inimigo que eu mesmo criei, manipulei, enganei.

— O que eles queriam de nós?

— Nossa filha, nosso ouro, nossas vidas. Deus, o que fui fazer? Por quais caminhos trilhei? Handar, perdoe-me por tudo que lhe fiz. Tenho certeza de que pode me ouvir. Fiz-me surdo ao conhecimento que já tinha e neguei a existência da justiça. Pago, pagarei. Não há como escapar.

Naquele momento, a esposa de Maláia deduziu que o marido ficara insano, pois não entendia nenhuma palavra do que ele dizia. Ela também acreditava na vida após a morte, mas de uma forma conceitual, não prática, e muitas vezes ia receber os passes que os médiuns davam no templo.

Ela, então, lembrou-se da esposa de Handar, que fora assisti-la no parto e lhe dera muito mais que ajuda física. Lembrou-se também de que, durante muitos dias depois, ainda ficara julgando-a uma santa. Aos poucos, porém, com a passagem dos dias, esse conceito foi se esgotando por vê-la como uma mulher comum, que tinha filhos, cuidava de casa e trabalhava no templo até limpando o chão. "Se tivesse realmente outros poderes, não se sujeitaria a isso, seria superior", deduzira ela.

Não entendia a esposa de Maláia que a outra era, sim, um espírito superior. Que ela era igual aos outros nas obrigações cotidianas, sendo superior apenas no conhecimento. Sabia que todo trabalho é um aprendizado e que obrigações com a família são isso: obrigações. Ela era superior na honra e no modo de fazê-lo e doar-se.

Maláia levantou-se do local onde estava sentado e viu os homens que estavam sendo tratados e os corpos inertes que estavam à porta. Sentiu-se culpado por eles também.

Ficou andando de um lado para outro, rogando a Handar, Soláia, Dulcor e aos dois mortos ali que o perdoassem. Sentia suas pernas bambas, pois sabia que, quando lançada a flecha das ações, principalmente as erradas, os alvos eram incertos, e ele pagaria por tê-la lançado.

**

Handar realmente sabia o que acontecera, contudo, estava fora de seu alcance interferir. E não porque não quisesse, mas porque o livre-arbítrio era de Eduard, que estava resoluto, cego e surdo a qualquer aconselhamento, direto ou indireto, via sonhos ou desdobramentos.

Handar tentara falar com Eduard para impedi-lo, mas não conseguira. No desdobramento, ele fugia, negando-se a falar com qualquer um de seus mentores.

Era lógico. Eduard queria manter-se longe do remorso, como naquele momento em que estava acampado na mata, escondido com os outros homens.

Um deles, o que não aceitara o trabalho apenas pelo dinheiro, tinha na mão um grande corte. O outro macerava ervas para colocar no ferimento e diminuir a dor. Eduard chegou um pouco mais perto dos dois homens, e um deles disse:

— Lastimo que sua amada não esteja lá. Certamente o que ouvimos é verdade.

Eduard sabia que era verdade, no entanto, queria evitar o vazio, queria um sono que o fizesse esquecer-se de tudo. De repente, ele gritou:

— Eu nunca deveria ter vindo para esta terra maldita! Odeio tudo o que a cerca. Tenho vontade de tacar fogo em tudo! Se soubesse que isso me tiraria toda a lembrança dos dias em que estive aqui, eu o faria sem remorsos.

Os homens baixaram a cabeça. Não estavam realmente muito feridos e queriam apenas o pagamento para irem embora, pois temiam ser caçados. Um deles, soldado de carreira, acostumado à guerra, levantou-se e foi direto:

— Pague-me o restante. Quero ir, pois já devem estar nos caçando.

— Não virão! Essa gente tem uma religião estranha. Acreditam que qualquer coisa feita, mesmo sem testemunhas vivas, não passará despercebida pelos anjos. Acreditam em outras vidas e em vidas após a morte. Eu odeio todos eles por acreditarem nisso!

Por não compreender, Eduard confundiu os espíritos amigos com os anjos, nível evolutivo que levariam muitas vidas para alcançar.

O soldado pensou na possibilidade de o que Eduard dizia ser verdade e fez um balanço rápido de tudo o que já fizera, sabendo que transgredia a lei de sua própria religião. O homem olhou à sua volta e rogou que aquilo não fosse verdade. Preferia o conceito de céu e inferno, sem intermediações, pois, nesse último, tinha certeza de que encontraria muitos conhecidos e que se sentiria em casa.

— Pague-me. Não me sinto cansado e quero ir.

Eduard deu-lhe o dinheiro, e o outro, comentando que aquela terra parecia maldita, também o quis.

Aqueles homens tomavam contato pela primeira vez com a verdade pura e simples de suas vidas, e aquela semente plantada, embora de forma distorcida, fazia-os recordar o que já sabiam.

Os homens foram embora, restando no acampamento Eduard e o rapaz que não aceitara o trabalho apenas pelo dinheiro. Ele perguntou:

— Senhor, o que vamos fazer agora? Vai procurar a jovem?

— Não! Assim que me sentir melhor, irei. Quero ir para bem longe! Longe de tudo! Comprarei um bom pedaço de terra, procurarei outra mulher, terei filhos e fundarei uma dinastia importante — falou exagerando.

— Se quiser, posso lhe fazer companhia.

— Vou precisar de um segurança. Como está sua mão?

— Tenho um corte fundo, mas logo estarei ótimo. Dói muito ainda.

Os dois homens passaram o restante da noite no acampamento. Eduard não conseguia dormir pelo excesso de adrenalina e devido ao medo de sonhar. Temia que, nos sonhos, fosse obrigado a pensar e não queria nunca mais fazer isso.

Os olhos de Eduard ardiam, enquanto ele olhava para o fogo aceso, tentando fazer daquele brilho a única ocupação de sua mente. Mas era difícil. Pensava em Carlos, que estava a poucos quilômetros dali. Carlos, que sempre gostara e confiara nele como em um pai e que provavelmente sentia sua falta.

Eduard não conseguia sentir-se vitorioso, tinha certeza de que não tivera lucro algum e culpava Maláia por sua perdição, por tê-lo enganado. Todo o ódio que sentia de si mesmo transportou ao outro, que a cada minuto se transformava em um monstro horrível, que usara da mágica e do encantamento que o dinheiro e o poder trazem para corrompê-lo.

Ele olhou para o segurança. O homem dormia e roncava relaxado. Eduard pensou: "Por que ele consegue, e eu não? Como dizem, Deus com certeza protege os ignorantes e os bêbados".

Eduard sabia que conhecimento é responsabilidade e que não é possível cobrar de quem não tem. Ele tinha, pois sabia bem o que fazia. Pois fazia e dourava a pílula amarga do erro com o brilho do ouro e do poder, que é sempre ilusório. E lastimavelmente Eduard não era o único.

O cansaço venceu-o, e o espírito livre de Eduard correu para o lugar onde se sentiria seguro, para a casa onde fora feliz e respeitado: a casa de Carlos.

***

Carlos sentia-se estranho. Acordara a certa altura da noite com a sensação de que Eduard estava andando por ali.

O conde desceu devagar as escadas e passou pelo segurança, que guardava seu quarto. Andou pela sala, mas nada viu. Subiu, foi até o quarto que Eduard ocupara e sentiu como se uma malha invisível envolvesse o ambiente.

Posicionou a lumeeira, que trouxera para iluminar seu caminho, bem acima da cabeça e pensou que não ouvira abrirem a porta. Eduard não podia ter voltado, pois estava em terras de seu pai.

Carlos, no entanto, sentia que seu assessor estava ali. Ele abriu a porta devagar e, em um tom de voz baixo, perguntou:

— Há alguém aqui? — depois fez silêncio, pois não queria acordar as pessoas.

O conde passeou um pouco pelo ambiente, enquanto olhava tudo. Eduard não deixara nada no cômodo, e Carlos pensou, decepcionado, que o amigo o traíra e que era questão de tempo descobrir tudo para pegar os culpados da armadilha em que caíra por sua falta de fé.

Embora sentisse que estava sozinho, questionou em voz sussurrada,:

— Eduard, por que fez isso? Eu o amava e respeitava como amo e respeito meu próprio pai. O que poderia valer trair-me e matar inocentes, fazendo-me carregar tamanha culpa pelo resto de meus dias? Não consigo perdoá-lo.

Carlos resolveu voltar para seu quarto e aos braços do sono. Lá, ele tinha certeza, voltaria ao mundo que lhe era realmente definitivo, onde estavam Soláia, Handar, Dulcor e outros tantos amigos que conquistara em outras vidas.

229

Ao fechar a porta atrás de si, Carlos ouviu um soluço alto. Com a sensação de alarme, abriu novamente a porta, perambulou pelo ambiente com a lumeeira, contudo, nada viu, apenas sentiu. Eduard estava ali.

Carlos fechou a porta e foi para seu quarto, acreditando que seu assistente estava morto, único motivo para estar ali sofrendo por seus erros.

O conde deitou-se, fechou os olhos e orou para que Eduard obtivesse socorro. Rogou, inclusive, a Handar e Soláia, pois sabia que eles tinham nível para ajudá-lo. Não havia mais justiça dele, como comandante, a ser feita. Eduard estava na mão da justiça de Deus. Por fim, Carlos aconchegou-se novamente e dormiu.

CAPÍTULO 18

Eduard acordou com os primeiros barulhos da mata. O homem que contratara ainda dormia e roncava, e a ele ficara a sensação de que passara a noite olhando fixamente para o fogo. E, em paralelo, ficara também com a sensação de que vira e falara com Carlos, lhe dera explicações e contara de seu arrependimento.

Tinha a sensação de que Carlos se negara a ouvi-lo, fechando uma porta. "Que porta?", perguntou-se Eduard. As cenas do sonho pareciam-lhe confusas. O conde aparecera, porque ele o chamara. Eduard estava a um canto escuro, quando Carlos apareceu com uma lumeeira. Ele tentou falar-lhe e contar-lhe tudo, até o que acontecera naquela mesma noite.

Carlos apenas fechou a porta, deixando-o no escuro, levando a luz. Depois, alguém se aproximou de Eduard e lhe deu algo. "O quê?", ele não conseguia lembrar-se. Recordava-se apenas de que sentira medo e saíra correndo, acordando sobressaltado e com a impressão de que não dormira.

Eduard levantou-se e colocou mais lenha na fogueira. Depois, ficou sentado bem mais perto e voltou a pensar nas cenas que se misturavam em seu cérebro. Concluiu que eram confusas demais, fruto do medo pelo qual passara e que ainda tinha seu efeito.

Esperou ansioso o amanhecer e, logo aos primeiros raios de sol do dia, acordou o outro, dizendo que precisavam ir. Fizeram um chá de ervas, costume de soldados, que desceu amargo a Eduard, acostumado a ervas cultivadas, mais doces e finas.

Eduard e o homem que ele contratara tomaram o caminho de volta. Ele ia preocupado com que caminho deveriam seguir e pensava que, naquele momento, o principal era sair do condado. Por não conhecer nada além do país em que vivera e daquela terra, ia especulando, mentalmente, onde poderia instalar-se.

Os dois homens viajaram um dia inteiro, depois outro e mais outro. Pegaram uma estrada à esquerda e simplesmente seguiam pegando as bifurcações.

O cansaço e a atenção fixa na estrada estavam deixando Eduard como um bêbado, como alguém que perde o sentido de si. Os dois homens seguiam calados, economizando energias, pois Eduard não tinha muita resistência.

Aos poucos, Eduard sentiu como se atravessasse um deserto. Viu um caminho sem fim, um caminho sem ponto de chegada. As vilas e os pequenos vilarejos há muito haviam ficado para trás.

O mundo parecia ser feito de mato, e as estradas eram estreitas. O ex-soldado não falava; apenas seguia Eduard, pensando que ele sabia para onde ia, pois a cada encruzilhada Eduard dizia:

— Vamos por aqui! — usando um tom de ordem.

O lugar que Eduard queria não existia nem de um lado nem de outro. Ele desejava encontrar um lugar onde pudesse esquecer por completo aquela existência, e só o tempo e a ultrapassagem daquele nível fariam isso por ele.

Os dois homens pegaram uma subida sem fim, e o ex-soldado que acompanhava Eduard já desconfiava de que algo estava errado. No entanto, como estava ganhando dinheiro, não se importou.

232

Passaram-se mais quinze dias, e Eduard e o ex-soldado não chegavam ao destino. Os animais estavam exaustos, assim como os homens que os montavam. Eduard sentia cada músculo, junta, osso, como uma dor generalizada, e, quanto mais se afastava, mais pensava na casa e no conforto que tivera, nos amigos que deixara e de como era feliz na casa do conde e depois na casa de Carlos.

Quando chegaram ao alto de uma colina, o ex-soldado teve a certeza de que se aproximavam do fim do mundo e que, a qualquer momento, na sua ignorância que o fazia acreditar que o mundo era quadrado, se abriria um buraco e os dois cairiam. Ele falou a Eduard:

— Senhor, sabe realmente para onde estamos indo?

— Não! Nunca soube. Quero apenas ir longe, longe, muito longe.

O ex-soldado teve certeza de que Eduard estava delirando e disse:

— Senhor Eduard, o que acha de descansarmos por uns três dias? Poderemos, então, caçar para nos alimentar melhor, dar descanso aos animais e fazer um abrigo provisório.

Eduard não pensou; apenas escorregou do cavalo como se tivesse ouvido uma ordem. O ex-soldado fez o mesmo. Estava cansado, mas tinha resistência. Eduard estava finalmente alcançando o estado que queria: o de semiconsciência. Já não se alimentava bem e sentia a boca seca de sede.

Depois de escorregar do cavalo, Eduard sentou-se. O ex-soldado, então, pegou os animais, tirou-lhes os arreios e prendeu-os frouxamente para pastarem. Deixou Eduard onde estava e saiu à procura de água, pois também estava com sede.

A relva baixa abrigava flores do campo amarelas. Eduard olhou à sua volta e teve certeza de que o mundo ficara para trás, contudo, as lembranças continuavam ali. Ele pensou no poder que poderia ter tido, pensou em Dulnéia e viu-se diante do olhar de Carlos, uma imagem mal iluminada, que fechava a porta atrás de si, deixando-o no escuro, quando ele tentava dar explicações.

Eduard fechou os olhos e deitou-se na relva, sem tomar o cuidado de checar se havia ali cobras ou escorpiões. Queria dormir para sempre.

De repente, Eduard ouviu um grito atrás de si. Um grito que ele não distinguia, pois estava longe, muito longe para ser realidade.

— Atire! Atire! Atire!

Eduard, então, sentiu uma dor lancinante no peito e no rosto e ouviu um som que ecoou por todo o mundo esquecido. Sentiu também que algo quente escorria de sua boca e ouviu um gemido que ele não conseguia distinguir se vinha dele ou não. Depois, foi tomado por uma dor que durou muito, muito.

Eduard levou muito tempo para abrir os olhos e, quando o fez, viu seu acompanhante abrindo um buraco no chão. Em um lado havia um corpo humano ensanguentado; do outro, um urso enorme que ele nunca vira.

"Que cena é essa?", perguntou-se. Quando chegou mais perto, Eduard gritou desesperado:

— Sou eu! Mas como?

Handar estava certo em seus conceitos. Não! Eduard queria o esquecimento, precisava urgentemente dele.

Eduard começou a chorar desesperado, enquanto o ex--soldado continuava o que fazia.

— Vamos! Tenho que prosseguir! Quero ver o buraco do fim do mundo e me jogar nele. Vamos! Temos que ir — Eduard insistia, mas o outro continuava cavando e cavando metodicamente.

Eduard puxou-o pelo braço várias vezes, mas o ex-soldado não o sentia. Quando finalmente parou de cavar, remexeu a roupa que protegia o corpo de Eduard e tirou de lá todo o dinheiro, a pequena fortuna, que o ex-assessor do conde conseguira.

234

Eduard tentou tirar o dinheiro da mão do ex-soldado, pensando que traíra a si mesmo para conseguir aquela fortuna e que agora alguém facilmente lhe tomava.

Com um pé, o homem rolou o corpo de Eduard para dentro do buraco, jogando em cima parte da terra. Depois, ele virou as costas e começou a abrir o urso.

Eduard sentiu vontade de vomitar e saiu correndo, gritando, pois não queria ver a cena. Correu alguns metros, contudo, não sabia para onde ir. Não tinha mais casa, referências, e, naquela dor infinita, começou a chorar, caindo, por fim, no chão.

Pensou em voltar para a casa de Carlos, mas tinha certeza de que ele lhe fecharia a porta, levando a única luz e deixando-o no escuro para sempre. Só aí, Eduard percebeu o quanto temia o escuro e gritou angustiado:

— Carlos, perdoe-me! Perdoe-me! Eu o traí! Fiz o senhor mandar para a morte aquelas pessoas! Perdoe-me!

Chorando, Eduard ouviu quando alguém chamou seu nome. Ele, então, viu Handar e teve tamanha surpresa que se levantou e correu. Pôde, no entanto, ouvir ainda a voz do outro atrás de si, dizendo:

— Não fuja! Eu posso perdoá-lo. Todos nós podemos e queremos ajudá-lo.

Eduard sabia que era verdade, no entanto, tinha uma vergonha imensa e desejava ardentemente encontrar o buraco do fim do mundo para jogar-se.

***

Era meio de tarde. Carlos estava verificando umas contas, quando sentiu um arrepio e ouviu um grito angustiado. Ele parou o que estava fazendo para entender o que escutava, mas não conseguiu. Era como se aquele grito viesse de um lugar longe, de dentro de sua mente. Um grito que mal podia alcançá-lo.

235

Carlos levantou a cabeça, olhou pela janela e perscrutou com outro sentido, que não fazia parte dos seus cinco sentidos conhecidos. Ele, então, fechou os olhos para mergulhar na mente e soube de quem vinha o grito: de Eduard.

O conde voltou a pensar que, havia muitos dias, vinha tendo a sensação de que à noite Eduard perambulava por aquela casa e lembrou-se de que muitas vezes também caminhara até o antigo quarto do assessor e abria a porta do cômodo de tão cismado que ficava. Não via nada, nem mesmo o chamado efeito fantasma, por meio do qual Soláia lhe aparecia.

Teve certeza de que algo grave ocorria com Eduard e que o arrependimento o alcançara com toda a sua carga. Lastimou que estivesse longe, pois queria que, no arrependimento, Eduard lhe contasse tudo, ajudando-o a pegar todos os culpados.

Todas as vezes em que Carlos pensava nisso, um nó fazia-se em sua garganta. Quanto ao juiz que se precipitara e adiantara as execuções, de nada adiantara o conde mandar várias cartas ao rei protestando, pois ele nem sequer as respondera.

Carlos levantou-se e foi até seu quarto, depois de pedir que ninguém o interrompesse. Ia deixar seu espírito livre, entrar em desdobramento e ver o que acontecia na outra dimensão.

Sentou-se confortavelmente em um canto, com a respiração compassada, e foi desligando-se. Aos poucos, a leveza alcançou-o. Não sabia para onde iria; iria para onde determinasse.

Primeiro, Carlos foi ao lago. Sobrevoou-o e deduziu, mais uma vez, que era seu lugar preferido. Depois entrou no templo e viu as pessoas sentadas, recebendo fluídos por meio de passes. Algumas não tinham consciência clara de que recebiam.

Carlos viu os espíritos que faziam esse trabalho, ouviu deles um "bem-vindo", sentou-se e esperou. Entre esses espíritos estava Soláia. Assim que ela terminou a assistência, sentou-se ao lado do conde e perguntou:

— O que há, Carlos? Parece preocupado.

— Estou. Venho tendo a sensação de que Eduard quer falar comigo. Sinto-o principalmente à noite em minha casa, mas não consigo estabelecer contato com ele.

Soláia baixou os olhos e comunicou:

— Eduard morreu hoje, há pouco. Ele queria chegar ao fim do mundo, a um lugar onde pudesse esquecer a traição que cometeu, mas esse lugar não existe. Ore por ele, que assim poderá ter um pouco de paz se quiser ser ajudado. Handar foi assisti-lo, contudo, ele fugiu. Lastimo.

— O que mais posso fazer? Devo ir até onde ele está?

— Ele fugirá por muito tempo ainda até que perceba a inutilidade disso. E estaremos de plantão quando esse momento chegar. Aí, sim, eu, você ou qualquer outro de boa vontade poderá ajudá-lo. É escolha dele. Não podemos obrigá-lo, você sabe.

Sim, Carlos sabia, por isso orou com todas as suas forças para que o amigo que o traíra conseguisse acreditar no perdão e ser ajudado, ou melhor, que conseguisse acreditar que poderia se perdoar um dia.

Mais pessoas entraram no templo, e Soláia levantou-se para trabalhar. Carlos pensou que, quando mudasse de dimensão, já sabia o que faria. Trabalharia ali, no lugar que sempre fora seu lar.

Ele não sabia ainda por que motivo nascera e vivera parte de sua vida afastado e agradeceu a Deus por ter tido a chance de voltar.

No momento em que saía do templo, Carlos viu Maláia entrar. O homem tinha o rosto transfigurado, a aura escurecida como se estivesse suja, e passou pelo conde sem notá-lo. Depois, sentou-se a um canto, como se quisesse se esconder.

Carlos voltou-se e olhou para Soláia, que sorriu e foi em direção a Maláia acompanhada de mais dois espíritos.

O conde tomou o caminho de casa, mas ainda perambulou por todos os ambientes antes de voltar para seu corpo. Assim que retornou, lastimou que Eduard tivesse morrido naquele estado de perturbação, sem desfazer neste mundo os desentendimentos que fizera.

Carlos orou mais uma vez e enviou seus pensamentos a Eduard, pedindo-lhe para que ouvisse o que Handar e os outros, que queriam ajudá-lo, tinham para lhe dizer.

O conde tomou para si enviar esses fluxos todos os dias para Eduard. Antes de dormir, concentrava-se no ex-assessor, mesmo sem saber onde ele estava, e pedia-lhe em forma de rogos que parasse de fugir.

Lastimavelmente, no fundo de sua alma, Carlos ainda sentia muito ressentimento em relação aos envolvidos que o levaram ao erro. Estava na carne e sentia as necessidades da carne, embora tivesse conhecimento e sempre se encontrasse com Soláia em desdobramentos conscientes. Ele não deixava de pensar que ela poderia estar ali vinte e quatro horas por dia convivendo com ele e lhe dando filhos, por isso, os fluxos que enviava chegavam distorcidos e pouco ajudavam Eduard.

***

Maláia caiu em depressão profunda, pois tinha certeza de que tudo que acontecera fora por culpa sua e de sua ganância. Sentia a força de Carlos em não abandonar seu posto no local e sabia também que o povo o apoiava e respeitava.

Ele sentia imensa falta da filha e já a perdoara. Maláia via, daquele modo, a velhice chegar, a esposa morrer e ele ficar vagando naquele casarão por muito tempo ainda.

Maláia passou a ver o restante dos amigos como falsos e sabia que faziam fofocas e se divertiam com o acontecido, deixando de respeitar sua dor de pai abandonado.

Sentia um pouco de paz somente quando ia ao templo e pensava que, se pudesse, se mudaria para lá. Não via os espíritos que diziam trabalhar naquele local e não sabia que

Soláia e Handar estavam entre eles. Preferia apenas acreditar que era Deus quem enviava seus fluidos para amenizar a dor dos homens.

Sentado ali, naquele banco duro, muitas vezes rogava aos céus que a filha lhe escrevesse e que desse alguma notícia. Queria saber se estava viva, se estava feliz, se tinha tido filhos, qualquer coisa que amenizasse sua dor de pai.

Depois daquele dia de tanta violência, a esposa de Maláia passou a viver assustada e a sofrer de insônia. E, muitas vezes, acordava sobressaltada, com a certeza de que a casa estava sendo invadida novamente.

Maláia, tardiamente, compreendeu que, se a violência adentrara seu lar, fora ele quem a trouxera pela mão e por isso não se perdoava por isso.

CAPÍTULO 19

Em sua nova realidade, Eduard beirava o desequilíbrio. Muitas vezes, entrava na casa de Maláia por julgá-lo culpado e tentava destruir tudo. Para ele, fazia um barulho enorme e sentia-se feliz ao ver a esposa de Maláia acordar aos sustos ou ficar andando de um lado para outro com medo de dormir.

Outras vezes, sentia dó de si mesmo e ia à casa de Carlos, contudo, raramente o encontrava lá. Via o corpo do amigo traído mas não a alma e, quando encontrava os dois, pensava em pedir perdão. Eduard, no entanto, sentia tanta vergonha que, na última hora, saía correndo e direcionava seu ódio a Maláia, que despertara seu pior lado.

Assim, o tempo foi passando. Eduard muitas vezes ficava afastado das duas casas, embora pudesse saber tudo o que se falava e pensava dele. E tinha seu sofrimento acentuado quando Carlos pensava nele como um traidor.

Certo dia, passando em frente ao templo, teve vontade de entrar. Nunca estivera lá encarnado e por isso temia o que poderia acontecer lá dentro.

Viu dois homens à porta, que, mesmo a distância, sorriram ao vê-lo e transmitiram:

— Entre, Eduard. Talvez aqui encontre parte da paz de que precisa.

— Não há o fim do mundo! Já o procurei por todos os quatro cantos —respondeu Eduard confuso.

— Deveria ser agradecido por isso, mas há o esquecimento de que tanto precisa, há o perdão. Entre.

Eduard ficou olhando-os. Teve vontade de entrar, mas temeu e voltou a pensar que estava naquela situação por culpa de Maláia. Pensando nisso, acabou correndo, mesmo quando um fluxo de tranquilidade o alcançou, acentuando sua vontade de entrar.

Ele não se voltou e pensou apenas que precisava evitar aquele lugar, pois sabia que, quando traiu Carlos, traíra também a todos que trabalhavam ali dentro.

Eduard ficou pelas redondezas do lago e viu outras pessoas sentadas meditando. Ele as via de duas formas: algumas gozavam de tranquilidade profunda; outras não conseguiam desfrutar desse estado.

Observava com curiosidade apenas, sem entender o que acontecia em profundidade. Uma dessas pessoas, que ele sentia estar em tranquilidade profunda, lhe estendeu a mão e transmitiu:

— Venha, Eduard. O sofrimento não traz prazer a Deus, apenas o aprendizado. Não há castigo. Deus é bom e quer apenas que evoluamos.

— Quem é você? Por que pensa que pode ajudar-me? Não sabe o que fiz ou do que sou capaz? Se soubesse, nem sequer chegaria perto de mim, pois posso contaminá-la com minhas mesquinharias.

— Ninguém contamina ninguém, se não tiver o germe dentro de si. Venha! Dê-me a mão. Posso levá-lo ao templo. Lá conseguirá socorro e tudo de que precisar.

— Não! Você não sabe o que diz! Não sabe do que fui capaz.

— Isso pouco importa. Você não sabe do que já fui capaz também.

Eduard olhou a figura ao seu lado e observou o corpo quieto a uns quinhentos metros de distância. Como não entendia o fenômeno, novamente resistiu e saiu, mas dessa vez sem correr.

De repente, ouviu atrás de si a pessoa transmitindo:

— Eduard, já tivemos relacionamentos antes. Eu já o amei, já fomos amigos.

Eduard virou-se e gritou:

— Não sou capaz de ser amigo! Traí dois dos maiores deles! A um deles provoquei remorsos imensos e sabe por quê? Por poucas moedas de ouro, que foram facilmente roubadas de mim. Do que me servem agora? — e mais uma vez, Eduard se afastou sem entender que o sofrimento serve apenas de aprendizado e que, quando esse último acontece, o primeiro perde completamente a importância.

***

Carlos não conseguia deixar de pensar na vida que teria com Soláia, se tudo aquilo não tivesse acontecido. Às vezes, ainda era acometido de lágrimas ao se lembrar de que não acreditara nela nem em Handar.

Lembrava-se do momento em que assinara o papel condenando os três por assassinato em rituais e sabia que eles estavam em outra dimensão. Mas, como todos, Carlos não aceitava ainda como natural o adiamento, embora em todos os tempos isso sempre tivesse ocorrido.

Olhando pela janela de seu quarto, viu duas crianças, filhas de servos, brincando. Uma delas era uma menina, tinha os cabelos pretos, soltos ao vento, e ria muito com a outra menor.

Que aparência teria uma filha sua e de Soláia? Por que não percebera logo, no primeiro instante, que tinham um vínculo forte? Se isso tivesse acontecido, tudo aquilo teria acontecido?

Carlos não aceitava passivamente e como deveria o adiamento, principalmente porque cooperara para o fim da existência dos três. Ao pensar nisso, como sempre, lágrimas vinham-lhe aos olhos e ele não deixava de pensar nos culpados. Maláia estava impune da justiça que Carlos, como autoridade, queria aplicar, pois não havia provas. O conde investigara e o único elo fora Eduard, que já não estava mais ao seu alcance.

Alguém bateu na porta, e Carlos limpou o rosto. Traziam-lhe uma carta dos pais. Ele recebeu a correspondência e dispensou a pessoa.

Como sempre, o tom da carta era muito amoroso. O pai falava-lhe de suas saudades e pedia ao filho que fosse visitá-lo. Perguntava também quando ele se casaria, pois já passava da idade, e dava-lhe notícias de seus irmãos e do restante da família.

Avisava também que Eduard sumira e que ninguém conseguia obter notícias dele. Falava que, em um arranjo escancarado, Cataléa desposara um viúvo da corte, lhe dava as novidades de outros amigos e pedia, no final da carta, que Carlos não deixasse de responder.

Carlos nunca deixava de responder, pois também sentia saudade da família, tinha saudades dos irmãos e vontade de conhecer alguns sobrinhos que nasceram depois de sua partida. O que ele apenas não sabia era o que falar de si. Eram tantas as coisas que tumultuavam seu íntimo, mas a público quase nada acontecia.

Ele sentou-se e escreveu tudo o que sabia sobre Eduard e falou um pouco do templo, do povo, do seu trabalho e das bicas de água limpa que se duplicavam, levando o líquido ao alcance de todos. Falou também do comércio na praça do mercado, que tinha até artigos importados, da capacidade de compra do povo, que aumentara em muito, que a miséria geral diminuira, e da felicidade que todos pareciam desfrutar. Carlos só não falou da solidão que sentia, da dor de ter sido traído, da saudade que o torturava, da fé plena que devia ter ante todas as provas, e que, mesmo assim, falhava.

Acabou de escrever e sentiu-se um tanto falso por deixar implícito que se encaixava na felicidade geral. Não queria, no

243

entanto, que o velho pai e a mãe ficassem preocupados. Ele, por fim, lacrou a folha e chamou o mensageiro para levá-la.

Ele, Carlos, já não era o mesmo homem. Nada tinha a ver com o rapaz que chegara àquele lugar poucos anos antes. Aliás, corrigiu, que chegara havia um longo século, pois era assim que se sentia.

Se o pai, que vivera ali um ano para tratar-se, voltara outro, talvez pudesse imaginar o quanto esse efeito se dera sobre o filho.

Bateram outra vez à porta, e Carlos permitiu que entrassem. Para sua surpresa, soube que Maláia pedia para ser recebido.

O conde ainda teve dúvidas se queria recebê-lo naquele momento, se poderia olhá-lo sem acusá-lo na cara, mesmo sem provas. Depois, concluiu que adiar aquele encontro não ajudaria em nada, suspirou e deslocou-se para a sala.

Maláia sorriu e cumprimentou-o, comportando-se normalmente, mas Carlos sentiu que algo estava diferente, muito diferente naquele homem. Os dois sentaram-se, e Maláia foi direto ao assunto, como se estivesse a ponto de pegar fogo. Falava confusamente a respeito de uma reunião que aconteceria no templo e que as pessoas precisavam de um novo líder religioso.

— Por que vem a mim? Como dizem, sou estrangeiro e não entendo da religião local. E outra coisa... eu mandei matar o líder de vocês.

Ao dizer isso, Carlos sentiu como se recebesse uma facada no coração. Sentia-se assim todas as vezes em que o acontecido lhe vinha à mente. Maláia, por sua vez, baixou os olhos, deixou-os fixos no chão e, mantendo o tom de voz o mais natural possível, falou:

— Temos certeza, senhor, de que foi enganado, de que foi levado a isso. Não sabemos por quem, nem por que. Isso já foi muito discutido, vamos esquecer. Handar e a filha foram mortos, e nós precisamos oficialmente de outro líder

244

religioso. Por essa razão, vim até aqui com a incumbência de convidá-lo, apenas isso.

Carlos olhava insistentemente para Maláia, desejando que o homem explodisse em confissão para que pudesse tomar as providências cabíveis. Sabia que era assim que falhava em sua fé, mas, naqueles momentos, pouco podia controlar-se.

— Estarei lá — afirmou Carlos de posse da data e do horário.

Maláia não esperou mais, levantou-se e, pedindo permissão, saiu rapidamente. Carlos pensou em um palavrão. O homem escapava-lhe mais uma vez de suas mãos, e ele censurou sua vontade de assassiná-lo.

O conde não sabia quem estava tomando conta do templo, porém, Handar sempre tivera muitos auxiliares, e ele, Carlos, não votaria. Sabia disso.

***

Dois dias depois, a data da reunião chegou. Carlos vestiu-se para comparecer à reunião e saiu acompanhado de dois seguranças.

Chegando lá, viu que as pessoas que chegavam iam se sentando no salão da frente do templo. Ele, então, seguiu as regras, entrou e sentou-se.

O templo estava lotado, e Carlos pensara que apenas os denominados "das castas" tinham sido convidados, mas muitos do povo também ali estavam.

O conde percebeu que poucos olhares se viraram para ele, cumprimentando-o discretamente. Sentado a um canto, ele avaliou que, diferente dos templos que conhecia na Europa, ali os mais ricos não tinham lugares na frente. Cada um se sentava onde queria, pois todos os bancos eram iguais. Ele escolhera um perto do corredor de passagem, e o silêncio reinava como sempre.

Carlos fechou os olhos e fez uma oração pedindo discernimento e inspiração para fazer as coisas certas. Concentrou-se para tentar desdobrar-se e ver o que acontecia no outro salão, mas não conseguiu.

Alguém tocou de leve no ombro de Carlos e murmurou:

— Venha, senhor conde. Por favor, siga-me.

— Fui convidado, mas não faço parte da religião. Não sei se devo.

A pessoa sorriu-lhe e disse:

— O que é religião? Não é apenas a crença em um Deus? Em uma força criadora.

— Creio que sim.

— Então, todos nós, desde o nosso nascimento em forma humana, já a temos, independente de como a chamamos. Venha.

Carlos queria entender melhor aquelas palavras, por isso precisava de um tempo maior para pensar. Levantou-se e, para sua surpresa, viu que apenas uma dezena pessoas ia com ele. O restante, inclusive Maláia, permaneceu à espera.

Chegando à saleta, que não era grande, cada um se sentou novamente onde bem queria, e um deles tomou a palavra, dizendo:

— Bem, irmãos, estamos todos aqui porque a burocracia do homem quer oficialmente um líder. Todos sabemos que somos nós o líder de nossa própria vida, mas alguns não têm esse discernimento ainda e precisam ter alguém que os oriente e em quem se espelhar.

Carlos estava confuso. Ele não fazia parte daquela congregação e teve certeza de que estava ali como intruso, talvez apenas por seu cargo. Levantou-se e disse:

— Senhor, não faço parte desta congregação e nem sequer sei o que acontecerá aqui. Creio que fui convidado apenas por ser o conde e líder político do lugar, então, peço que me dispensem. Não me sentirei ofendido.

O homem sorriu e disse brandamente:

246

— Jamais convidaríamos alguém por ser o líder político, conde, rei, seja lá quem fosse. Se fôssemos proibidos de fazer essa reunião abertamente, ela seria secreta. O senhor diz não fazer parte desta congregação, mas lhe afirmo que faz parte dela já há quatro vidas. Conquistou este espaço. Não fomos nós que lhe demos, senhor, pois não podemos fazê--lo. Peço, então, que preste atenção e verá. Apenas não crie resistência, pois preconceito sabemos que o senhor não tem.

Sem constrangimento algum, Carlos pediu desculpas por ter interrompido e teve certeza de que o homem falava o correto. O dirigente fez uma oração, acompanhada mentalmente pelos outros, e depois, como se sua voz pudesse quebrar a paz que parecia vibrar em cada um e em todo o ambiente, disse em voz quase sussurrada:

— Peço aos meus amigos que estão nos acompanhando que ajudem nosso irmão a plasmar-se. Peço que todos nós doemos um pouco de nossos fluidos a ele.

De olhos fechados, sabia que já ouvira aquelas palavras. Mesmo de olhos fechados, ele viu um fluxo e fachos de várias cores, inclusive dele, que se refletia em um azul misturado com um verde pálido. Pensando apenas que queria doar fluidos, Carlos viu que os feixes foram tomando forma.

O conde abriu os olhos para certificar-se de que sua mente não lhe pregava uma peça e sorriu de prazer ao ver Handar, diante de todos, com um sorriso largo e ar de felicidade. Ele disse:

— Agradeço-lhes por terem me doado energia para que eu possa falar a todos. Sejam bem-vindos. Vim apenas lhes dizer o que já foi resolvido em desdobramento e que fugiu de suas consciências em vigília. O líder para os menos preparados será Vigir. Nosso amigo aqui presente já não falha tanto em sua fé, tem visão maior da vida e a compreende. Não é mesmo, meu amigo?

— Agradeci quando me elegeram e agradeço novamente, embora a responsabilidade seja muito grande. Peço mais uma vez, querido amigo, que não deixe de aconselhar-me quando eu, ser imperfeito, titubear em minha fé e em meus conhecimentos, que são ainda limitados.

— Ninguém nunca está sozinho, mesmo que julgue sofrer de solidão.

Handar falou isso olhando para Carlos. O conde tinha muitas perguntas a fazer, queria abraçar Handar e pedir-lhe humildemente perdão por ter falhado, levando-o à morte, no entanto, não conseguiu. Começou a soluçar, sem poder controlar-se.

De repente, Carlos sentiu uma mão sobre sua cabeça. Handar deslocara-se e posicionara-se bem ao seu lado, dizendo:

— Amigo, pare de sofrer. Você falhou e daí? Já se arrependeu e pediu perdão tantas vezes que nós lhe demos logo na primeira vez. Tente esquecer. Ore, sim, por Eduard, que está precisando perdoar-se. E quanto a você, perdoe-se também.

Carlos queria tanto falar que acabava tumultuando sua mente. Ele chorava como um garoto e curiosamente não sentia vergonha dos outros que o olhavam.

Handar deu alguns conselhos a um e a outro e sorrindo se foi, desvanecendo-se no ar. As pessoas presentes no templo, então, fizeram mais um agradecimento a Deus pela oportunidade de trabalho e começaram a se retirar.

Carlos enxugou o rosto pela milésima vez e já não se sentia tão agoniado, sua dor já não parecia tanta. Ele foi o último a sair e, quando voltou ao salão maior do templo, viu que estavam comunicando quem seria o novo líder religioso.

Ele não permaneceu no local e, em silêncio, passou pela porta, onde os seguranças o esperavam.

A caminho de casa, Carlos questionava-se: "Por que tudo isso que eu deveria julgar anormal é tão normal para mim?". O conde não levava em conta que o que é ficção para alguns povos para outros é realidade cotidiana, e o caso de contato com os espíritos na dimensão desencarnada é tão antigo como a mais antiga das seitas. Homens e mulheres chamados iniciados sempre o fizeram, e, a cada dia, esse contato se torna mais comum, de acordo com a evolução da humanidade nas duas dimensões.

Já no casarão, Carlos foi direto para seu quarto, sentou--se na beirada da cama e olhou o céu estrelado através da janela. Depois, fechou os olhos, que ardiam do choro sentido que tivera.

Sim, não havia dúvidas de que ele sempre fizera parte daquele meio, mas, então, por que tinha nascido em outro? Carlos teve a certeza de que seu pai sabia exatamente por que o enviara para aquele condado.

Carlos pensou em Eduard e em Maláia e questionou-se se estava escrito que eles teriam de tomar aquelas atitudes. Não! Era livre-arbítrio, escolha pessoal, por isso o peso da responsabilidade. Mal sabia o conde que todos aqueles líderes tinham renascido com o objetivo de alavancar aquela sociedade, fazê-la ser o exemplo do mundo, mas falhavam em suas imperfeições como até hoje muitos povos têm falhado.

O conde andou pelo ambiente, olhou o céu estrelado novamente, tornou a fechar os olhos e pensou em Soláia. Tinha certeza de que, cada vez que pensava em alguém que estava na outra dimensão, alcançava essa pessoa, e essa é a forma da oração: pensar, enviar, chegar lá.

249

CAPÍTULO 20

Eduard continuava vagando e ainda tinha medo de aproximar-se do templo, mas, ao mesmo tempo, temia ficar muito longe. Ele viu quando muitas pessoas começaram a entrar e quando Carlos chegou com seus seguranças e teve vontade de correr até o conde, jogar-se a seus pés e pedir-lhe perdão mil vezes. Não o fez.

Ele sentiu curiosidade de saber o que se passava dentro do templo, mas não teve coragem de entrar, embora não visse impedimentos. Sabendo, em sua confusão mental, que Carlos estava no templo, decidiu ir até a casa dele.

Eduard entrou no casarão, passeou pelos ambientes e foi até o quarto que ocupara, lembrando-se de que, quando o remorso queria invadi-lo pela traição, colocava o dinheiro na cama e ficava acariciando-o. E uma pergunta se fez: "Para quê?". Ele tinha tudo! Alimento, roupas, onde morar, amizade, amor e respeito.

Começou a chorar, pois a saudade que sentia de Carlos era enorme. Depois, refez-se e foi até o quarto do conde, onde entrou devagar, temeroso, como quem chega a um ambiente desconhecido. Ao ver o quadro que Dulcor pintara do lago, virou o rosto.

Aos poucos, porém, Eduard sentiu um aquecimento, como se o ar naquele ambiente estivesse com eletricidade estática, e um ponto de luz brilhante começou a formar-se.

Eduard ficou paralisado e encostou-se na parede sem sentir realmente sua densidade, pois seu corpo tinha outra. Tudo começou a mudar à sua volta, e aos poucos a luz dirigiu um facho a ele, que fechou os olhos. Parecia um toque leve de uma mão aquecida.

Quando abriu novamente os olhos, Eduard viu Soláia à sua frente. Ela sorria e dizia:

— Eduard, você já bebeu muito do vinho amargo do arrependimento. Venha comigo, pois o sofrimento não é o objetivo.

Já haviam lhe dito aquilo, porém, ao ver Soláia ali, parecendo mais linda do que nunca, a vergonha de Eduard pareceu aumentar. A moça aproximou-se mais, e o raio de luz, que parecia vir dela, continuou sobre ele.

— Eduard, dê-me sua mão. Venha comigo. Já temos uma história de vida antiga. Não há como eu ter raiva de você.

— Traí por dinheiro e moedas de ouro — disse ele.

— O peso do ouro engana. Todos se perdem por ele pelo menos algumas vezes, e você, infelizmente, não é exceção.

— Mas eu tinha tudo. Não sentia fome ou frio e tinha muito conforto. Entendo o ladrão que rouba porque vive na miséria, mas e eu?

— Os maiores roubos e as maiores traições não vêm de quem parece realmente precisar. Vêm de pessoas que têm muito e querem muito mais. Vêm de pessoas que desejam poder.

— Por que fazemos isso? Diga-me. Eu preciso de uma explicação.

— Imperfeições, querido amigo. Calamos a boca de quem nos fala ao coração. Calamos a nós mesmos em nome do prazer de um momento, pois cada vida vivida não passa disso.

— Para mim, é uma eternidade.

— Depende do peso que ela tem. Venha! Você precisa de ajuda e continua a ter amigos.

251

Eduard olhava Soláia e quis tocar sua mão estendida. A moça chegou mais perto e tomou a iniciativa. Ele, então, sentiu o toque aquecido e continuou a observá-la como quem tem um encantamento, sentindo uma tranquilidade envolvê-lo.

Eduard sentiu Soláia puxando-o delicadamente e, neste momento, a porta se abriu. Era Carlos, que se sentou na beirada da cama, tendo os olhos vermelhos de tanto chorar.

Eduard olhou-o e veio-lhe o pensamento: "Eu fiz isso a ele. Foi meu amigo, e minha atitude ainda o faz sofrer. Tudo isso por causa do meu egoísmo".

Ele soltou-se da mão de Soláia e saiu correndo. A moça ainda o chamou várias vezes, porém, Carlos estava ali. Soláia aproximou-se do conde, passou a mão pelos cabelos do rapaz e tentou alcançá-lo com seus aconselhamentos. Ele, porém, estava muito emocionado para senti-la.

Soláia temeu ser envolvida por todo aquele estado emocional, enviou-lhe um fluxo de amor como um bálsamo e saiu lastimando que Eduard tivesse fugido no último momento.

Já no plano espiritual, Soláia vigiava Eduard de perto, sentindo muito por ele ter se perdido e lastimando a falta de fé dos envolvidos que abreviaram sua vida corpórea, de seu pai e de Dulcor.

Soláia lembrou-se do otimismo de Carlos antes de renascer. Ele tinha certeza de que cumpriria todos os seus objetivos, mesmo nascendo fora daquele ambiente. Tinha mediunidade acentuada e o ajudaria em muito a reforçar sua fé, contudo falhara. Lastimavelmente, falhara, mas isso era passado, e cabia a ela perdoá-los e ajudá-los.

Ela chegou à duplicata do templo que existia na dimensão espiritual e orou por todos aqueles que estavam na batalha diária do aperfeiçoamento encarnado, em que o espírito está limitado para vivenciar melhor sua fragilidade e outras necessidades, como a de evoluir.

***

Carlos descera para alimentar-se. Como não jantara, pediu um lanche e, já estava à mesa se servindo, quando sentiu que era invadido pelo fluxo da prece fervorosa de Soláia.

Ele imaginou que aquela prece vinha de um espírito amigo e, mesmo se alimentando, concentrou-se e orou junto, fazendo o fluxo adensar-se e espalhar seu benefício a todos os presentes, inclusive a Eduard, que, a um canto, olhava para o conde, sabendo que não podia ser visto.

Esse fluxo fazia Eduard ter mais harmonização, tirando-o um pouco da confusão mental. Era um fluxo que transmitia energia para seu perispírito, como o alimento oferece energia ao corpo físico.

Sem pensar muito, Eduard foi absorvendo aquele fluxo que o fazia perder muito dos sânscaras que trazia no corpo, como se fossem chagas espalhadas na carne.

Carlos desconcentrou-se, acabou de alimentar-se e saiu para recolher-se. Quando o conde passou por Eduard, o ex-assessor, sem saber se poderia alcançá-lo, pediu:

— Carlos, o senhor permite que eu fique aqui?

Carlos pressentiu a pergunta sutil, mas estava desconcentrado para manter o contato e ficou inseguro se realmente ouvira algo. Ele seguiu para o quarto, tirou as botas e a roupa, deitou-se e, cansado do dia e das emoções, caiu em sono profundo.

O cérebro de Carlos, que estava em vigília, não registrara claramente a pergunta, mas o espírito dele o fizera. Assim que se desdobrou do corpo, o conde sabia exatamente quem pedira ajuda e o que deveria fazer.

Carlos deixou o corpo repousando, saiu pela casa à procura de Eduard e encontrou-o sentado em uma cadeira na sala. O conde sentiu, no primeiro momento, prazer em rever o amigo, contudo, no segundo momento, foi tomado por tristeza ao se lembrar da traição.

— Eduard, você morreu.

— Não! Diga-me como viver com a culpa pelo que fiz? Quis a morte para meu alívio, mas veja! Eu não o tenho.

— Procurar a morte para obter alívio é um grande engano, é quando mais temos os remorsos conscientes. Em que posso ajudá-lo?

— Quero voltar a morar aqui.

— Não deve. Aqui perderá apenas um tempo precioso para sua evolução. Você precisa ter coragem para assumir o que fez e pedir perdão aos mais prejudicados.

— A cada vez que você sofre pelo que o obriguei a fazer, eu sinto como se uma facada me atingisse.

— Eu falhei em minha fé, por isso tenho minha parcela de culpa. Volto a lhe dizer, Eduard... não sou o melhor para ajudá-lo.

— Hoje mesmo vi Soláia. Eu tinha ido ao seu quarto, e ela veio ajudar-me. Até pegou em minha mão. Eu a olhei nos olhos, desejando que ela gritasse comigo, me xingasse, e procurei qualquer traço de ódio no rosto dela... não vi nada. Sabe o que é isso, Carlos? Nada! Nenhum traço de ódio.

— Sorte sua, Eduard. Se ela o tivesse, aumentaria seus sânscaras, e sua dor seria ainda maior.

— Eu mereço sofrer.

— Qual seria o lucro disso, se você não aprendesse? Vá. Peça-lhe ajuda novamente, pois ela está disposta a ajudá-lo.

— Carlos, eu sempre o amei como a um amigo. Preciso que me diga... o senhor me perdoa totalmente?

Ao ouvir uma pergunta tão direta, Carlos titubeou. Ali, sem dúvida, estava uma parte da culpa que carregava e mais uma vida sem desfrutar do carinho e do apoio encarnado de Soláia. Ante o silêncio de Carlos, Eduard começou a chorar.

— Não! Viu? Eu não mereço.

— Eduard, não sou tão generoso quanto deveria, lastimo. Sinto como se naquela atitude minha vida se tornasse oca. Perdoe-me, pois estou falhando novamente em minha fé.

Eduard não esperou para ouvir mais nada e saiu de lá correndo. O ex-assessor não percebia que, se ele se permitisse ser socorrido, Carlos teria mais equilíbrio também, pois precisava de um tempo maior para perdoar plenamente.

Quando Soláia percebeu que haveria um encontro entre os dois, terminou rapidamente o que estava fazendo e foi até o casarão, visando a ajudar a ambos. Porém, chegou no momento em que Eduard saía da casa. A moça ainda gritou por ele, que não a ouviu.

Soláia aproximou-se de Carlos ainda desdobrado, que a abraçou. A moça pediu:

— Carlos, você precisa perdoar Eduard sem restrições. Não pode ser por menos.

— Tento, você é testemunha de que eu tento. Mas, a cada vez que penso em como poderia ser esta existência, não consigo perdoá-lo.

— Você tropeça de novo na fé. Preste atenção, pois é somente isso. Já sabe que terá novas vidas, novas oportunidades.

— Porém, na carne, os anos parecem infinitos e, para mim, solitários.

Ela sorriu:

— Como solitários, se você tem a mediunidade desenvolvida a seu favor? Pode nos ver, falar, mesmo estando em vigília. Se o que separa as dimensões é um fio tênue, para os médiuns essa separação é menor ainda. Eu sonho com o dia em que nem esse fio tênue existirá e que toda a humanidade tenha a consciência plena da necessidade da evolução e da aceitação da reencarnação, abrindo todas as portas de tráfego de um lado para outro. Perdoe Eduard plenamente, Carlos.

— Temos certeza de que isso não estava planejado. Nem tive tempo de descobrir meu amor por você... talvez tenha sido lerdo demais.

— Não há tempo perdido, apenas vida pouco aproveitada. Eduard aproveitou pouco a dele e precisa de seu perdão pleno para não perder essa outra fase também.

— Continuarei tentando, é o que posso lhe prometer.

— Faça mais do que isso. Reze por vocês dois e por Maláia também, pois ele logo sofrerá o ciclo do arrependimento profundo. Por isso, Carlos, não se preocupe com o fato de a justiça dos homens ter falhado.

Carlos sentiu vergonha, pois aquilo que ela lhe dizia fazia parte também de seu julgamento. Novamente, ele falhava em sua fé.

— Preciso ir, pois há muitas pessoas a serem socorridas e muito trabalho a ser feito.

— Abrace-me mais uma vez, querida irmã.

Os dois abraçaram-se mais uma vez, e Soláia se foi. Carlos não voltou ao corpo. Foi procurar Eduard, porém, não o encontrou. Ele, então, deixou que a saudade de seus pais dominasse seus passos e foi à casa deles para fazer-lhes uma visita, pois isso também faz parte sempre dos desdobramentos: procurar nossos afins, pais, amigos e até mesmo inimigos, quando a hostilidade é muito grande e o ódio nos afiniza.

***

Carlos passou a frequentar o templo para sentir o ambiente fluidificado, que lhe proporcionava mais harmonia e vigor. Sabia também que ali havia o tráfego de muitos espíritos, entre eles Handar e Soláia, e que Dulcor já renascera.

No templo, Carlos sentava-se na última fila, concentrava-se e via os espíritos trabalhando, influindo no campo biomagnético dos que entravam precisando de ajuda. Certo dia, ele sentiu Eduard nas escadarias. O ex-assessor estava muito inseguro.

Carlos mentalizou coragem a Eduard, e, ao enviar essa mensagem, os espíritos que davam suporte à casa a captaram. Pouco depois, Soláia deslocou-se até a entrada, estendeu a mão a Eduard e pediu meigamente:

— Venha, Eduard. Carlos está aqui e já o perdoou plenamente.

Carlos, concentrado, assistia à cena e avaliou se Soláia, por acaso, não mentia. No entanto, ele sentiu, para seu prazer, que ela estava certa. O conde entrou em meditação e fez uma oração profunda. Desdobrou-se até a entrada do templo e viu que Eduard ainda estava lá, conflitando se atendia ao pedido da moça ou não.

Desdobrado, o conde apareceu atrás de Soláia e estendeu a mão para Eduard, pedindo:

— Venha, Eduard. Ajude-me a não titubear em minha fé e em meu perdão pleno a você. Creio que este seja meu maior desafio e não permita que eu falhe. Eu o perdoo. Sinta como eu o perdoo.

Eduard olhou Carlos dos pés à cabeça e sentiu-se perdoado pelo amigo. A traição ainda lhe passou pela mente e ele viu a cena em que Maláia o corrompera. Lembrou-se também de sua esperança de conquistar Dulnéia, de sua certeza de que iria para longe com ela e de que em seus braços esqueceria tudo, como um compartimento que se fecha e o que está lá dentro fica esquecido.

Naqueles anos perdidos entre os mundos, Eduard aprendera uma amarga lição. Não havia compartimento que pudesse ser fechado para sempre, nem se Dulnéia lhe tivesse amor.

Carlos deu mais um passo, colocou a mão sobre o ombro de Eduard e guiou-o para dentro do templo. Ao entrar pela primeira vez, Eduard começou a chorar devido ao choque. A paz que reinava ali contrastava com a agonia que ele vivia.

Eduard, então, ajoelhou-se, como se o peso que carregava em seus ombros tivesse se tornado impossível de carregar, e pouco depois mais espíritos vieram em seu auxílio.

Carlos voltou ao corpo, abriu os olhos e viu as outras pessoas, que, sentadas, faziam suas orações. Ele avaliou quantas delas já tinham desenvolvido a capacidade de mediunidade e sorriu. Essa capacidade, como tudo, se bem usada proporciona prazer, e Carlos pensou em ficar ali para sempre. Sentia alívio por saber que Eduard finalmente estava bem encaminhado e que fazer justiça a Maláia já não era mais uma preocupação sua.

O conde olhou a hora. Quis muito ser apenas um espírito desencarnado e sorriu. Tinha uma jornada ainda a ser cumprida. Nunca mais precisar reencarnar é uma conquista, e ele, como todos nós, não a tinha conquistado ainda.

Carlos Augusto dos Anjos

ORBE dos Escritores

FIM

Grandes sucessos de
Zibia Gasparetto

Com 17 milhões de títulos vendidos, a autora tem
contribuído para o fortalecimento da literatura
espiritualista no mercado editorial e para
a popularização da espiritualidade. Conheça
os sucessos da escritora.

Romances
pelo espírito Lucius

A verdade de cada um

A vida sabe o que faz

Ela confiou na vida

Entre o amor e a guerra

Esmeralda

Espinhos do tempo

Laços eternos

Nada é por acaso

Ninguém é de ninguém

O advogado de Deus

O amanhã a Deus pertence

O amor venceu

O encontro inesperado

O fio do destino

O poder da escolha

O matuto

O morro das ilusões

Onde está Teresa?

Pelas portas do coração

Quando a vida escolhe

Quando chega a hora

Quando é preciso voltar

Se abrindo pra vida

Sem medo de viver

Só o amor consegue

Somos todos inocentes

Tudo tem seu preço

Tudo valeu a pena

Um amor de verdade

Vencendo o passado

Romances
Editora Vida & Consciência

Amadeu Ribeiro

A visita da verdade
Juntos na eternidade
O amor não tem limites
O amor nunca diz adeus
O preço da conquista

Reencontros
Segredos que a vida oculta vol.1
A beleza e seus mistérios vol.2
Amores escondidos vol. 3

Amarilis de Oliveira

Além da razão (pelo espírito Maria Amélia)
Nem tudo que reluz é ouro (pelo espírito Carlos Augusto dos Anjos)

Ana Cristina Vargas
pelos espíritos Layla e José Antônio

A morte é uma farsa
Almas de Aço
Em busca de uma nova vida
Em tempos de liberdade
Encontrando a paz
Ídolos de barro

Intensa como o mar
Loucuras da alma
O bispo
O quarto crescente
Sinfonia da alma

André Ariel

Além do proibido
Em um mar de emoções
Eu sou assim
Surpresas da vida

Carlos Henrique de Oliveira

Ninguém foge da vida
Tudo é possível

Carlos Torres

A mão amiga
Querido Joseph (pelos espírito Jon)
Uma razão para viver

Cristina Cimminiello

O segredo do anjo de pedra

Eduardo França

A escolha
A força do perdão
Do fundo do coração
Enfim, a felicidade
Vestindo a verdade
Vidas entrelaçadas

Evaldo Ribeiro

Eu creio em mim
O amor abre todas as portas (pelo espírito Maruna Martins)

Floriano Serra

A grande mudança
A outra face
Ninguém tira o que é seu
Nunca é tarde
O mistério do reencontro
Quando menos se espera...

Gilvanize Balbino

De volta pra vida (pelo espírito Saul)
O símbolo da vida (pelos espíritos Ferdinando e Bernard)
Horizonte das cotovias (pelo espírito Ferdinando)

Leonardo Rásica

Celeste - no caminho da verdade

Lucimara Gallicia
pelo espírito Moacyr

O que faço de mim?
Sem medo do amanhã

Lúcio Morigi

O cientista de hoje

Marcelo Cezar
pelo espírito Marco Aurélio

A última chance
A vida sempre vence
Coragem para viver
Ela só queria casar...
Medo de amar
Nada é como parece
Nunca estamos sós
O amor é para os fortes
O preço da paz
O próximo passo
O que importa é o amor
Para sempre comigo
Só Deus sabe
Treze almas
Tudo tem um porquê
Um sopro de ternura
Você faz o amanhã

Márcio Fiorillo

Nas esquinas da vida

Maura de Albanesi
pelo espírito Joseph

O guardião do Sétimo Portal

Meire Campezzi Marques
pelo espírito Thomas

A felicidade é uma escolha
Cada um é o que é

Mônica de Castro
pelo espírito Leonel

- A força do destino
- A atriz
- Apesar de tudo...
- Até que a vida os separe
- Com o amor não se brinca
- De frente com a verdade
- De todo o meu ser
- Desejo – Até onde ele pode te levar? (pelos espíritos Daniela e Leonel)
- Gêmeas
- Giselle – A amante do inquisidor
- Greta
- Impulsos do coração
- Jurema das matas
- Lembranças que o vento traz
- O preço de ser diferente
- Segredos da alma
- Sentindo na própria pele
- Só por amor
- Uma história de ontem
- Virando o jogo

Rose Elizabeth Mello

- Como esquecer
- Desafiando o destino
- Os amores de uma vida
- Verdadeiros Laços

Sérgio Chimatti
pelo espírito Anele

- Apesar de parecer... Ele não está só
- Ecos do passado
- Lado a lado
- Os protegidos
- Um amor de quatro patas

Conheça mais sobre espiritualidade com outros sucessos.

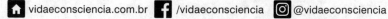 vidaeconsciencia.com.br /vidaeconsciencia 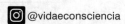 @vidaeconsciencia

Rua Agostinho Gomes, 2.312 — SP
55 11 3577-3200

contato@vidaeconsciencia.com.br
www.vidaeconsciencia.com.br